智·库·丛·书

（2018年）

重庆市生产力发展中心决策咨询录

CHONGQINGSHI SHENGCHANLI FAZHAN ZHONGXIN

JUECE ZIXUNLU

童小平 吴家农 严晓光 等 编著

西南师范大学出版社

国家一级出版社 全国百佳图书出版单位

图书在版编目(CIP)数据

重庆市生产力发展中心决策咨询录 / 童小平等编著
. — 重庆 : 西南师范大学出版社, 2018.11
  (智库丛书. 2018年)
   ISBN 978-7-5621-5593-5

   Ⅰ.①重… Ⅱ.①童… Ⅲ.①区域经济发展 – 重庆 –
文集 Ⅳ.①F127.719–53

中国版本图书馆 CIP 数据核字(2018)第 246191 号

重庆市生产力发展中心决策咨询录

童小平　吴家农　严晓光　等　编著

责任编辑:畅　洁
责任校对:王传佳
封面设计:崀品视觉 CASTALY
排　　版:重庆大雅数码印刷有限公司·夏　洁
出版发行:西南师范大学出版社
　　　　　地址:重庆市北碚区天生路2号
　　　　　邮编:400715
印　　刷:重庆荟文印务有限公司
幅面尺寸:170 mm×240 mm
印　　张:20.5
字　　数:366千字
版　　次:2018年11月　第1版
印　　次:2018年11月　第1次
书　　号:ISBN 978-7-5621-5593-5
定　　价:68.00元

2018年智库丛书编审组成员

目 录

CONTENTS

一

在中国(重庆)自由贸易试验区构建国际

　　物流体系的意见(2017年8月22日) ……………………3

专家学者企业家呼吁加快培育重庆对外

　　贸易竞争新优势(2018年4月28日) ……………………11

关于建设长江三峡生态经济走廊的构想(2018年2月8日) …………22

加强重庆长江上游航运中心服务功能建设,

　　实现2020年发展目标(2017年11月1日) ……………34

重庆财政收支(2013—2017)调查分析报告(2018年7月30日) ……46

加快建立重庆市政府购买服务的市场化架构(2018年6月5日) ………77

2018—2035年重庆市人口预测及发展报告(2018年6月5日) ………89

二

重庆推动装配式建筑产业发展研究(2017年12月15日) ……………105

专家学者企业家热议抓住新能源汽车发展新机遇(2017年11月1日) ………122

建设重庆中运量跨座式单轨系统技术

　　创新示范线的建议(2017年8月21日) ………………135

关于打造重庆中药材重点产品价值链的思考(2018年2月8日) …………142

重庆城市商业综合体发展现状与优化研究(2018年2月8日) …………155

重庆老龄化问题与加快养老服务业发展研究（2018年3月23日）……………180

关于推动科技成果转化的要素

　　考量与聚合问题研究（一）（2018年5月14日）……………196

关于推动科技成果转化的要素

　　考量与聚合问题研究（二）（2018年5月14日）……………206

发展重庆数据保全产业的建议（2018年6月26日）……………217

三

重庆历史文化资源"活态"保护政策研究（2017年8月21日）……………231

重庆市贯彻促进民间投资相关政策的评估报告（2017年11月9日）…………247

重庆"产业引导股权投资专项基金"绩效解析（2018年3月23日）…………263

运用影像传播助推重庆旅游发展的建议（2018年4月28日）……………282

重庆市存量资产项目PPP研究（2018年6月5日）……………293

专家学者就规范发展重庆特色小镇聚智谋策（2018年6月26日）……………305

重庆企业发展环境总指数四年持续上升　"企业负担、

　　金融服务、人力资源供应"仍是短板（2017年12月15日）……………313

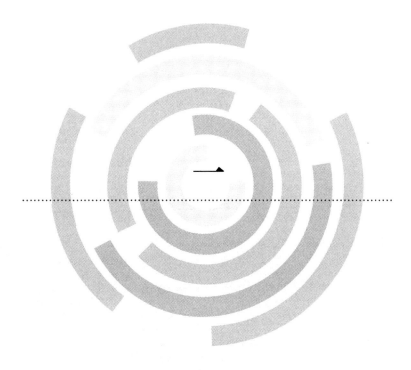

在中国(重庆)自由贸易试验区构建国际物流体系的意见[*]

(2017年8月22日)

2017年3月,国务院批准了《中国(重庆)自由贸易试验区总体方案》。该方案根据习总书记对重庆发展的战略定位,明确提出"努力将自贸试验区建设成为'一带一路'和长江经济带互联互通重要枢纽、西部大开发战略重要支点"。对重庆自贸区的发展目标,该方案着重强调"努力建成服务于'一带一路'建设和长江经济带发展的国际物流枢纽和口岸高地,推动构建西部地区门户城市全方位开放新格局,带动西部大开发战略深入实施"。

作为内陆腹地的经济中心城市,重庆对外开放具有不同于沿海沿边城市的特点。国务院对重庆自贸区的战略定位和目标定位十分准确,切中要害。因此,以服务于"一带一路"、长江经济带建设和西部大开发为方向,在重庆自贸区试点工作中以构建多式联运的国际物流体系为创新重点,全面提升内陆开放高地的功能和辐射影响力,既是贯彻落实习总书记对重庆工作的重要指示,实现国务院赋予重庆自贸试验区的历史任务的重要抓手,也是加快重庆自身发展的现实需要。以国际物流体系建设为特色的重庆自贸区与中国新加坡(重庆)互联互通合作项目具有天然的一致性,二者互为补充,为打造以重庆为枢纽的国际物流体系提供了广阔的市场空间。

重庆市生产力发展中心会同重庆社会科学院和重庆市综合经济研究院,在重庆自贸试验区办公室和市政府物流办的支持下,就建设国际物流体系问题进行了调研,并邀请相关部门和企业展开讨论,在对现状进行分析的基础上梳理出下一步工作的重点。现将有关情况和意见归纳如下。

---

[*]精编于重庆市生产力发展中心、中国(重庆)自由贸易试验区办公室、重庆市政府物流协调办公室、重庆社会科学院、重庆市综合经济研究院联合课题组完成的"中国(重庆)自由贸易试验区中的国际物流体系构建"课题报告。

一、重庆构建国际物流体系具备良好条件

长期以来,重庆为了克服不沿海不沿边的经济地缘劣势,在开拓国际物流通道、完善口岸功能、创新对外开放机制体制等方面做了大量探索,取得了一定成效,为进一步建设国际物流体系打下良好基础。

(一)目前已形成向东、向西、向南三条国际贸易物流通道

东向通道以长江水运为主,2016年重庆江海联运外贸货运量880万吨(外贸集装箱45万标箱,约450万吨;铁矿石等约430万吨),占全市外贸货物总量90%以上。西向通道即中欧班列(重庆)铁路,自2011年1月开行以来,到2017年7月中旬,共发车1 246班,是所有中欧班列中开行时间最早、运行最稳定、货源最丰富、安全最有保障的线路。南向通道有两条,一是渝深五定班列,经渝怀、沪昆、京广、广九和平盐铁路抵达深圳盐田港,实现铁海联运,自2010年5月开行以来已运行一千多列,常年保持在240班左右;二是重庆东盟公路物流通道,从重庆南彭基地始发,分别抵达河内、万象、曼谷、仰光及国内的广西钦州港,自2016年4月开行以来已发车84次,货重1 869吨,货值2 757万元。以上国际物流通道的共同特点是,均经过时间和市场的检验,具有比较成本优势,得到国内外客户的认同,成为目前重庆国际贸易的陆海主通道。

(二)大力布局国际物流空中航线

重庆江北国际机场已开通国际(地区)航线61条,客运通航城市42个,货运通航城市12个;国际(地区)货运30%通过客运航班腹舱运输,70%通过全货机航班运输。2016年重庆江北国际机场完成货邮吞吐量36.1万吨,其中30%以上为国际(地区)货邮,其国际货运量连续多年位居西部地区第一,已成为重庆高价值国际贸易商品的重要运输方式。

(三)积极探索开通新的国际物流通道

近年来,一些从事国际物流的企业大胆探索,根据市场需求开辟新的国际物流通道。如重庆西部物流园于2017年四五月间测试"渝桂新"(重庆经广西出境至新加坡)国际联运通道,打通重庆至广西北部湾至新加坡的铁海联运节点,重庆至广西一千多公里,列车开行约38个小时,一天之内可完成重庆报关、北部湾港口转关通关放行、海轮配舱等作业,时间效益明显。同年六月份,首趟"渝满俄"(重庆经满洲里出境至俄罗斯)班列也在海关、国检的配合下顺利开行,对北向的国际物流通道进行了测试。东向的"渝沪宁"班列也在论证之中,以期开辟重庆至上海、宁波港的铁海联运通道。随着这批新通道逐渐成熟,重庆将进一步提升其作为国际物流枢纽的地位。

(四)对外开放体制机制创新成效明显

在口岸建设方面,已设立三个国家一类开放口岸,五个保税监管区,涵盖了港口、铁路、公路、航空各种运输方式,形成综合性的口岸功能。在通关联检方面做了大量制度创新,主要国际物流通道上一地报关报检、沿途放行,国内段监管效率大幅提升。在中欧班列(重庆)运行上建立了跨国海关国际协调机制和"五国六方"铁路联席会议制度,启动了中欧"安智贸"试点和多国海关"一卡通",创建了"五定"(定站点、定线路、定车次、定时间、定价格)国际货运班列运行模式,正在以中方为主导调整国际物流规则。在多式联运方面,重庆港务物流集团成立了专业化的全程物流平台公司,主攻铁水联运业务,以一站式窗口和一次性报价提供全程物流服务。目前已开通成都、西昌、绵阳、攀枝花以及贵州至重庆果园港的铁路联运集装箱班列,开通了果园港至贵州的硫黄和磷肥、果园港至陕西的煤炭和铁矿石"重去重回"的对流运输业务。2016年全港完成铁水联运集装箱3.2万标箱,增长259%;铁水联运货物1 700万吨,增长23.6%。重庆机场集团与中欧班列(重庆)公司合作,测试国际铁空联运业务,将通过中欧班列(重庆)铁路运至重庆的商品再经空运转往新加坡,尝试"中欧班列(重庆)铁路+4小时航空"的国际转口贸易新模式。上述机制体制和商业模式的创新,为今后建立多式联运的国际物流体系积累了宝贵的经验。

(五)交通基础设施不断完善

重庆直辖之后,交通设施建设突飞猛进,已初步建成西部地区的综合性交通枢纽和长江上游航运中心。"十二五"以来,重庆进一步加大了对高速公路、铁路、港口、航道和机场的投资,并注重交通物流枢纽场站与口岸功能的匹配,硬件条件不断完善。一些制约对外联通的重大瓶颈,如三峡过闸能力饱和、高速铁路通道不足、重庆铁路枢纽东北环线缺失、港口与铁路无缝衔接不畅等等,或者已纳入国家和地方的建设规划,或者已提上国家的议事日程。随着这些问题的逐步解决,重庆交通基础设施将有巨大的改善,更有条件承担起建成国际物流枢纽和口岸高地的历史重任,实现国家的战略意图。

二、当前推进国际物流体系建设的几项重要工作

将重庆自贸区建成国际物流枢纽和口岸高地是一项长期任务,充分利用既有条件,加快达成目标的步伐,在当前要做好以下工作。

(一)站在落实习总书记视察重庆讲话精神的政治高度,把构建国际物流体系作为重庆自贸区建设的制度创新重点

习总书记2016年1月视察重庆时指出:重庆是西部大开发的重要战略支点,处在"一带一路"和长江经济带的连接点上,在国家区域发展和对外开放格局中具有独特而重要的作用。习总书记对重庆的"两点定位",是重庆未来经济和社会建设的方向性指南。国务院批准的重庆自贸区总体方案充分体现了习总书记对重庆发展的定位,将服务于"一带一路"、长江经济带建设和西部大开发作为任务,将努力建成国际物流枢纽和口岸高地作为核心目标。这是重庆自贸区有别于国内其他自贸区的主要特色,也是重庆自贸区与兄弟自贸区错位发展的关键。因此,应该把建设内陆地区多式联运的国际物流枢纽和口岸高地作为重庆自贸区制度创新的重点,通过先行先试

实现跨越发展。要针对现有的优势和存在的问题，选择改革创新的方向，做好顶层设计，系统推进各项工作；要加强统筹协调，整合各方面资源，从体制机制创新和硬件设施完善两个方面入手，全面提升重庆自贸区服务国家的功能，全面增强重庆经济融入国际国内两大市场的能力。可以将现有比较成熟的几条国际物流通道作为重点，以实现国际多式联运作为突破方向，以消除国际贸易、国际多式联运方式、国际结算、跨国保险等全流程服务所面临的主要体制障碍为问题导向，制订具体的工作方案，明确责任分工，集合各方力量，大力推进体制机制创新，培育和发展适应市场需求的成熟商业模式。

（二）以果园港作为开通国际多式联运的示范港

果园港是长江上游第一个第三代现代化内河港口，实现了公路、铁路、水路多种运输方式的衔接整合，具有先进的港口设施和广阔的经济腹地。目前在全市范围内，果园港处于"一带一路"和长江经济带的最佳物理连接点，而且铁水联运的营运能力和实际周转量均居长江上游龙头地位，在此开通国际多式联运并实现有效监管，具有重要的示范效应。不利因素在于，目前果园港尚无口岸功能，开通国际多式联运的口岸条件尚不具备。从实现国家战略意图的层面来看，当务之急是争取中央有关部门的支持，将两路寸滩保税港区的全部口岸功能延伸至果园港，充分发挥果园港多式联运的设施优势，尽快开展国际多式联运试点工作。在果园港进行国际多式联运试点的主要目的，一是培育国际多式联运的经营主体，获得相应的营运资质和运作经验，能为国内外客户提供一站式全流程物流服务，并形成有竞争力的商业模式；二是设立海关国际多式联运监管中心，在海关总署和国家相关部门的指导下探索适应国际多式联运的监管流程、标准和管理模式，建立跨国合作机制，提高国际多式联运的便利性和运行效率；三是进一步检验果园港的现有设施，包括物流信息系统，分拨拼箱、国际结算与保险理赔等软性设施能否适应国际多式联运的要求，及时补齐短板，提升服务功能和水平。

（三）依托中欧班列（重庆）创新国际陆上贸易规则

中欧班列（重庆）货运班列已经将体制创新从国内延伸到国外，推动沿线国家建立了一定的跨国合作机制。但是相较于成熟的国际海上贸易，国际陆上贸易的便利化程度依然较低，需要改进之处甚多。随着"一带一路"的推进，由中国主导陆上国际贸易规则的条件逐步形成。重庆要主动争取国家相关部门的支持，大胆先行先试，与中欧班列（重庆）沿线国家深化货物通关、贸易统计、"经认证的经营者"互认、检验检测等方面的合作，逐步实现信息互换、监管互认、执法互助，全面推进贸易供应链的安全性与便利化；支持自贸区内的企业到沿线国家建立营销、物流、结算等区域性运营总部，在沿线设立转运、分拨点和海外货物集结中心。要借鉴海上国际贸易规则，与金融保险机构合作，使铁路货单与海运舱单一样具有结汇、抵押等功能，降低交易成本，提高陆上国际贸易竞争力。在中欧班列（重庆）货运班列上的制度创新成果要及时推广，在其他通道上加以复制。

（四）进一步发挥长江黄金水道优势

长江是重庆连接国际市场的主通道，其地位无可替代。在近期要抓紧做好几件事。一是建立沪渝外贸集装箱"五定"班轮三峡船闸优先放行机制。由于三峡过闸能力饱和，现有"五定"班轮过闸协调方式已难适应需要，要按照重庆自贸区总体方案的要求与三峡通航管理部门进行高层协商，将"五定"班轮优先过闸制度化；同时，协调重庆经营"五定"班轮的航运企业加强合作，规范竞争，建立相互拼舱的机制，优化"五定"班轮班次，提高过闸效率。二是加快航道整治，特别是涪陵至重庆航道治理工程，尽早实现5 000吨级单船常年通达主城港口。三是加强重庆航交所服务能力建设，使其服务功能与长江上游航运中心相匹配，并成为国际多式联运物流枢纽的重要功能性平台。

在中远期，要积极推进两项工作。一是呼请国家及早启动三峡船闸新通道建设，以进一步释放长江上游地区货运需求，使"一带一路"与长江经济带的互联互通更为通畅。三峡新通道的过闸能力设计要尽可能满足万吨级船舶的通行要求,为万吨级船舶进入重庆库区港口预留条件,这将极大提升重庆作为长江上游航运中心的实力地位,更好地服务于国家发展战略。二是把江海直达可行性研究和船型标准研究提上日程,为开通重庆港至沿海港口及东亚、东南亚国家(地区)港口直达航线创造条件。江海直达对于提高运输效率、降低运输成本、增强重庆港服务和辐射能力均有重要意义。

(五)加快培育和扩充国际空运航线,构建覆盖六大洲的航线网络

江北机场在三到五年内开通国际(地区)航线总数超过100条,国际(地区)全货机通航城市达到30个,年国际(地区)货邮吞吐量达到40万吨。要进一步研究制定政策,对引进国内外航空物流巨头在渝建立基地、设立地区性营运总部,对培育新的国际航线,对充分用好航权,对开辟"中欧班列(重庆)+4小时航空"等给予必要的政策倾斜和资金支持。

(六)按照国际多式联运的模式开辟新的国际贸易通道

在现有工作基础之上,重点支持市场前景较好的"渝桂新"(重庆经广西出境至新加坡)、"重庆东盟公路物流通道"实现常态化运行,提高运行效率,降低全程运输成本,形成一定的市场竞争力。对"渝满俄"(重庆经满洲里出境至俄罗斯)、"渝沪宁"等通道进行可行性论证,分析其市场容量和运价竞争力,具备条件则果断推进。新开辟的国际物流通道均要注重打通国际多式联运的流程,尽可能实现一票式全流程服务,在商业模式上占据市场竞争的高端位置。

(七)引进和培育国际多式联运经营主体

在内陆地区实现国际多式联运,实际上是将目前国内尚不成熟的多式联运直接同国际多式联运接轨,重庆自贸区若能达成这个目标,不仅是突破性的制度创新,而且将奠定重庆作为国际物流枢纽无可争辩的地位。其中

涉及的问题很多,但发展有能力从事国际多式联运的经营主体是基础。一方面要大力引进国内外物流巨头到重庆自贸区落户,为其开展业务提供良好的政策和商务环境,并鼓励当地企业与之合作,学习国际多式联运的营运经验。另一方面,要注重本土企业的培育,壮大自身实力。目前,重庆已有一批物流企业涉足国际多式联运业务,对它们的经营现状和能力、面临的困难和诉求要做系统的调查研究,制定有针对性的政策加以扶持,助推其发展。重庆的大专院校也要发挥自身优势,为企业培养国际多式联运专业人才。

(八)强化枢纽内部互联互通

目前,重庆枢纽内部主要场站、港口之间的无缝连接尚未完全形成,是多式联运不畅的硬伤。比较突出的是重庆铁路枢纽东北环线未接通,江北机场进港铁路和部分枢纽港口铁路专用线未接通,连接主要场站和港口的高速公路系统或者能力不足,或者"最后一公里"不畅,部分场站港口仓储、分拨、拼箱能力不足,等等。好在上述项目大都纳入建设规划,有必要加快项目实施进度,尽早实现多种运输方式在重庆枢纽内部的无缝衔接,为大规模开展国内国际多式联运创造条件。

专家学者企业家呼吁加快培育重庆对外贸易竞争新优势*

（2018年4月28日）

2018年3月30日，重庆市生产力发展中心、重庆市商务委、重庆社会科学院、重庆市综合经济研究院和重庆市进出口商会共同召开了"企业沙龙2018·3"，专题研讨"提升重庆新时代对外贸易能力"。与会专家、学者、企业家们就提升重庆对外贸易能力、增强出口的整体竞争力、优化出口产品结构，以及解决好加工贸易劳动力保障瓶颈，保持可持续发展等问题进行了热烈讨论。与会企业家结合各自"走出去"的实践，反映了企业面临的恶性竞争、汇兑损失、融资困难、物流综合成本高等方面的问题。与会者一致认为，提升新时代对外贸易能力，是重庆实施党的十九大提出的建设贸易强国战略的重大任务，是落实习近平总书记对重庆"两点""两地""两高"发展要求的重要抓手，抓紧抓好抓出成效很有必要。

一、重庆对外贸易状况的基本分析

重庆经过40年改革开放，对外贸易能力大大增强，在西部已走在前列。当前，逆全球化思潮升温，贸易保护主义抬头，贸易竞争更加激烈。要实施好党的十九大提出的贸易强国战略，把重庆建设成西部对外贸易强市，必须打牢现有基础，解决好面临的主要问题。

---

*精编于重庆市生产力发展中心、重庆市商务委员会、重庆社会科学院、重庆市综合经济研究院、重庆市进出口商会联合课题组完成的"提升重庆对外贸易能力问题研究"课题报告。

（一）重庆外贸发展已具备良好的基础，但与贸易大市强市相比还有相当差距

2017 年我市货物贸易进出口总值达 4 508.2 亿元（其中出口 2 883.7 亿元，进口 1 624.5 亿元），进出口排名全国第 12 位，西部第 2 位。与重庆有商品贸易往来的国家和地区达到 223 个，出口总值在 100 亿元的国家或地区有 4 个。重庆市的进出口主要以美国、欧盟、东盟和韩国为主，占比达到 63.6%，与美国的进出口量最大，出口总值达到 863.2 亿元。目前，我市水陆空通江达海的国际贸易大通道已经形成，279 家世界 500 强企业、具备国际竞争力的市场主体已经在重庆集聚。较好的政务环境、平等竞争的贸易环境为重庆外贸提供了良好的发展空间。

但是，重庆与长三角、珠三角、京津等地区相比，差距很大。北京进出口总值 2.19 万亿元、上海进出口总值 5.97 万亿元、江苏进出口总值 4 万亿元、广东进出口总值 6.82 万亿元。2017 年，我市的贸易依存度为 23.1%，比全国平均水平低 10.5 个百分点。同时，劳动力、煤电油气等要素成本在不断上升，劳动力短缺的结构性问题比较突出，加工贸易的传统成本优势正在消失。这些都将制约重庆对外贸易的进一步发展。

（二）重庆对外贸易产业聚集明显，但整体竞争力不强

重庆出口贸易的产业聚集性非常明显，机电产品、高新技术产品、自动数据处理设备及其部件这三类产品占到 80% 左右，逐步呈现上升趋势（详见表 1）。

表 1　重庆出口值占比排名前十位的产品

产品类别	2012 年	2013 年	2014 年	2015 年	2016 年
1.机电产品	35.9%	35.3%	33.1%	36.4%	36.4%
2.高新技术产品	20.7%	25.0%	24.2%	24.4%	26.9%
3.自动数据处理设备及其部件	19.1%	22.6%	21.6%	19.2%	21.0%

产品类别	2012年	2013年	2014年	2015年	2016年
4.摩托车	2.2%	1.7%	1.3%	1.3%	1.5%
5.服装及衣着附件	1.4%	1.2%	1.5%	1.4%	0.7%
6.打印机(包括多功能一体机)	1.1%	2.2%	1.1%	0.9%	1.0%
7.灯具、照明装置及类似品	1.8%	0.8%	0.8%	1.2%	0.6%
8.纺织纱线、织物及制品	0.8%	0.7%	0.7%	0.9%	0.6%
9.箱包及类似容器	1.7%	0.7%	0.4%	0.6%	0.3%
10.汽车(包括整体散件)	0.9%	0.8%	0.8%	0.6%	0.5%
合计	85.6%	91.0%	85.5%	86.9%	89.5%

注:数据来源于历年《重庆统计年鉴》

从贸易方式看,重庆一般贸易占比偏低,加工贸易结构比较单一,服务贸易规模偏小,总部贸易、转口贸易尚未形成集聚效应。当前,我市出口产品主要以笔记本电脑、摩托车和机电为主,集成电路、智能装备等高附加值、高市场潜力的外贸新增长点尚处于培育阶段,出口产品质量效益整体偏低,国际市场竞争力不强。

(三)重庆电子信息产品出口具有品牌和质量优势,但面临用工保障和物流问题

电子信息产品作为重庆市第一大出口产品,在国际市场上有较强的质量和品牌优势,也有较好的产业链体系。由于用工和物流困难,竞争力有减弱的危险。首先是劳动用工保障十分困难,政府保障用工不可持续。重庆电子信息产业作为加工贸易,全员劳动生产率仅每人每年17万元,低于我市工业的每人每年29.1万元的平均水平,行业的利润率低,仅10%左右,工人工资也较低。每年用工在20万人以上,由于员工流动性大,招工数量可达30万人次,用工缺口一般有3—4万人。每年市政府补贴的招工成本资金近6亿元。企业招收员工,政府负责90%,企业仅负责10%,市场配置能力

弱,政府强力保障的过渡性办法不可持续。同时,重庆航空物流尚不能满足电子信息产品出口的需要。重庆在电子产品出口旺季特别需要走航空渠道,但航线航班不足,企业只能通过周边省市机场转口运输到国外,普遍感到不便利,也增加了物流成本。

(四)重庆传统产品的出口优势正在减弱,贸易竞争力开始下降

机电产品占全市出口的35%,多年来都具有较强的出口竞争力。但观察2012—2016年重庆机电产品的TC指数(贸易竞争力指数=净出口值/进出口总值),已从2012年的0.39下降为2016年的0.34。摩托车出口市场萎缩,出口摩托车的企业面临质量、技术、品牌、售后服务等多方面问题,逐步退出了越南、印尼等东南亚市场。一些企业正积极谋求转型升级,寻找投资和产能合作来扩大贸易,但有贸易潜力的地区市场格局总体已定,难以实现突破。汽车整车出口量小,仅汽车零部件出口情况较好。重庆是国内规模最大的汽车生产基地,但汽车出口仅占生产总量的2.5%,出口规模量小,且主要以民营企业为主,汽车TC指数已从2012年的0.96下降为2016年的0.43。中外合资企业长安福特从2006年正式启动汽车零部件出口,出口市场在亚欧美十多个国家,出口量从初始的2000万元增加到2017年的21.36亿元,保持较好的势头。

(五)重庆对外贸易难以排除贸易保护主义的影响,对外贸易的不确定性增加

随着全球经济形势好转,投资者对新兴市场和发展中经济体的信心回暖。世界贸易组织预测,2018年全球贸易将增长4%左右,这对我国、我市的国际贸易发展将有一定的拉动作用。但是,全球经济面临的下行风险依然存在。特别是当下的逆全球化思潮抬头,通过贸易保护和贸易战阻碍全球化进程,破坏世界贸易规则,将对世界贸易产生不利影响。2018年3月23

日,特朗普签署的总统备忘录宣布,将对从中国进口的600亿美元的货物加征关税,未来还可能涉及更多的商品。在重庆的贸易对象中,对美国的进出口排在第1位,受其影响难以避免。加之,发达经济体的政策调整、地缘政治风险、全球劳动生产率持续低迷、国际社会的安全威胁等因素更增加了世界贸易的风险和不确定性。重庆的外贸发展面临更加复杂、多变的情况。

二、重庆企业对外贸易面临的具体困难

(一)汇率波动导致中小出口企业受损

与会企业家普遍反映,近些年,汇率波动、人民币升值让出口企业受损。汇率的不确定性增加了以劳动密集型产品、低附加值出口产品为主,抵御汇率风险能力较弱的中小企业的经营风险,使得出口产品价格竞争力降低,销售利润下降。人民币汇率的上升,使尚未收回的外汇账款和必须履行的在手合同产生双重损失,给应收外汇账款多的企业带来较大压力。力帆集团因卢布贬值近些年在俄罗斯损失了10多亿元。银翔等企业反映,这一年近10%的汇率波动给企业造成了较大的经济损失,加上中小企业本身利润不高,原材料成本持续增加,导致产品的性价比下降,市场竞争力进一步减弱。

(二)摩托车海外市场无序恶性竞争日趋严重

随着国内摩托车产能严重过剩,生产摩托车的国内企业都转向海外市场,这些市场在辉煌短短几年后,逐步陷入了无序的恶性竞争状态。国内企业之间打价格战、恶性竞争,企业利润率极低,加上品牌、质量、售后等方面原因,导致中国摩托车失去越南、印尼等地的市场,现在又影响到非洲、南美洲等地,面对日韩品牌摩托车的扩张,国内摩托车竞争力明显不足。

（三）部分国家对中国设置贸易壁垒

目前,对中国的贸易壁垒在很多国家不同程度的存在着。近几年,日本公司利用其规模和品质,促使当地政府制定有利于日本产品的各项政策,在东南亚各国对中国产品设置技术壁垒,阻碍中国摩托车的进口(重庆的比重是最大的)。伊朗等国家,也对中国进口的产品设置关税壁垒。例如,银翔出口价值才六七万的汽车样车到菲律宾,关税就征收5万一台。俄罗斯对当地的品牌,对日本、欧洲品牌的汽车都有补贴,唯独对中国的产品没有补贴。企业担心这种贸易壁垒,将在逆全球化思潮的影响下越演越烈。

（四）中国产品在海外低质低价形象短时间难以改变

因经济发展、互联网带来的全球化等因素的影响,东南亚、非洲等国家从单纯的价格主导进口向高性价比转变。而中国产品在初期开拓市场时基本采用低价策略,已在终端消费者心中形成低质低价的形象,他们不愿意用高价采购中国高端产品,总体持不信任态度。大批量的低质低价、假冒伪劣产品占据这些地区大部分的市场份额,并逐步成为中国制造的"代表"。加之中国原材料涨价、制造成本增加等因素,企业想要升级换代面临若干困难。然而,市场不会等待中国产品性价比的提升,中国产品丢失市场的风险越来越大。

（五）重庆对外贸易的物流成本相对较高

大多数企业反映,重庆出海的物流成本总体偏高,降低了企业的综合竞争力。比如,西南铝公司运输铝产品选择陆上运输,时间上快一些,但成本企业消化不了。中欧班列(重庆)通道运输成本比重庆—上海江海联运高1倍,"渝桂新"成本是重庆—上海江海联运的1.8倍。选择江海联运成本较低,但三峡过闸拥堵已大大削弱了重庆的这一优势。目前,重庆到上海要30—40天,过三峡大坝还加收拥堵费,一个20GP的集装箱要增加500—700元的费用,一个40GP的集装箱要增加800—1000元的费用,运输时间延长,降低了黄金水道的效率。这种状况不仅使重庆长江水运和中欧班列(重庆)的独特优势难以充分发挥,也使企业承受了很大的物流成本压力,难以提高实体经济效能。

(六)企业"走出去"迫切需要解决金融需求

企业家反映,在海外投资过程中对资金需求很大,目前的金融服务不能保障。一是融资渠道有待拓宽。我国国内银行境外分支机构比较少,覆盖面小,服务方式有限,加上跨境抵押难以实现、国外银行惜贷,多数企业只能选择境内金融机构。在国内办海外投资融资,申请困难,条件苛刻,审查流程漫长,往往让企业错过商机。二是以汽车为代表的工业产品周转出口周期长,生产、组装、运输、销售等过程需要近半年时间,对流动资金的需求量大,需要解决其流动资金缺口。三是中小民营企业融资难且成本高。2018年的融资成本与2017年相比上涨了3%左右,加上各种生产要素成本上涨,中小民营企业出口业务更加困难。四是金融机构的产品创新不够,跟不上"走出去"企业发展的需求,也低于沿海金融服务水平,国内设立的海外投资基金与企业"走出去"的投资方向存在错位现象,基金能投的,企业不选择,企业选择的,基金不能投资。

三、加快培育重庆外贸竞争新优势的建议

(一)研究策划提升重庆十类出口产品贸易竞争力的解决方案

据专家分析,2012—2016年重庆十类出口产品贸易竞争力,机电产品和高新技术产品2类有较强的出口竞争力(详见表2)。

表2 重庆十类出口产品贸易竞争力（TC指数表）

产品类别	2012年	2013年	2014年	2015年	2016年
1.机电产品	0.39	0.39	0.4	0.45	0.34
2.高新技术产品	0.28	0.37	0.38	0.40	0.32
3.自动数据处理设备及其部件	0.79	0.83	0.85	0.87	0.80
4.摩托车	1.00	1.00	1.00	1.00	1.00
5.服装及衣着附件	0.98	0.94	0.93	0.96	0.97
6.打印机(包括多功能一体机)	1.00	1.00	1.00	1.00	1.00
7.灯具、照明装置及类似品	1.00	1.00	1.00	1.00	1.00
8.纺织纱线、织物及制品	0.93	0.95	0.94	0.88	0.83
9.箱包及类似容器	1.00	1.00	1.00	1.00	1.00
10.汽车(包括整体散件)	0.96	0.98	0.99	0.86	0.43

注：数据来源于历年《重庆统计年鉴》

但是，随着这几年对外贸易竞争加剧，国内生产要素成本上升等，各类产品的出口竞争力正在减弱。2016年，机电产品、高新技术产品、自动数据处理设备及其部件、汽车(包括整体散件)等4类出口产品贸易竞争力都有较大幅度的下降。面对新情况，有必要对重庆十类出口产品逐一分析，找出影响因素，特别是主要问题，寻求稳定发展的有效途径，拿出切实有效的工作措施，推出有针对性的帮扶政策，提升传统出口产品的竞争力。

（二）重点培育一批具有影响力的重庆造出口品牌

与会专家强调，要加大重庆造品牌的海外推介力度，将重庆打造成汽车制造、汽车进出口贸易的高地。

一是支持长安福特等合资企业在出口汽车零部件基础上加快发展整车出口，帮助长安福特实现2018年出口菲律宾8 000台翼博款汽车，2019年登陆中东、北美等海外市场的计划。

二是在机电产业和高新技术产业方面,进一步增强产业集聚效应,推动机电设备、通信技术、高新技术产业之间的产业融合,提升机械设备制造水平,保持重庆机电产品和高新技术产品的性价比优势,增强外贸竞争力,形成品牌效应。

(三)着力提升重庆出口产品的技术含量和质量

与会专家认为,要扩大先进技术设备进口,促进质量好、档次高、具有比较优势的产业和产品出口。应"一带一路"沿线国家产业转型升级趋势,支持企业运用现代技术改造汽车、摩托车等传统产业,重点引进智能检测机器人、精密数控设备等转型升级所需要的高新技术、工艺设备和关键零部件,不断提升技术装备水平和核心竞争力,实现传统产业向中高端迈进。鼓励企业利用资本市场进行产业的收购兼并。

(四)着力加强重庆外贸企业跨国经营能力

与会专家建议,要鼓励有实力的公司延长产业链,开展跨国并购,获取优质品牌、核心技术和营销渠道,提高国际化经营水平。着力优化外贸经营的主体,培育一批国际竞争力强的龙头企业、跨国公司和外贸自主品牌。鼓励中小微企业走"专精特新"和与大企业协作配套发展的道路,提升其参与国际分工、开拓国际市场的能力。支持重庆企业提升国际化经营能力,加强国际贸易合作和高端外贸人才引进,从传统的代理、经营向整合贸易资源转变,实现产品设计、采购、生产、销售、服务等全过程高效协同的供应链全流程管理。

(五)着力培育重庆对外贸易新业态、新模式

减缓贸易冲突和摩擦,重视将"一带一路"沿线国家作为出口贸易的重点目标进行布局,结合中欧班列(重庆)沿线国家的产业现状,重点布局和发

展一些与重庆有互补性的产业。进一步搭建平行进口车综合服务平台,为平行进口汽车经销商提供完善的代理进口、国际物流、检测认证、通关通检、仓储服务、展示展销等进口汽车全产业链各环节的专业服务。

在贸易业态方面,要大力发展保税维修、检测、租赁业务等新业态,加快吸引国内外大型企业和跨国公司、大型供应链企业等来渝设立综合总部、地区总部和功能总部,推动我市总部贸易转口贸易发展。引进培育一批外贸综合服务企业,加强其通关、物流、退税、金融、保险等综合服务能力。大力推动跨境电子商务发展。培育一批跨境电子商务平台和企业,发展跨境电子商务产业链。支持企业探索"贸易+金融""工程+金融""贸易+跨境结算""贸易+工程+金融"等多种集成模式。

(六)加快建设低成本的国际物流综合体系

加快铁路、公路、水运、航空、信息对外通道建设,形成"一带一路"和长江经济带在重庆贯通融合的格局,建设内陆国际物流枢纽。一是进一步优化现有的物流通道。在开辟南向等新通道的同时,积极跟踪三峡大坝过闸新通道前期工作,呼吁尽快启动过闸新通道建设,特别是用好国务院给重庆自贸区建设的政策支持,下功夫促成重庆外贸船优先过坝机制的建立。二是加快发展国际多式联运。加快研究多式联运税费支持政策,以果园港为起点建立铁水多式联运,重点将西部地区的大宗货物吸引到长江通道来,发挥果园港作为中欧班列(重庆)与长江水路无缝连接的独特优势,率先在西部做大做强国际多式联运。三是积极探索多种运输模式。结合企业实施的方案,推行更多的出海线路及物流组合方式。长安福特的产品从重庆到上海,采用沿江铁路运输方式并试发运成功,这有可能成为传统长江运输方式的另一种选择方案。"渝桂新"多式联运,新战略通道已经初步形成。重庆到广西的南下出海线路,2天就可以到广西钦州火车站,8—10天可到越南海防港口,节约了近40天的运输周期,运输成本也有降低的空间。

(七)强力推行对外贸易便利化

通过体制机制的改革来提高管理水平和管理效率。结合大通关建设,积极落实口岸管理相关部门信息互换、监管互认、执法互助。全面落实重庆自贸区总体方案,完善贸易监管制度。协调关检部门实施"24小时预约通关通检",全面提升货物通关速度。配合推进国际贸易"单一窗口"试点推广和通关一体化改革应对工作。加强关检税银贸合作,进一步提升通关、出口退税和收付汇效率,进一步提升贸易便利化水平。

(八)积极构建多层次对外贸易平台

积极推动市外经贸集团向综合性的外贸服务商转型,借鉴丸红株式会社、三井株式会社的运作模式,带动本地的贸易服务"走出去"。积极引进从事总部贸易、转口贸易和跨境电商等的贸易主体来渝经营,大力促进供应链企业和贸易集成商来渝做大总部贸易转口贸易规模。优化外贸企业综合服务平台,进一步支持渝贸通外贸综合服务平台,积极为中小微外贸企业提供报关、报检、物流、融资等一站式基础性服务,并通过与中信保、中欧班列(重庆)公司等集约化合作,为重庆产品开拓海外市场降低成本,惠及全市广大的中小微外贸企业。

(九)建立电子产品加工贸易用工长效保障机制

逐步提高企业员工的待遇、改善工作生活条件。支持企业利用机器人技术、自动化设备生产线弥补劳动力缺口。比如惠普投资2 500万美元来做机器人生产线,预测可以降低用工20%。积极引导我市在外务工人员返渝就业。鼓励企业与市内外学校进行校企合作,保障用工,促进就业。

关于建设长江三峡生态经济走廊的构想*

（2018年2月8日）

　　三峡水库是全国重要的淡水资源战略储备库,是长江流域重要生态屏障区,其水源涵养关乎国家淡水资源安全。建设"长江三峡生态经济走廊"有利于贯彻落实习近平总书记视察重庆时提出的"保护好三峡库区和长江母亲河"的战略要求;对于实现十九大报告中"以共抓大保护、不搞大开发为导向推动长江经济带发展"的目标,落实市委五届三次全会中"坚定不移走生态优先、绿色发展之路,筑牢长江上游重要生态屏障"的要求,具有重要的现实意义。

一、建设"长江三峡生态经济走廊"具有若干必然性

（一）长江三峡地区的生态本底具有系统性

　　水系生态系统具有一致性。长江三峡流域水系是依托长江干流及其重要支流而形成的一段自然流域地理空间,同时也是一个具有通道形态和功能的自然生态系统,具有水系生态系统的共生性、依赖性、一致性,是《全国生态功能区划》确立的对国家生态安全具有重要作用的"水源涵养重要生态功能区"。

---

　　*精编于中共重庆市委党校、重庆市生产力发展中心、重庆城乡建设与发展研究会联合课题组完成的"长江三峡生态经济走廊建设研究"课题报告。

山系生态系统具有关联性。武陵山、秦巴山两大山系分列长江三峡地区南、北屏障,在地形地貌、三峡大坝等自然和人工因素的相互作用下,形成了地理空间中独特的三峡库区"腹心地带"。长江三峡地区沿江两岸及上下游地区之间存在着天然的关联性、依赖性、一致性。

生态保护链条需要完整性。山水林田湖草是一个生命共同体,长江三峡地区水系与山系互依互融,形成了三峡库区独特的生态系统,然而跨省市、跨区县的属地管理模式在客观上影响了三峡库区水源涵养的实际效果。

(二)长江三峡地区的水源问题具有特殊性

水体变化带来的特殊问题:一是总体蓄水量减少。冰川萎缩,冻土退化,储水能力降低;江面变宽,水的蒸发量增加;南北水资源跨区域调配在客观上减少了库区水资源;径流量的减少提前了鄱阳湖、洞庭湖的枯水期。二是水文特征变差。三峡水库蓄水后改变了天然水流条件,水速由平均3米/秒下降到0.8米/秒,扩散自净能力减弱;江面变宽,水体受污染面积扩大;径流量减少导致江水带走的污染物减少。三是生物多样性减少。改变的长江水温和水文特征延后了"四大家鱼"和中华鲟的繁殖期,加剧了白鳍豚等长江江豚的濒危程度,圆口铜鱼等特有鱼类有可能灭绝;三峡水库水位具有冬涨夏落的反季节运行特征,消落区已不适合大多数原有植物物种生存。

环境改变带来的特殊污染:一是消落带的污染严重。约440平方千米消落带的生态系统结构与功能单一、稳定性下降。二是泥沙淤积加重了污染。三峡水库排沙比仅为24.1%,一些可沉淀污染物长期残留在泥沙中,经冲刷和扰动形成了二次污染源;河流含沙量的减少导致吸附污染物的能力减弱。三是传统污染出现了新的现象。近年来,工业废水中排放的化学需氧量和氨氮量下降,然而城镇生活污水和生活垃圾排放量却有所增加;三峡库区化肥流失占比7.8%,农药流失占比6.5%,流失的化肥与农药通过地表径流或渗滤进入水体;畜禽养殖污染成为三峡库区新的重要污染负荷。四是特殊污染物量大。2014年,三峡库区的船舶油污水达43.9万吨,船舶生活污水达374.0万吨,船舶生活垃圾达4.5万吨;每年水面漂浮物达20万立方米,汛期时一场洪水导致的漂浮物就可高达3000立方米—10000立方米。

（三）三峡库区的水源涵养与经济发展具有互动性

水源涵养与经济发展的双重任务。长江三峡地区山高坡陡、沟壑纵横、土地贫瘠、自然灾害严重，经济发展、社会建设、生态保护的历史"欠账"较多，水源涵养与经济发展的任务均十分繁重。

生态经济走廊建设破解发展难题。生态环境问题归根到底是经济发展方式问题，"长江三峡生态经济走廊"建设能够实现长江三峡地区生态环境问题与经济社会发展问题的标本兼治，实现自然生态系统与人类社会系统的良性互动和共同发展。

（四）长江三峡地区精准扶贫与乡村振兴两大战略具有融合性

武陵山区、秦巴山区都是国家定位的集中连片特殊困难地区，移民安稳与脱贫致富任务繁重，也是我市扶贫攻坚的重点区域。长江三峡地区集大城市、大农村、大库区、大山区于一体，城乡二元结构突出，三农问题集中显现。

精准扶贫与乡村振兴两大战略互为载体。长江三峡地区拥有独具特色的"自然景观、历史文化、高峡平湖"旅游资源以及绿色农产品和中药材产品，"长江三峡生态经济走廊"建设能够有效利用长江三峡地区的资源，实现精准扶贫与乡村振兴两大战略的深度融合。

（五）建设长江经济带对于"共抓大保护、不搞大开发"具有必要性

建设长江经济带的重要载体。长江三峡地区作为长江经济带建设的重要组成部分，"长江三峡生态经济走廊"建设是落实十九大"以共抓大保护、不搞大开发为导向推动长江经济带发展"和市委五届三次全会"筑牢长江上游重要生态屏障"精神的重要载体。

强化"库区保护"的有效选择。建设"长江三峡生态经济走廊"可以强化

"库区保护"意识,坚持生态优先、绿色为本,真正实现绿水青山就是金山银山,是三峡库区水源涵养取得实效的有效选择。

二、建设"长江三峡生态经济走廊"的基本构想

(一)搭建"长江三峡生态经济走廊"的空间范围

综合考虑武陵山区、秦巴山区以及重庆市和湖北省等自然地理和行政归属等因素,建设"长江三峡生态经济走廊"涉及重庆市的11个区县和湖北省的4个区县,可划分为廊首地区:涪陵区、武隆区、丰都县、石柱县。廊腹地区:万州区、忠县、开州区、云阳县、奉节县、巫山县、巫溪县。廊尾地区:夷陵区、兴山县、秭归县、巴东县。

(二)建设"长江三峡生态经济走廊"遵循的原则

坚持生态优先、绿色为本。坚持把绿色作为长江三峡地区发展的本底,将生态文明建设融入经济建设、政治建设、文化建设、社会建设的各方面和全过程。

坚持规划引领、统筹协调。坚持生态是统一的自然系统,是各种自然要素相互依存而实现循环的自然链条,注重突出规划的引领性、统筹性、强制性。

坚持空间管控、分区施策。深度对接国家区域发展总体战略和主体功能区战略,加快形成生产空间集约高效、生活空间宜居适度、生态空间山清水秀的国土开发格局。

坚持深化改革、科技支撑。发展三峡库区的生态农业、生态林业、生态水业,鼓励现代服务业、文化创意产业、高新技术产业向其转移,推进生态环保科技创新体系建设。

坚持市场主导、政府引导。充分发挥市场配置资源的决定性作用和更好地发挥政府作用,构建有利于生态资源转化的市场机制和政策环境,激发生态经济发展的活力和动力。

(三)建设"长江三峡生态经济走廊"的战略定位

1.国家淡水资源战略储备的核心水源涵养区

三峡水库是全国重要的淡水资源战略储备库,三峡库区的水源涵养关乎国家淡水资源安全。"保护好三峡库区和长江母亲河"是我们重庆对国家的重要贡献。

2.独具特色的世界级生态与文化旅游长廊

建设"长江三峡生态经济走廊",有利于打造"长江三峡世界级旅游品牌",有利于充分发挥生态文化旅游具有的绿色低碳、文化红利的双重效应。

3.成渝城市群和长江中游城市群联动发展通道

"长江三峡生态经济走廊"是一条依托长江干流而形成的天然走廊,其两端刚好连接长江上游的成渝城市群和长江中游的城市群。紧紧抓住其连接南北、沟通东西的区位优势和长江黄金水道的自然条件,可以规避长江三峡地区的经济社会塌陷,实现长江三峡地区与成渝城市群和长江中游城市群的联动发展。

4.脱贫攻坚与乡村振兴融合发展的先行区

"长江三峡生态经济走廊"的建设,可以有效破解"高山生态扶贫搬迁"中存在的农民搬迁意愿没有被充分激发、安置效果与农民期盼有差距、特困户搬迁不出、集中安置点土地调剂十分困难等问题,有利于乡村振兴战略与扶贫开发战略的深度融合,实现乡村振兴与精准脱贫的双重目标。

5.国家长江经济带建设推动的绿色发展示范区

长江三峡地区具有天然的长江经济带"共抓大保护、不搞大开发"的示范效应,是实现环境约束下发展经济与保护生态良性互动的最佳试验田,具有新时代新发展理念的典型意义。

（四）建设"长江三峡生态经济走廊"的布局架构

"长江三峡生态经济走廊"建设布局架构,可以考虑为"一轴、双向、三核、四联动、多流域",构建长江三峡地区经济社会发展新格局。

"一轴"是指充分发挥长江干流的作用。以长江干流为基础,依托沿江高铁、高速公路、重要港口等形成现代交通网络骨架。

"双向"是指发挥廊首廊尾的双向开放作用。涪陵位于"长江三峡生态经济走廊"的最西端,是重庆向西对外开放的重要节点;夷陵位于最东端,素有三峡门户之称,是重庆加强与武汉城市圈联系的重要节点。东西双向互动,共同构建长江三峡地区开放型经济新格局。

"三核"是指突出三个中心城市的作用。涪陵位于长江、乌江交汇处,要发挥好带动武隆、丰都、石柱的作用。万州地处长江三峡地区腹心,要发挥好渝东北片区中心城市的作用。夷陵地扼渝鄂咽喉,可辐射带动巴东、秭归、兴山发展。

"四联动"是指四大集中连片贫困地区的联动发展。长江三峡地区的东北部是鄂西北、陕南所在的秦巴山贫困地区,西北部是川东北贫困地区,东南部是鄂西南、湘西北、渝东南所在的武陵山贫困地区,西南部是贵州六盘山贫困地区;长江三峡地区刚好位于全国四大集中连片贫困地区的接合部。建设"长江三峡生态经济走廊",不仅是长江三峡地区自身脱贫攻坚的需要,也有利于与周边四大全国集中连片贫困地区的脱贫攻坚联动推进。

"多流域"是指发挥长江三峡地区众多支流的作用。长江三峡地区除长江干流外,还有乌江、大宁河、香溪河等众多支流,各支流流域也有自身的资源禀赋和生态特点,努力彰显其特色发展,形成生态与经济深度融合的支流流域经济体系。

三、建设"长江三峡生态经济走廊"的实施路径

长江三峡生态经济走廊,不是脱离于长江经济带构建一个独立单元,而

是与长江经济带紧密相连的共同体,是贯彻落实长江经济带、乡村振兴、生态文明等国家战略的重要载体。因此,建设长江三峡生态经济走廊的实施路径不是"唱独角戏",而是在国家长江经济带战略的背景下,坚持生态优先,将生态体系、绿色产业体系、美丽山水沿江城镇体系、立体高效智能环保基础设施体系深度融合发展,构建起以三峡为特征的经济走廊。

(一)建设具有长江三峡特色的生态体系

构建"水系生态"走廊。构建以长江为一级廊道,乌江、大宁河、小江、清江、汤溪河、梅溪河、龙船河、香溪河等长江一级支流为二级廊道,东河、南河、浦里河、任河、沿渡河等长江二级支流为三级廊道,其余河流为四级廊道的"一干多级"枝状水系生态廊道。针对不同类型消落区在地质条件、生态环境、城镇岸坡防护等方面存在的不同问题,分类制订保留保护、生态修复、卫生防疫、水库清漂和岸线环境综合整治方案。加强船舶污染、水面漂浮物等的标本兼治。

构建"山系生态"屏障。构建以大巴山、武陵山、巫山、大娄山等大型山体为主体生态屏障,以七曜山、方斗山、铁峰山、南山、金华山、蒋家山、黄草山、华蓥山等条状山体为次级生态屏障的山系生态屏障体系。分层次、分阶段、分步骤推进"深山原始生态系统、浅山农村生态系统、城镇人工生态系统"建设,对相对集中分布却又无法合并的生态保护区,可以通过建立生态廊道的方式,形成相对完整的生态保护链条。

构建"绿色交通"长廊。以铁路、国(省)道、旅游沿线等交通干线为载体,推进流域水土保持林、水库水源涵养林、自然保护区特用林、天然阔叶林、城乡绿化林和生物防火林的建设,根据不同生态区、不同海拔进行植物配植,提升森林生态系统的水源涵养能力和生态景观价值。

(二)建设具有长江三峡特色的产业体系

打造自然风光与历史文化旅游长廊。依托独具特色的"自然景观、历史文化、高峡平湖"三大资源,对接十九大"建立以国家公园为主体的自然保护地体系"战略,启动长江三峡国家公园的建设,整体打造自然风光与历史文化旅游品牌;发挥好国家公园在保护、科研、教育、游憩和社区发展等五个方面的独特功能。

建设三峡特色的绿色效益农业长廊。立足秦巴山脉、武陵山脉特色山林资源,开展无公害、绿色、有机农产品基地认定、产品认证和国家地理标志产品认证,打造具有"三峡"特色、市场竞争力强、知名度高的"三峡"绿色品牌,提高农产品增值率。

建设三峡特色的绿色资源加工长廊。利用三峡水产、秦巴山区和武隆山区特色农产品,发展蔬菜、柑橘、肉制品、调料品等精深加工业;依托天麻、大黄、川牛膝、党参、太白贝母、木香等中药材,发展中药提取、中药制剂等生物医药产业和以中药材为原材料的保健品产业。

发展环保产业集群,注入"绿色动力"。扶持环保综合服务、资源综合利用、环保技术装备三大领域的环保龙头企业。培育污水和污泥处理、大气污染防治、固体废弃物收运处理、环境仪器仪表及环境修复、再生资源综合利用、固体废弃物综合利用、再制造等七大环保产业集群。发展环保交易、管理咨询、环保运营等环保服务产业,推进工业园区上中下游产业链、水电气热联供、基础设施配套、物流配送服务、生产生活环保生态管理的一体化。

(三)建设符合长江三峡地区实际的城镇体系

形成合理空间结构。按照促进生产空间集约高效、生活空间宜居适度、生态空间山清水秀的总体要求和国家主体功能区定位,培养中心城市为增长极、县城为龙头、重点镇为支撑、特色小城镇为单元的城镇体系,形成生产、生活、生态空间的合理结构。

优化城镇等级布局。强化核心:发挥涪陵、万州、夷陵中心城市的集聚力和辐射力,加快城镇体系增长极的培育。发展主轴:以流域一体化为主线,构建"水轴串城"的串珠状城镇体系。突出重点:加强重点镇、中心镇、特色镇的建设,突出地理优势、文化特色、产业特色,使之成为转移农村人口的重要载体。

提升城镇功能品位。提高供水普及率、燃气普及率、污水集中处理率、生活垃圾无害化处理率,发展科教文卫等社会事业,完善社会保障体系,提升城镇服务功能。保留原始城镇风貌和地域文化特征,做好特色民族建筑保护和修缮工作,念好"山水经",打好"生态牌",提升城镇文化品位。

(四)建设符合长江三峡地区实际的基础设施体系

提升综合交通连通能力。推进长江流域三峡段港口专业化、规模化和现代化建设,形成层次分明、功能互补的航运服务体系。加快以高速公路、城际铁路为重点的交通工程建设,形成"外通内畅、园区互联、节点高效"的立体交通体系。

强化水资源基础保障。实施工业污染源全面达标排放计划,推进工业园区废水集中处理,加快城市污水处理厂和重点集镇污水处理设施建设;加强城市垃圾处理设施和乡镇垃圾收运系统建设,推进生活垃圾分类回收和再生资源回收的衔接。推行产业循环式组合、园区循环式改造,推进生产系统和生活系统循环链接;推进企业内部工艺之间的能源梯级利用和物料循环利用,加快建设再生资源回收体系。加大农业面源污染防治力度,推进种养业废弃物资源化利用、无害化处置。

构建清洁高效能源体系。依托长江三峡地区丰富的水力资源、风力资源、太阳能资源以及开州区的天然气、涪陵区的页岩气资源,构建清洁高效、安全可靠、保障有力的能源体系,统筹利用"绿色能源""再生能源""清洁能源",提高新能源和再生能源在能源格局中的占比。

加快"数字三峡"的建设。推进信息化与城乡建设的深度融合,构建"数字三峡"平台,提高网络资源综合利用和信息交互能力。利用传感、射频识别、全球定位系统和云智能等技术实时监控水体、大气、土壤和企业排污等。

四、建设"长江三峡生态经济走廊"的举措建议

1. 争取国家设立生态补偿综合试验区

鉴于三峡水库对于三峡工程的长期安全运行、长江中下游的防洪与生态安全、南北水资源的跨区域调配等的特殊重要意义,积极争取国家把三峡库区作为国家生态补偿综合试验区。

2. 争取国家启动长江三峡国家公园的规划建设

遵循党的十九大"建立以国家公园为主体的自然保护地体系"战略要求,依托独具特色的"自然景观、历史文化、高峡平湖"三大资源,争取国家启动长江三峡国家公园的规划建设,形成保护长江三峡独特的自然景观、生态系统、生物多样性的生态载体。

3. 争取国家加大对环境领域的支持力度

加大长江三峡地区生态环境的保护力度,强化工业污染源全面达标排放计划,加强沿江污染防治治理,加强沿江产业管控,推动国家森林公园建设,进一步加强地质灾害防治,进一步完善库区污水垃圾处理系统,保持正常运行。

4. 争取国家延续对口支援三峡的政策

继续保持全国21个省(区、市)、10个大城市对口支援三峡地区的结对关系,强化对口支援合作领导小组的统筹协调,积极发挥企业和社会团体的作用。

5. 争取国家指导探索生态资源价值化机制

争取在国家有关方面的指导下,研究制定自然资源和生态环境价值的量化评价方法,探索"反映市场供求和资源稀缺程度,体现自然价值和代际补偿的资源有偿使用和生态补偿制度"。探索市场机制和财政政策将片区资源环境优势转变为"生态经济走廊"建设稳定投入来源的具体办法。

6. 争取国家对精准脱贫予以重点关注

结合实施乡村振兴战略行动计划,努力实现山区农民由"靠山吃山"向

"养山就业"的转变。同时,在更大范围内统筹规划"高山生态扶贫搬迁"移民安置区。

7.构建生态产业技术创新平台

围绕特色效益农业、绿色资源加工业、生态民俗旅游业等重点产业,培育一批具有较强竞争力的创新型企业,引进一批水土保持、地灾整治、垃圾污水处理、循环经济等方面的专业人才,制定可行的人才流向机制。

8.构建生态产业投融资平台

研究发起三峡生态产业发展基金,激活各类资源要素,形成财政资金引导、社会资金参与、金融资本助力的多层次、多渠道、多元化投融资格局,鼓励资本投向生态产业、节能环保、新能源、现代服务业等领域。

9.构建生态产品电子商务平台

建立覆盖区县、乡镇、村三级的农村电商体系,着力培育"互联网+精品农业""互联网+订单农业""互联网+定制农业"等新型业态,打通农产品物流"最后一公里",支持龙头企业在全市乃至全国设立三峡产品直销点、专营点。

10.构建内外开放新平台

深度融入国家"一带一路"倡议和长江经济带发展建设,抓住中新自贸区的战略机遇,积极开展与成渝城市群、长江中游城市群的深度合作,协调推进特色效益农业示范长廊、特色资源绿色加工长廊、自然风光与历史文化旅游长廊、沿江现代物流走廊、生态环保产业长廊的建设。

11.设立产业发展负面清单制度

以保护和修复生态环境、提供优质生态产品为主要任务,明确禁止类与限制类产业清单,存量与增量产业必须具有涵养水源、保持水土与维护生态多样性功能,严禁高能耗、高排放、高污染型产业进入,对负面清单的执行情况实施定期动态监测。

12.建设走廊协同发展机制

统筹推进"长江三峡生态经济走廊"的建设,推动各类规划的相互衔接,制定统一的市场准入、市场监管、土地利用、税费优惠、招商服务、收益分配等具体办法,研究成渝城市群、秦巴山区、武陵山区的跨省协调问题。

13.建立生态文明建设考核机制

构建以生态功能红线、环境质量红线、资源利用红线为核心的水源涵养红线体系。建立针对各级决策者的科学决策和责任制度,特别是落实适应主体功能分区下的可操作的差异化政绩考评体系和生态环境损害责任终身追究制;建立针对全社会各类当事主体的有效执行和管理制度,特别是实行最严格的环境损害赔偿制度,着力解决企业"守法成本高、违法成本低"的问题;建立针对全社会成员的内化道德和自律制度,特别是培育公众的现代环境公益意识和环境权利意识。

加强重庆长江上游航运中心服务功能建设，实现2020年发展目标[*]

（2017年11月1日）

2009年,《国务院关于推进重庆市统筹城乡改革和发展的若干意见》将长江上游航运中心建设上升为国家战略。2014年,《国务院关于依托黄金水道推动长江经济带发展的指导意见》提出,把加快重庆长江上游航运中心建设作为提升长江黄金水道功能的重要任务之一。2016年,重庆市人民政府印发的《关于加快长江上游航运中心建设的实施意见》提出,把重庆建设成辐射国内、联通国际的长江上游中心港口城市,到2020年建成"服务+辐射"型长江上游航运中心。

近年来,随着国家"一带一路"倡议和长江经济带发展建设的深入实施,重庆市在建设长江上游航运中心相关领域进行了大量投资,港口基础设施,进港公路和铁路,长江干支流航道整治,船舶标准化改造等取得明显进步,长江上游航运中心已具雏形。相较于硬件条件的改善,作为航运中心必须具备的现代服务功能建设已显得滞后。为增强重庆航运的聚集和辐射功能,进一步提升航运金融、保险、信息、电子商务等服务能力,是重庆建设长江上游航运中心面临的重要任务。

---

*精编于重庆航运交易所、重庆市生产力发展中心联合课题组完成的"重庆长江上游航运中心服务能力建设研究"课题报告。

一、航运中心服务功能的内涵与发展经验分析

航运中心建设是国家战略,中央继批准上海国际航运中心、天津北方国际航运中心、大连东北亚国际航运中心之后,又将重庆定位为长江上游航运中心。课题组对照国际航运中心的相关概念和指标,对国内外著名航运中心进行了调查研究,对其功能内涵与发展经验作了初步解析。

(一)关于国际航运中心

国际航运中心是指以综合经济实力较强的港口城市为依托,融合发达的航运市场、完善的服务体系、充沛的物流、众多的航线于一体,集聚各种航运要素的国际物流枢纽。

国际航运中心按形成模式和服务范围划分为经济腹地型、国际中转型、综合服务型,按所处地理区位划分为国际航运中心、内河航运中心。国际航运中心的典型标志包括:发达的航运市场,充沛的物流,众多的航线、航班和船舶,能适应大型船舶的深水港和深水航道,齐全的港口设施,通畅的集疏运条件,完善的服务与管理,对航运市场具备较大的影响力。

国际航运中心服务功能发展经验:①航运产业集群发展。航运服务业存在集群化发展现象,相关行业分工明确,互为依托,在国际自由贸易规则下形成强大的服务产业集群,成为航运中心核心竞争力之一。比如英国伦敦港吞吐量的世界排名虽有所下降,但因其集聚了众多世界性航运服务业总部,一直保持着国际航运中心地位。②全球海洋知识枢纽。国外航运中心正积极开发航运大数据技术,搭建航运综合服务平台,推动航运服务资源合理配置。已有多个国际航运中心提出建立全球海洋知识枢纽。③贸易、金融、航运三位一体。航运金融保险是高端航运服务业中最重要的组成部分,是整合贸易和航运资源、提高资源配置效率的重要工具。国际航运中心在开展传统航运融资业务的同时,利用自身港口优势加快金融创新,增加航运金融市场活力,丰富金融服务功能,推动贸易、金融、航运一体化发展。④高端航运人才培养。高端航运人才是国际航运中心发展的关键要素,培养

高端航运人才要把复合型、国际化元素纳入人才培养体系。一个国际航运中心如果缺乏充足的高端航运人才,在参与国际航运规则和标准制定的过程中就会处于弱势地位,从而缺乏国际航运影响力和话语权。⑤航运文化支撑。航运文化支撑主要包括航海文化积淀、航海意识普及以及民众对航海事业的崇拜等。伦敦是世界航运的"神经"中枢,影响和控制着世界航运与物流,全球性的金融保险、海事仲裁等重要航运组织和机构都设在伦敦。⑥向航运服务中心转型。国际航运中心一般都是国际航运服务中心。如伦敦,航运服务业高度发达,拥有数千家大规模的航运服务企业。新加坡,能提供全方位的海运一体化服务,包括空港联运、修船、国际性集装箱管理等。

(二)关于内河航运中心服务功能

江海直达实现规模效应。江海直达运输是世界航运的重要组成部分,许多航运发达的国家十分重视江海直达运输。目前,欧洲莱茵河、美国密西西比河及五大湖流域等地的江海直达已发展成熟,各大港口都有完善的集疏运体系,江海直达规模效应相当明显。

水陆联运融入全球物流链。目前,欧美国家多数内河港口都有便捷的公路、铁路甚至机场连接。德国交通部综合运输规划,要求尽量在河道附近建设公路、火车站,使港口成为多式联运的枢纽。欧盟在《2010年欧洲运输政策白皮书》中强调,要"依据港口建设公路、铁路,使港口成为多式联运的交通枢纽"。

港城融合实现联动发展。莱茵河流域是欧洲重要的工业带,也是世界内河流域经济发展水平较高的地区,法兰克福和杜伊斯堡等城市都分布在河流两岸。北美五大湖区城市群是世界著名的工业地带之一,拥有20多座特大城市。

政策体系支撑内河航运建设。在内河航运开发建设中,欧美发达国家政府发挥着重要的主导作用,内河航道作为国家公共基础设施,建设维护的费用主要由国家承担。

信息化建设实现无缝对接。20世纪末,欧盟提出发展统一的内河航运综合信息服务 RIS(River Information System),加强内河航运与其他运输方式之间的有机衔接,进而有效发挥内河航运的综合运输优势。

二、重庆长江上游航运中心服务功能现状分析

长江上游航运中心,是指在长江上游渝、川、贵、云、陕南、藏东、青南、甘南、鄂西区域内,航运市场发达、航运产业要素聚集、航运服务体系完善,航运及航运服务业在区域经济发展中占据重要地位,对周边腹地具有强大辐射带动作用的港口城市。

(一)重庆长江上游航运中心服务功能基本齐备

1.航运基础设施保障能力

航道,到2016年底,全市航道通航总里程达到4 451公里,其中四级及以上航道里程实际达到1 400公里。港口,到2016年底,全市港口货物通过能力达到1.94亿吨,集装箱实际通过能力达到410万标箱。

2.航运交易服务

2016年,全市完成交易额75.49亿元,其中航运交易70.1亿元,船舶交易5.39亿元,交易船舶190艘次。结算中心日均结算3 000万元。通过航运交易平台完成的航运交易,约占重庆航运省际运输量的60%,长江上游地区航运省际运输量的40%。

3.航运金融保险服务

重庆航运融资担保有限公司首期注册资金1亿元,具有10亿元最大融资担保能力,已成为具有一定影响力和公信力的航运综合金融服务平台;2016年,重庆船东互保协会共吸纳会员40余家,会员投保157艘船舶,约38万总吨,收取保费约550万元,承担赔付风险约20亿元。

4.航运信息发布

航运信息,自2010年来,重庆航交所定期编制发布《重庆航运发展报告》等年度报告,以及《重庆航运月度分析》《重庆航运季度分析》等动态报告。航运指数,2010年底,重庆航交所正式启动指数建设工作,并依托重庆航交所货运交易平台开发了指数管理平台。2012年1月1日发布重庆典型航线干散货运价指数,并逐步成为重庆及长江干散货航运市场的"晴雨表"。

5.航运研究服务

项目研究,积极参与国家、行业重大战略决策,相继开展《重庆水运结构调整》《西部港口物流枢纽信息平台》《三峡船闸通航扩能分析》等重大战略研究,相关研究成果得到国家相关部委和研究机构的高度关注和认可。政策研究,加强水运政策研究,争取并组织实施航运扶持政策,使全市航运发展环境不断优化。2016年,全市各类航运扶持政策资金共计约1.75亿元,其中,港航企业增值税财政补助约1.1亿元、集装箱航运企业约6 500万元。

6.航运人才服务

搭建航运人才公共服务平台,2013年11月挂牌成立重庆航运人才服务中心。2016年,重庆航运从业人员总量约13万人。构建人才培养与交流体系,组织实施航运人才"151"工程、"双万工程",累计培训航运从业者1万余人次。构建了高校、航运人才培训机构、大型人才市场、港航企业为主体的航运人才培训交流体系和交流合作平台。提升航运人才服务能力,定期编制发布重庆航运人才发展年度报告,定期发布重庆航运人才信息。开展重庆船员职业档案备案服务,建设船员"网上家园"和动态信息库,构建诚信体系。已有300余家企业、2 100多艘船舶、2万余名船员完成初次备案。

7.航运口岸服务

建成重庆交通电子口岸,并成为交通运输部电子口岸分中心之一,为全市海关、国检、航运运输及服务企业提供标准化、智能化集装箱通关与口岸信息服务,并与交通运输部、长江航务管理局、上海电子口岸实现互联互通和信息共享。"十二五"期间,累计完成集装箱作业近500万标箱,用户数量由成立初期的63家上升至100余家。

8.航运总部经济

利用重庆两江新区、保税港区及航运中心建设政策优势，共吸引200余家航运、物流、贸易企业注册保税港区，300多家港航、物流企业通过航交所交易，航运交易企业占重庆及长江上游地区骨干航运企业80%以上。目前，马士基航运、地中海航运、法国达飞、中国台湾长荣、中国中远等世界航运巨头前20强，均在重庆设立了分支机构。

（二）重庆长江上游航运中心服务功能与知名航运中心存在差距

近年来，重庆长江上游航运中心服务体系更加完善，服务保障能力得到明显提升，但与国内外知名航运中心相比，在港航基础设施建设、航运交易市场构建、航运人才交流培养、金融保险增值服务等航运服务体系建设方面还有一定差距。一是港航基础设施仍需完善和加强。二是尚未形成航运服务功能集聚的物理载体。三是金融支持力度不够，航运企业融资困难。四是航运保险不规范，保险费率高、理赔服务差。五是航运信息化水平不高。六是航运人才不足，不能适应行业发展需要。

三、重庆长江上游航运中心服务功能的建设目标与任务

（一）战略定位与建设目标

1.航运中心定位

以重庆为中心，枢纽型港口为节点，航运服务集聚区为支撑，依托长江黄金水道、高速公路和铁路网，构建沿江综合立体交通走廊，衔接贯通"一带

一路"和长江经济带,把重庆建设成为辐射国内、联通国际的长江上游中心港口城市。到2020年,形成以"一干两支"航道体系和"四枢纽九重点"港口集群为构架,现代化船队为载体,航运服务集聚区为支撑的航运体系,建成"服务+辐射"型长江上游航运中心。

2.航运中心服务能力定位

以重庆港为枢纽港,以重庆、四川、云南、贵州等长江上游沿江带状区域为核心腹地,形成航运市场繁荣,航运产业发达,航运要素集聚,江海联运、江海直达效率优化的航运服务体系。到2020年,建成长江上游数据驱动、功能齐全、服务产品丰富、具有江海航运资源配置能力的智慧型内河航运服务中心。

3.建设目标

建成全国内河最具影响力的航运信息中心、航运交易中心、航运结算中心和航运人才中心,成为引领中国内河航运服务从传统型向智慧型发展的典范。到2020年,基本建成现代航运服务体系,周边省市货物经重庆港中转比重达到50%以上;长江上游地区航运货运量的50%、集装箱的80%、长江中上游地区船舶交易的70%以上通过重庆航运交易所完成,航运交易结算额超过100亿元。

(二)重点任务

1.以航运服务集聚区为载体,发展航运总部经济

①建设航运服务集聚区。以重庆航交所为主体,依托沿江资源优势、航运产业基础等有利条件,建设航运服务集聚区。打造"一带五区"功能区域格局。"一带"是指滨江景观风貌带,"五区"是指航运政务区、船舶交易区、船用商品区、船员服务区和航运文化区。②培育发展航运总部经济。吸引国内外大型船公司、物流企业、船代、货代、海事法律、商务会展机构和企业到重庆注册或设立分支机构。打造大型航运、物流、贸易企业总部基地,推动高端航运服务发展。③促进"大通关,大物流"发展。建设航运物流交易电子商务平台,提供电子数据交换和物流信息服务;以重庆交通电子口岸为基

础,建设重庆地方电子口岸,完善一站式大通关服务。④积极争取航运扶持优惠政策。一是继续执行航运业务增值税补助和集装箱财政补贴等扶持政策。二是针对航运服务集聚区入驻企业推出企业所得税等优惠政策。三是吁请国家相关部门进一步减少航运规费收取项目,缓解企业经营压力。

2.以数据交换和信息发布为依托,建设航运信息中心

①提升航运信息采集与动态更新能力。丰富航运数据内容,实现航运数据采集手段多元化。采用船舶自动识别技术和船舶全球动态监控系统,提升航运信息动态更新能力。②建设航运多式联运服务中心。完善重庆交通电子口岸,建设全市综合物流多式联运信息服务中心。构建航运数据库,提供一站式数据服务。建设航运大数据中心,为政府、企业与航运机构等提供咨询和信息服务。③建设完善的航运指数体系。适时发布重庆航运指数,将重庆航运指数逐步建设成实时、准确、客观反映重庆及长江上游地区航运市场状态的风向标。

3.以电子商务平台为抓手,建设航运交易中心

①打造航运电商平台。建设综合物流电子商务平台、聚航网、长江水路旅客实名制管理等平台,提供多渠道的航运电商服务。②拓展航运交易服务功能。开展物流信息及评价服务,提供货源、运力、航道、港口、船闸、多式联运、资质、信用等信息查询。③培育航运市场中介组织。加大对航运交易经纪人的培育与监管,培养高素质的航运交易人才队伍。

4.以金融保险服务为载体,建设航运结算中心

①开发航运交易金融产品。探索互联网金融服务,建设航运金融服务体系。加强与银行等金融机构的合作,共同开发和提供相关金融产品,为航运交易提供金融服务和资金结算平台。②加快发展航运保险服务。将"重庆船东互保协会"更名为"中国长江船东互保协会",将业务范围拓展至长江流域及部分沿海区域。将农村客渡船、政府公务船纳入重庆船东互保协会承保,扩大协会业务范围和规模。协调安排1亿元协会专项赔付基金,用于支持重庆船东互保协会起步运转。③开展航运融资担保服务。引进战略投资者,将担保公司注册资本增资为10亿元;引导金融机构按照基准利率向

各港航企业融资,多方位拓宽船东融资渠道;对重庆航运融资担保公司的担保费给予补贴,降低港航企业融资成本。④筹建各类航运产业基金和开展运价指数衍生品交易。成立专业航运基金管理机构,推动航运产业基金、船东互保基金建设。研究开发航运运价衍生品,构建衍生品交易平台,提供航运衍生品服务。

5.以高端人才培养为引领,建设航运人才中心

①现代航运人才队伍建设。制定航运人才专项规划,编制《重庆航运人才发展中长期发展规划》。扩大航运紧缺专业招生规模,推进校企合作办学模式。筹办"重庆航运职业技术学院",鼓励发展航运职业教育。完善航运人才在职培训制度,引进国外培训机构,资助航运高端人才培训。②航运人才服务平台建设。搭建航运人才研究与交流服务平台,设立"重庆航运人才发展论坛",拓展交流合作空间。搭建航运人才信息服务平台,建立航运人才基础数据库,建立"重庆航运人才资源信息网络平台"。③航运业紧缺人才建设。实施航运人才动态监测,建立人才统计和调查制度,建立重庆航运人才动态监测与预警工作体系。设立市级层面航运人才集聚专项资金,加大对高端航运人才开发的资助力度,对引进高层次航运人才给予适当政策性资助。④航运人才诚信评价体系建设。建立和完善航运人才诚信评价体系,形成良好的航运人才市场秩序。

6.以"一干两支四枢纽九重点"为骨架,建设内河航运保障体系

①构建干支联动、畅通高效的航道体系。争取国家及早决策启动三峡新通道建设,大力推动长江干线航道整治,争取万吨级单船季节性直达重庆三峡库区港口。全面畅通嘉陵江、乌江骨架支流航道,增强航道对周边省市的辐射能力。到2020年,基本形成"一干两支十线"航道体系。②加快建设港口物流枢纽。加快建设"1+3+9"港口群,建成主城果园、江津珞璜、涪陵龙头、万州新田4个铁公水联运的枢纽型港口。打造主城寸滩等9大专业化重点港口。到2020年,基本形成"四枢纽九重点"港口群,货物吞吐能力达2.2亿吨,集装箱吞吐能力达500万标箱。③发展先进高效、节能环保的船舶运

力。实施船舶工业结构调整，大力发展标准化、大型化、专业化船舶运力，加快淘汰老旧运输船舶。推广"三峡船型""LNG动力船"等示范船型，加快对"一顶一万吨级船队""江海直达船型"的研究。到2020年，基本形成标准化、大型化、专业化船队体系，船舶运力标准化率达到85%，货运船舶运力达到700万载重吨。④建立覆盖全面、保障有力的安全体系。加快建设通航河流支持保障系统，加大航运企业安全风险管理和控制，完善水上交通管理体制机制，完善水上应急救援体系，提升航运安全水平。到2020年，基本形成覆盖全面、保障有力的水运安全体系。⑤完善低碳节能、绿色环保的航运体系。建立和完善船舶垃圾及废弃物收运体系，增强对水运突发污染事件的快速反应和有效处置能力，大力推动岸电、LED、太阳能等节能技术在港口、航道和船舶上的使用。

7.以核心价值理念为支撑，建设航运文化高地

①建设航运文化博物馆。在长江或支流划定一片水域，以具有历史文化的老旧船舶为载体，建设航运文化博物馆。陈列展示航运历史文化资料、川江船舶设施设备，以及三峡成库前后船舶、航道、港口不断演变的资料。②举办航运发展论坛。定期举办重庆航运发展论坛，通过与国内外顶级专家合作，把顶级商业思维引入重庆航运。定期或不定期在航运文化博物馆组织国内航运精英论坛，为长江航运和我国内河航运把脉导向。③建设航运文化智库。以重庆航交所为载体，建设航运文化智库。加强对内河航运、船舶等相关法规、标准的研究和制定工作，争取国际内河航运组织入驻重庆，扩大重庆航运影响力。

四、重庆长江上游航运中心服务能力建设的对策建议

1.争取国家及早决策启动三峡新通道建设

2016年，三峡船闸通过量达到1.305亿吨，超过原设计通航能力的30%，再创历史新高。目前，平均每天有近300艘船舶等待过闸，船闸拥堵已成常

态化、常年化,成为制约长江上游地区水运发展的瓶颈。建议积极争取国家及早启动三峡新通道建设,尽快解决三峡瓶颈制约,同时大力推动长江干线涪陵到朝天门段等航道整治,提升重庆境内长江航道整体通过能力。

2.争取开辟重庆至上海洋山港、浙江宁波舟山港江船出海特定航线

目前,重庆大部分外贸物资尚未实现与上海洋山港和浙江宁波舟山港的江海直达。建议积极争取交通运输部支持,将江海直达船型纳入《长江水系过闸运输船舶标准船型主尺度系列》,并尽快开辟重庆至上海洋山港、浙江宁波舟山港江船出海特定航线,提高重庆外贸物资运输效率,促进重庆开放高地建设。

3.争取将寸滩保税港功能向果园港扩展

目前,两路寸滩保税港区试点的"预结关+转关"海关监管创新制度,实现了出口货物从寸滩港装船离港,企业即可进入申请退税环节,加快了出口退税速度。果园港区是重庆市枢纽港建设的重点,建议积极争取国家相关部委支持,复制推广"预结关+转关"海关监管制度,将寸滩保税港功能向果园港扩展,推进果园港区对外开放和相关配套功能的完善。

4.延续市水运发展财政扶持政策至2020年

重庆航运产业财政政策对重庆航运业起到了很好的扶持作用。2016年,市政府出台《关于加快长江上游航运中心建设的实施意见》,明确了加快水运发展的10条政策措施,包括市级每年安排5亿元水运建设发展专项资金,以及"营改增"改革后支持航运业发展的财政扶持政策、集装箱码头作业费财政补贴政策等,建议将10条扶持政策继续实施至2020年。

5.加快重庆航运服务集聚区建设

建议以重庆航运交易所为依托,建设长江上游航运要素集聚、功能完善、市场繁荣的航运服务集聚区,培育发展航运总部经济。研究出台现代航运服务业专项扶持政策,促进重庆航运服务业的发展,尤其是突出发展高端

港航服务、航运电商平台等产业，重点打造能够"辐射长江，影响全国"的内河航运服务中心。

6.将市属国有企业船舶纳入重庆船东互保协会承保

重庆船东互保协会是国内内河首家船东互保组织，也是中新（重庆）战略性互联互通合作示范项目成员。为扩大协会的业务范围和规模，提升重庆航运的影响力，促进长江上游金融中心和航运中心的建设，建议市政府协调相关部门，将市属国有企业船舶纳入重庆船东互保协会承保。

7.加快航运人才的培训和培养

抓住中新（重庆）战略性互联互通示范项目合作契机，与新加坡共建全市航运人才培训中心，加快航运领军人才和骨干人才的培养。引进符合目录的留学回国人员、国内人才和高校优秀毕业生，并给予户籍、税收等方面的政策优惠。依托重庆航运交易所，培育专业化的航运经纪人队伍和组织，吸引国际知名航运经纪公司落户重庆。

重庆财政收支(2013—2017)
调查分析报告*

(2018年7月30日)

　　2013年至2017年重庆非税收入占比保持在32%至34.5%，成为值得关注的现象。怎样认识这一现象？重庆财政收支结构是否合理？财政收支政策取向如何是好？本报告试图通过对重庆市2013—2017年财政收支情况进行系统梳理与分析，寻找答案。为此，课题组首先分析了财政收入的基本情况，对财政收入中的一般公共预算收入、基金预算收入和国有资本经营预算收入进行了总量和结构分析。其次，分析了财政支出的基本情况，主要对支出的重要来源、支出的重点领域及其变化进行了总量和结构的分析。最后，辨识得出4个基本判断：(1)全市财政收入保持了稳定增长，结构基本合理，反映了全市经济社会发展的良好态势；(2)非税收入占一般公共预算收入比重偏高是多种客观因素综合作用的结果；(3)加快产业转型升级，通过经济高质量发展，才能提高税收收入水平；(4)必须积极争取中央对地方的财政转移支付，增加市里可用财力。同时，也提出相应的举措建议。

---

　　*精编于重庆市生产力发展中心、重庆社会科学院、重庆市创新型金融研究会联合课题组完成的"重庆财政收支(2013—2017)调查分析报告"课题报告。

一、2013—2017年重庆财政收入总量与结构特征

(一)全市财政收入规模稳中有增,略缓于地区生产总值增速

财政收入规模是衡量一个地方财力的重要指标,在很大程度上反映了政府在社会经济活动中能够提供公共产品和服务的范围和数量。从全市来看,2013—2017年财政收入年均增长8%,从2013年的3 429亿元增加到2017年的约4 630亿元(见图1),5年的整体规模增长约35%。与之同时,全市地区生产总值也保持着平稳增速,同期地区生产总值年均增长约10%,从2013年的12 656.7亿元增加到2017年的19 500.3亿元,5年的整体规模增长约54%(见表1)。由此可见,2013年至2017年期间,全市财政收入无论是规模,还是年均增速,均稳中有增,财政收入的增长规模略缓于地区生产总值。

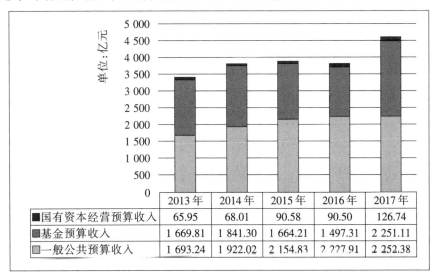

	2013 年	2014 年	2015 年	2016 年	2017 年
■国有资本经营预算收入	65.95	68.01	90.58	90.50	126.74
■基金预算收入	1 669.81	1 841.30	1 664.21	1 497.31	2 251.11
□一般公共预算收入	1 693.24	1 922.02	2 154.83	2 227.91	2 252.38

单位:亿元

图1　重庆市财政收入构成情况(2013—2017)

表1　重庆市一般公共预算收入与GDP比较(2013—2017)

单位:亿元

年份	一般公共预算收入	GDP	一般公共预算收入增长率	GDP增长率	一般公共预算收入弹性
2013	1 693.2	12 656.7	15.5%	12.3%	1.26
2014	1 922.0	14 265.4	13.9%	10.9%	1.28
2015	2 154.8	15 720.0	12.1%	11.0%	1.10
2016	2 227.9	17 599.5	7.1%	10.7%	0.66
2017	2 252.4	19 500.3	3.0%	9.3%	0.32

注:该增长率为同口径增长率,是按照财政部预算管理相关要求,考虑历年基金预算收入,调入公共预算收入及"营改增"等税制改革因素后,计算所得增幅

(二)财政三项收入整体上升,增势各有不同

根据2018年政府收支分类科目,财政收入由一般公共预算收入、基金预算收入、国有资本经营预算收入构成。从整体来看,全市的一般公共预算收入和国有资本经营预算收入稳步增长,基金预算收入波动上升。

1.一般公共预算收入稳步增长,增速回落

2013年至2017年,全市一般公共预算收入从1 693.2亿元增长到2 252.4亿元,以10.32%的平均增速稳步增长,但增长率呈下降趋势,2016年增长率为7.1%,2017年增长率为3.0%,大幅低于地区生产总值的增长率(见表1)。

将2017年全市一般公共预算收入和地区生产总值与直辖市及其他经济发达地区、西部地区进行比较(见表2),可以看出:在西部地区,全市一般公共预算收入略低于四川,地区生产总值落后于四川、陕西和广西。与直辖市相比,全市地区生产总值略高于天津。

表2　2017年重庆与部分地区一般预算收入和地区生产总值比较

单位:亿元

地区		一般公共预算收入	地区生产总值
重庆		2 252.38	19 500.27
直辖市	北京	5 430.79	28 000.40
	天津	2 624.22	18 595.38
	上海	6 642.26	30 133.86
其他经济发达地区	江苏	8 171.53	85 900.90
	浙江	5 803.38	51 768.00
	山东	6 098.50	72 678.18
	广东	11 315.21	89 879.23
西部地区	四川	3 579.78	36 980.20
	贵州	1 613.64	13 540.83
	云南	1 886.16	16 531.34
	陕西	2 006.39	21 898.81
	甘肃	815.64	7 677.00
	青海	246.14	2 642.80
	西藏	185.83	1 310.60
	新疆	1 465.52	10 920.00
	宁夏	417.46	3 453.93
	广西	1 615.03	20 396.25
	内蒙古	1 703.39	16 103.20

注:数据来源于各地统计局

2.基金预算收入波动增长,起伏较大

基金预算收入作为财政收入的重要组成部分,呈现波动增长态势。2013年至2017年,全市基金预算收入由1 669.81亿元增长至2 251.11亿元(见图2),以约11%的年均增长率保持波动增长。2014年基金预算收入增长约10%,2015年和2016年增长率持续下降,2017年出现剧烈变化,较2016年增长约50%,起伏较大。

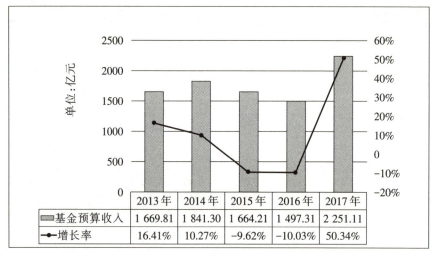

	2013年	2014年	2015年	2016年	2017年
基金预算收入	1 669.81	1 841.30	1 664.21	1 497.31	2 251.11
增长率	16.41%	10.27%	−9.62%	−10.03%	50.34%

图2 2013—2017年重庆市基金预算收入情况

3.国有资本经营预算收入跳跃式增长,增势强劲

国有资本经营预算收入虽然在全市财政收入中占比很小,但也是政府预算的重要组成部分。全市国有资本经营预算收入从2013年的65.95亿元增长至2017年的126.74亿元(见图3),翻了近一番,增长幅度较大,尤其是2015年和2017年,其增长率分别约为33%和40%,呈跳跃式增长,增势强劲。

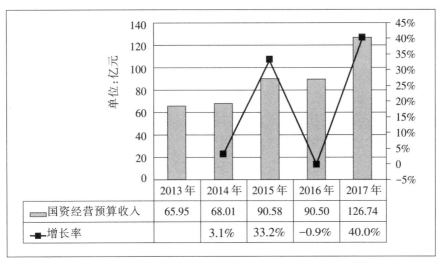

	2013 年	2014 年	2015 年	2016 年	2017 年
国资经营预算收入	65.95	68.01	90.58	90.50	126.74
增长率		3.1%	33.2%	−0.9%	40.0%

图3　2013—2017年重庆市国有资本经营预算收入情况

(三)一般公共预算收入中的结构现象

1.一般公共预算收入中税收收入仍占主体地位,但非税收入增速较快,占比较高

2013—2017年,重庆市一般公共预算收入稳步增长,由1693.2亿元增长至2252.4亿元。其中,税收收入由1112.6亿元增长至1476.3亿元,非税收入由580.6亿元增长至776.1亿元,增幅略大于税收收入。2017年,全市一般公共预算收入增长率为1.1%,其中税收收入占比65.5%,非税收入占比34.5%,与上年相比非税收入略有下降(见表3)。纵观全市2013年至2017年一般公共预算收入的变化趋势(见图4),每年总量上虽然都有较大幅度的增长,但其的增长更多来源丁非税收入的贡献,税收收入比重有逐渐减小的趋势,非税收入增加较多,且快于税收收入的增加。这表明,近年来的全市税收收入增长乏力,主体税源不足。

表3　2013—2017年重庆一般公共预算收入结构

单位:亿元

年份	一般公共预算收入	税收收入		非税收入	
		规模	占比	规模	占比
2013	1 693.2	1 112.6	65.7%	580.6	34.3%
2014	1 922.0	1 281.8	66.7%	640.2	33.3%
2015	2 154.8	1 450.9	67.3%	703.9	32.7%
2016	2 227.9	1 438.5	64.6%	789.5	35.4%
2017	2 252.4	1 476.3	65.5%	776.1	34.5%

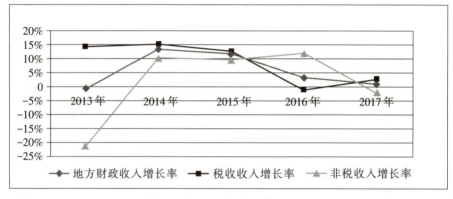

图4　2013—2017年重庆市一般公共预算收入、税收、非税收入增幅

2.税收收入中增值税、所得税对税收收入的贡献过半

从全市征收的包括增值税、企业所得税、个人所得税、资源税、城市维护建设税、房产税、印花税、城镇土地使用税、土地增值税、车船税、耕地占用税、契税和烟叶税共13个税种来看(见表4),各税种的收入所占比重变化不大,其中增值税、企业所得税与个人所得税贡献了超过一半的税收,2017年这三项税收占税收收入比重达55.08%,是绝对的主体税源。

表4　2013—2017年重庆市分税种收入所占比重

	2013 年	2014 年	2015 年	2016 年	2017 年
增值税	47.78%	46.60%	44.44%	40.56%	36.38%
企业所得税	12.21%	12.30%	12.37%	13.05%	13.77%
契税	10.10%	10.06%	9.27%	9.03%	12.10%
城镇土地使用税	3.97%	4.94%	8.36%	9.67%	9.96%
土地增值税	7.26%	7.51%	6.50%	7.14%	5.69%
城市维护建设税	5.90%	5.80%	5.43%	5.66%	5.66%
个人所得税	3.37%	3.37%	3.47%	4.07%	4.93%
房产税	2.82%	3.15%	3.62%	3.95%	4.40%
耕地占用税	3.32%	2.98%	3.36%	3.38%	2.94%
印花税	1.57%	1.61%	1.42%	1.65%	2.16%
资源税	0.75%	0.76%	0.81%	0.79%	1.00%
车船税	0.58%	0.65%	0.69%	0.76%	0.86%
烟叶税	0.37%	0.25%	0.26%	0.26%	0.16%

注:增值税含"营改增"之前的营业税

3.非税收入中行政事业性收费与国有资源有偿使用收入是主体来源

　　非税收入主要由专项收入、行政事业收入、罚没收入、国有资源(资产)有偿使用收入、捐赠收入、政府住房基金收入等构成。2013—2017年的五年间,全市非税收入从580.62亿元增长至776.05亿元,非税收入总量增长迅速,年均增长率达7.67%,占一般公共预算收入比重平均约为34%,其中,行政事业收入与国有资源(资产)有偿使用收入是占比较大的两个科目,2017年分别为263.08亿元和332.01亿元,占比分别为33.90%和42.78%。

表5 2013—2017年重庆市非税收入明细科目统计

单位:亿元

	2013年	2014年	2015年	2016年	2017年
行政事业收入	359.08	348.86	312.38	309.26	263.08
占比	61.84%	54.49%	44.38%	39.17%	33.90%
国有资源(资产)有偿	104.73	170.19	207.04	281.73	332.01
占比	18.04%	26.58%	29.41%	35.68%	42.78%
专项收入	56.80	48.53	106.27	96.30	92.47
占比	9.78%	7.58%	15.10%	12.20%	11.91%
罚没收入	25.96	32.50	39.60	41.06	44.02
占比	4.47%	5.08%	5.63%	5.20%	5.67%
捐赠收入				6.74	8.15
占比				0.85%	1.05%
政府住房基金收入				24.98	13.97
占比				3.16%	1.80%
其他收入	34.05	40.10	38.60	29.40	22.35
占比	5.87%	6.26%	5.48%	3.72%	2.88%
合计	580.62	640.18	703.89	789.47	776.05

注:捐赠收入和政府住房基金系2016年由基金预算收入调入一般公共预算非税收入

但是,行政事业收入在非税收入中所占的比重下降较快。2013—2017年重庆市行政事业收入由359.08亿元降至263.08亿元,占非税收入比重从2013年的61.84%降至2017年的33.90%。行政事业收入各个明细科目完成数额大都呈现逐年递减的趋势,只有环保科目由2013年的0.62亿元增至2017年的4.10亿元,增长近7倍。这表明国家"正税清费"和"推行低碳、节能、减排"的政策收到正向效果。

表6 2013—2017行政事业收入情况统计

单位:亿元

	2013 年	2014 年	2015 年	2016 年	2017 年
建设(含配套费)	229.38	228.18	192.29	209.61	172.65
教育	25.82	25.12	28.08	26.50	21.94
国土资源	32.89	25.65	22.55	16.14	20.00
人防办	15.23	13.00	12.25	10.66	12.28
公安	5.49	9.12	10.23	9.19	9.35
法院	3.31	5.21	10.32	12.28	8.30
环保	0.62	0.67	0.71	0.65	4.10
质量监督检验检疫	4.91	4.09	5.09	3.37	2.72
人力资源社会保障	3.45	4.79	2.09	1.74	2.14
水利	2.22	1.78	1.37	1.27	1.94
卫生	9.74	7.60	7.19	6.58	1.87
交通运输			3.62	2.83	1.27
人口和计划生育	15.70	13.76	11.29	2.39	0.55
司法	0.24	0.21	0.18	0.20	0.13
农业	0.58	0.59	0.50	0.14	0.07
民政	0.46	0.50	0.45	0.23	0.06
工商	0.08				
税务	0.03				
其他	8.93	8.59	4.17	5.48	3.71
合计	359.08	348.86	312.38	309.26	263.08

国有资源(资产)有偿使用收入在非税收入中所占比重虽然增长较快,但不排除"空转"技术处理。国有资源(资产)有偿使用收入明细科目主要有

五项,其中,占比较大的两个科目为非经营性国有资产收入和其他国有资产有偿使用收入。从全市来看,其他国有资产有偿使用收入科目在2017年数额虽然有所下降,但近五年来该科目比重一直在50%左右;非经营性国有资产收入所占比重则一直在30%左右波动,两项科目占国有资源(资产)有偿使用收入80%左右。造成这一现象的主要原因是:为了满足地方政府融资、财力评估、发债、收支平衡等需求,不排除进行了一些技术性调整,未必形成了实际收入。

表7 2013—2017年重庆市国有资源(资产)有偿使用收入情况统计

单位:亿元

	2013年	2014年	2015年	2016年	2017年
其他国有资产有偿使用收入	48.62	76.16	81.78	143.14	153.76
占比	46.42%	44.75%	39.50%	50.81%	46.31%
非经营性国有资产收入	29.33	64.18	58.09	65.85	98.32
占比	28.01%	37.71%	28.06%	23.37%	29.61%
利息收入	20.53	23.02	22.53	29.44	34.76
占比	19.60%	13.53%	10.88%	10.45%	10.47%
转让政府还贷道路收费权收入			39.98	40.66	43.28
占比			19.31%	14.43%	13.04%
矿产资源专项收入	4.76	4.39	3.16	2.23	1.83
占比	4.55%	2.58%	1.53%	0.79%	0.55%
出租车经营权有偿出转让收入	1.49	2.44	1.50	0.41	0.06
占比	1.42%	1.43%	0.72%	0.15%	0.02%
合计	104.73	170.19	207.04	281.73	332.01

注:该占比为展开明细科目占整体国有资源(资产)有偿使用收入的比重

4.三次产业因产业特征和宏观调控因素,对一般公共预算收入的贡献有所不同

第三产业因房地产快速发展,对税收的贡献超过第二产业。第二产业中的制造业仍然是税收贡献的重要力量。2013—2017年,全市第二产业实际入库税收收入由759.10亿元增至972.90亿元,增长213.80亿元,增幅较大。2017年全市实现全辖区税收2 659亿元,其中第二产业实现税收收入972.90亿元,占辖区税收收入的36.59%,第三产业实现税收收入1 686.20亿元,占比约为63.41%,第三产业税收收入占比不断上升,已经超过第二产业(由于第一产业实现税收较少,此处忽略不计)。从第二产业内部看,制造业对税收贡献最大,由2013年的470.10亿元增长至2017年的640.90亿元,占当年税收总额的比重保持在25%左右;第三产业中,对税收贡献较大的是房地产业,由2013年的464.96亿元增长至2017年的610.47亿元,累计增长约146亿元,占当年税收总额的比重保持在22%左右,是低于制造业占比的。

表8 2013—2017年重庆市第二产业实际入库税收表

单位:亿元

	2013年	2014年	2015年	2016年	2017年
制造业	470.10	550.60	605.20	672.50	640.90●
电力、燃气和水	57.40	64.00	71.90	81.70	83.40●
建筑业	192.90	178.20	219.50	234.10	218.60●
采矿业	38.70	35.60	33.80	30.80	30.00
第二产业合计	759.10	828.40	930.40	1019.10	972.90

注:以上税收数据不含海关代征代返的关税,进出口环节增值税和消费税等。
●为重点税源

表9 2013—2017年重庆市第三产业实际入库税收表

单位:亿元

	2013年	2014年	2015年	2016年	2017年
房地产业	464.96	483.90	463.90	460.00	610.47●
批发和零售业	187.11	221.20	269.70	275.10	303.55●
金融业	174.20	228.60	289.90	277.50	277.93●
其他行业	86.53	129.10	133.90	149.80	167.81
租赁和商业服务业	45.53	86.70	126.50	153.60	150.34●
文化、体育和娱乐业	59.43	70.80	90.20	75.50	70.25
交通运输、仓储邮政业	35.24	44.60	43.60	48.10	55.68●
信息传输、计算机服务和软件业	19.46	25.10	28.90	33.00	40.05●
住宿和餐饮业	15.75	14.60	13.80	10.90	10.12
第三产业税收合计	1 088.21	1 304.60	1 460.40	1 483.50	1 686.20

注:以上税收数据不含海关代征代返的关税、进出口环节增值税和消费税等。

●为重点税源

　　剔除房地产后,第二产业与第三产业提供税收之比由2017年的37∶63变化为47∶53,虽然第三产业所提供的税收略胜一筹,但第二产业与第三产业所提供的税收收入比重差异明显减小,剔除房地产业后的第三产业税收呈现平稳增长态势。

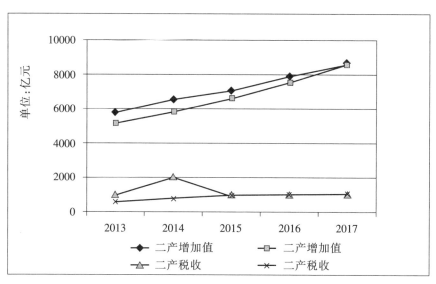

图5　2013—2017年重庆市不含房地产行业的第二、三产业
增加值及其税收变化情况

5.非公有制企业对一般公共预算收入的贡献约占七成,民营企业贡献约占五成

2013年至2017年,从全市地税所有制税收收入总量来看,公有制企业税收贡献从2013年的248.24亿元增长至2017年的483.43亿元,年均增长率达18%,非公有制企业税收贡献从2013年的570.94亿元增长至2017年的1 166.22亿元,年均增长率达20%。从总量来看,公有制企业的税收总额在逐年递增,但增速略低于非公有制企业税收总额。公有制企业税收收入占比从2013年的30.28%下降至2017年的27.98%,非公有制企业税收贡献从2013年的69.72%增长至2017年的72.02%。细分条件下,非公有制企业中民营企业2017年税收收入为891.46亿元,约占公有以及非公总体税收总额1 649.65亿元的54%,占比最大,是纳税绝对主体。

表10　2013—2017年重庆市地税所有制税收收入情况

单位:亿元

	2013年	2014年	2015年	2016年	2017年
一、公有制企业	248.24	341.51	385.65	447.69	483.43
占地税总额比重	30.28%	28.45%	23.11%	26.48%	27.98%
1.有限责任公司				235.68	245.53
占公有制企业比重				52.64%	50.79%
2.股份有限公司	140.43	205.71	269.76	50.79	50.08
占公有制企业比重	56.57%	60.24%	69.95%	11.34%	10.36%
3.其他	107.81	135.80	115.89	161.22	187.82
占公有制企业比重	43.43%	39.76%	30.05%	36.01%	38.85%
二、非公有制企业税额	570.94	635.14	708.34	927.34	1 166.22
占地税总额比重	69.72%	71.55%	76.89%	73.52%	72.02%
1.民营	389.94	444.38	463.33	645.29	891.46
占非公有制企业比重	68.30%	69.97%	65.41%	69.59%	76.44%
2.其他	181.00	190.76	245.01	282.05	274.76
占非公有制企业比重	31.70%	30.03%	34.59%	30.41%	23.56%

注:公有制企业中的其他包括国有企业、集体企业;非公有制企业中的其他包括联营企业、港澳台商投资企业、外商投资企业

(四)基金预算收入中的国有土地使用权出让收入是绝对主体

基金预算收入明细科目目前包括国有土地使用权出让收入、国有土地收益基金收入等8种收入,其中占比最大的为国有土地使用权出让收入。

2013年到2017年间,全市国有土地使用权出让收入和基金预算收入基本保持同波动变化,国有土地使用权出让收入在基金预算收入中平均占比为93%,2017年占比高达96%,几乎成为基金预算收入的"唯一",这也从侧面反映出全市房地产用地成交十分活跃。

表11　2013—2017年重庆市基金预算收入明细科目统计情况

单位:亿元

	2013年	2014年	2015年	2016年	2017年
国有土地使用权出让收入	1 519.98	1 665.04	1 552.92	1 412.37	2 165.08
国有土地收益基金收入	31.18	31.75	29.24	31.66	38.42
城市公用事业附加收入	10.56	12.57	11.69	9.95	5.60
政府住房基金收入	10.39	18.89	19.06	20.95	
新增建设用地土地有偿使用费	32.17	25.08	22.02		
地方教育附加收入	16.09	21.15			
转让政府还贷道路收费权收入	22.13	32.01			
其他	27.31	34.81	29.28	22.38	42.01
合计	1 669.81	1 841.30	1 664.21	1 497.31	2 251.11

(五)国有资本经营预算收入中的利润和产权转让收入是绝对主体

国有资本经营预算收入中,占比较大的两个科目分别是利润收入和产权转让收入。其中,利润收入指国有企业按规定上缴国家的利润,从全市来看,2013年全2017年间,利润收入在国有资本经营预算收入中的平均占比约为50%,其中,2016年以前的利润收入保持稳定上升,2017年利润收入突然从2016年的73.29亿元下降至54.58亿元。这表明,国有资本经营效益下滑。

产权转让收入包括国有控股、国有独资、金融企业等企业在股权、股份、产权等方面的转让收入。从全市来看,2013年至2017年全市的产权转让收入在国有资本经营预算收入中平均占比约为34%,2016年前产权转让收入基本保持稳定上升,2016年产权转让收入突然从2015年的35.42亿元下降至6.07亿元,又骤然从2016年的6.07亿元增长至2017年53.29亿元,甚至与利润收入近乎相等。这表明2013年至2015年产权转让成功率比较高,交易量比较均衡。之后,产权转让困难加大,交易量极不均衡。

表12　2013—2017年重庆市国有资本经营预算收入统计情况

单位:亿元

	2013年	2014年	2015年	2016年	2017年
利润收入	25.78	32.75	44.05	73.29	54.58
产权转让收入	28.33	27.18	35.42	6.07	53.29
股利、股息收入	4.12	1.24	1.87	2.82	4.07
清算收入	1.83	0.02		0.12	0.03
其他国有资本经营预算	5.89	6.82	9.24	8.2	14.77
合计	65.95	68.01	90.58	90.50	126.74

二、2013—2017年重庆财政支出总量与结构特征

(一)全市财政支出来源以地方三项收入为主,中央转移支付是重要补充

目前财政支出来源主要包括地方收入、中央补助(转移支付)、债务收入、上年结转四部分。其中,地方收入包括一般公共预算收入、基金预算收

入和国有资本经营预算收入,地方收入中的一般公共预算收入和基金预算收入是财政支出的主要来源,中央补助(转移支付)是财政支出的重要补充。从全市来看,2017年一般公共预算收入 2 252.38 亿元、基金预算收入 2 251.11 亿元,均占当年支出来源的31%左右,与2013年相比,增幅都维持在30%左右;2017年国有资本经营预算收入 126.74 亿元;2017年中央补助(转移支付)1 719.73 亿元,约占当年支出来源的24%;2017年债务收入607.81亿元,约是2013年的7倍,这与政府对外借款和发行债券有密切关联;2017年上年结转238.68亿元,较2013年的493.54亿元,降幅超过50%。

表13　2013—2017年重庆市财政支出来源总量表

单位:亿元

分类	2013 年	2014 年	2015 年	2016 年	2017 年
1.地方收入	3 429.00	3 831.33	3 909.62	3 815.72	4 630.23
（1）一般公共预算收入	1 693.24	1 922.02	2 154.83	2 227.91	2 252.38
（2）基金预算收入	1 669.81	1 841.30	1 664.21	1 497.31	2 251.11
（3）国有资本经营预算收入	65.95	68.01	90.58	90.50	126.74
2.中央补助(转移支付)	1 198.41	1 251.50	1 351.02	1 535.53	1 719.73
3.债务收入	88.00	99.00	656.29	760.06	607.81
4.上年结转	493.54	408.40	347.39	240.36	238.68
财政支出来源合计	5 208.95	5 590.23	6 264.32	6 351.67	7 196.45

（二）全市人均财政支出略高于全国人均水平,在西部靠前,与经济发达省市相比水平偏低

2017年全市人均财政支出 19 462.92 元,略高于全国人均财政支出的 19 236.53 元。在西部地区中,高于四川、云南、贵州和陕西,低于宁夏;在四大直辖市中,位列第四;与浙江、江苏和广东等经济发达地区相比,低于浙江

和江苏,高于广东。2017年全市的人均财政支出在这12个地区中位列第7,居于较低水平,其支出水平仅是直辖市支出水平的50%左右,这与重庆大城市带大农村的格局以及经济发展基础薄弱、经济总量较小有直接关联。

表14　2017年主要省市财政支出比较表

地区		数额(亿元)	按总支出排序	每人平均(元/人)	按人平均排序
全国		26 6041.18		19 236.53	
直辖市	重庆	6 617.39	7	19 462.92	7
	北京	9 079.00	6	41 268.18	1
	天津	4 590.30	11	28 689.38	3
	上海	9 691.90	5	40 382.92	2
其他经济发达地区	江苏	18 320.74	2	22 900.93	5
	浙江	14 147.75	3	25 263.84	4
	广东	20 175.66	1	18 341.51	8
西部地区	四川	11 330.20	4	13 650.84	11
	贵州	5 494.00	10	15 261.11	10
	云南	5 663.60	9	11 799.17	12
	陕西	5 822.90	8	15 323.42	9
	宁夏	1 506.35	12	21 519.29	6

（三）非生产性支出是财政支出的绝对主体，生产性支出占财政支出的比重在10%~15%

生产性支出是财政用于与社会生产直接有关的各项支出，包括生产性基本建设、交通运输、农林水支出、资源勘探信息支出、商业服务业支出等，并扣除行政运行、一般行政管理事务和机关服务等项目，以及物资储备支出、节能环保支出中的可再生能源款及循环经济款等。非生产性支出是指与生产无直接关系的支出，主要包括非生产性基本建设支出、一般公共服务和公共安全支出、国防外交支出、城乡社区支出等。

从2013年到2017年，生产性支出和非生产性支出分别以9.56%和8.23%的年均增长率递增，非生产性支出的总量年均呈刚性递增态势，生产性支出总量的变动趋势为波动增长。非生产性支出是财政支出的绝对主体，在财政支出中得到了加强，其在财政支出中的占比年均增长率为0.18%。生产性支出在财政支出中的占比呈 W 形变动，年均增长率为1.13%。

表15 2013—2017年重庆市财政支出分类表

单位:亿元

年份	生产性支出		非生产性支出		合计
	总量	占比	总量	占比	
2013	556.44	11.44%	4 305.85	88.56%	4 862.28
2014	567.98	10.86%	4 662.73	89.14%	5 230.71
2015	819.23	14.58%	4 800.81	85.42%	5 620.04
2016	630.52	10.85%	5 182.14	89.15%	5 812.66
2017	724.82	10.95%	5 892.54	89.05%	6 617.39
年均增长率	9.56%	1.13%	8.23%	0.18%	8.07%

注:从财政支出与生产发展的关系，可以将财政支出划分为非生产性支出和生产性支出，非生产性支出=财政支出-生产性支出，二者之间存在此消彼长的关系

单位：亿元

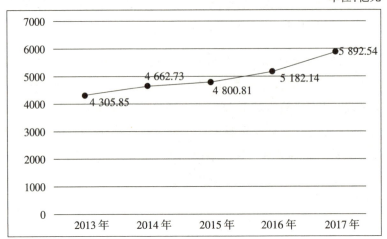

图6　2013—2017年重庆市非生产性支出总量变动趋势图

单位：亿元

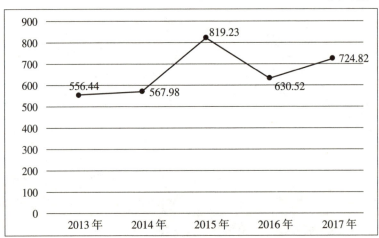

图7　2013—2017年重庆市生产性支出总量变动趋势图

(四)非生产性支出五年累计大幅增长,生产性支出五年震荡上升

非生产性支出2013—2017年每年均刚性增长,尤其是城乡社区支出、社会保障和就业支出(扣除企业改革补助)、教育支出和医疗卫生与计划生育支出等科目的增长额显著;医疗卫生与计划生育、公共安全和商业服务业(商业流通事务、涉外发展服务等)支出科目的涨幅明显。非生产性支出2017年较2013年各科目虽然有增有减,但整体增加额为1 586.69亿元,涨幅达36.85%。其中,城乡社区支出、社会保障和就业支出(扣除企业改革补助)、教育支出和医疗卫生与计划生育等支出科目的增加额分别为678.78亿元、269.02亿元、189.01亿元和155.74亿元,增长额度较大,支出合计均占当年非生产性支出的70%以上。医疗卫生与计划生育支出、公共安全支出和商业服务业等支出科目的涨幅分别为78.64%、67.05%和65.38%。这表明财政在社会事业方面的支出刚性强、需求旺,政府公共财政职能的政策取向明显。

生产性支出整体呈增长态势,尤其是农林水支出、交通运输支出、节能环保支出和商业服务业等支出科目的增长额和涨幅较大。生产性支出2017年较2013年各科目的变动有增有减,整体增加额为168.38亿元,涨幅为30.26%。其中,农林水支出、交通运输支出、节能环保支出和商业服务业等支出的增加额分别为103.63亿元、42.78亿元、35.03亿元和24.66亿元,涨幅分别为93.18%、17.79%、72.15%和74.03%,支出合计占当年生产性支出比重的80%以上。这与政府加大支农力度、完善交通基础设施建设、增大节能环保产业的发展以及加快现代服务业的发展等政策取向密切相关。

表16 2013年与2017年重庆市生产性支出和非生产性支出对比表

单位:亿元

科目	2013年 总额		2017年 总额		增加额		涨幅	
	生产性支出	非生产性支出	生产性支出	非生产性支出	生产性支出	非生产性支出	生产性支出	非生产性支出
合计	556.44	4 305.85	724.82	5 892.54	168.38	1 586.69	30.26%	36.85%
一般公共服务支出		276.40		304.55		28.15		10.18%
外交支出		0.21		0.13		−0.08		−38.10%
国防外交支出		8.75		4.84		−3.91		−44.69%
公共安全支出		141.22		235.91		94.69		67.05%
教育支出●		437.29		626.30		189.01		43.22%
科学技术支出		38.65		59.31		20.66		53.45%
文化体育与传媒支出		36.82		49.58		12.76		34.66%
社会保障和就业支出(其中企业改革补助属于生产性支出)●	2.03	440.56	0.52	709.58	−1.51	269.02	−74.38%	61.06%
医疗卫生与计划生育支出●		198.05		353.79		155.74		78.64%
节能环保支出▲	48.55	66.20	83.58	71.37	35.03	5.17	72.15%	7.81%
城乡社区支出●		2163.01		2841.79		678.78		31.38%
农林水支出▲	111.21	221.10	214.84	216.07	103.63	−5.03	93.18%	−2.27%
交通运输支出▲	240.52	46.88	283.30	16.08	42.78	−30.80	17.79%	−65.70%

续表

科目	2013年总额		2017年总额		增加额		涨幅	
	生产性支出	非生产性支出	生产性支出	非生产性支出	生产性支出	非生产性支出	生产性支出	非生产性支出
资源勘探信息等支出	97.03	16.61	71.00	21.48	−26.03	4.87	−26.83%	29.32%
商业服务业等支出▲	33.31	1.82	57.97	3.01	24.66	1.19	74.03%	65.38%
金融支出(其中金融发展支出属于生产性支出)	6.57	3.31	1.16	0.51	−5.41	−2.80	−82.34%	−84.59%
援助其他地区支出		5.51		2.20		−3.31		−60.07%
国土海洋气象等支出		36.14		54.14		18.00		49.81%
住房保障支出		77.22		112.78		35.56		46.05%
粮油物资储备支出	17.22	0.07	12.45	0.11	−4.77	0.04	−27.70%	57.14%
其他支出(类)		19.49		22.58		3.09		15.85%
债务付息支出		0		86.30		86.30		
债务发行费用支出		0		1.31		1.31		
国债还本付息支出		5.86				−5.86		
国有资本经营支出		64.68		98.82		34.14		52.78%

注:2013年有国债还本付息支出科目,没有债务付息支出和债务发行费用支出科目;2017年有债务付息支出和债务发行费用支出科目,没有国债还本付息支出科目。●为非生产性支出重点支出科目;▲为生产性支出重点支出科目

（五）农业和扶贫支出高于全国人均水平，"三农"发展与扶贫开发保障压力较大

农业人均支出高于全国平均水平。2013—2017年，全市的农业支出分别为281.94亿元、291.72亿元、331.33亿元、347.99亿元、345.75亿元，比上年分别增长9.98%、3.47%、13.58%、5.03%、-0.64%，农业支出占财政支出比重始终稳定在6%左右。全市2017年农业人均支出为1 016.91元，大大高于全国人均水平467元，约是全国人均水平的2倍。扶贫支出呈上升趋势。财政扶贫资金按照改善基础设施、扶持基础产业、提高人基本素质的"三基"投向原则，主要投入到基础设施、生产发展、社会事业、科技推广与培训以及其他方面。全市扶贫支出从2013年到2016年呈不断上升趋势，2013年为27.64亿元，2016年为79.12亿元，增幅达到186%，2017年的扶贫支出为60.63亿元，相较2016年有所下降。全市2017年人均扶贫支出为178.32元，略高于全国人均水平165.28元。这表明重庆这样一个带有大农村的直辖市，不仅在税源上少了一大块，且财政支出中保"三农""扶贫"的重点需求压力比较大。

（六）教育和科技支出逐年递增，但仍低于全国平均水平

教育支出与财政支出同步增长。"十三五"以来，全市教育支出逐年提高，总体规模从2013年的437.29亿元，增加到2017年的626.30亿元，增长了43.2%，同期财政支出也增长了36.1%，2017年教育支出占财政支出的比重也接近10%。这表明"十三五"以来，全市教育支出规模的增长与财政支出规模的增长是相匹配的。教育支出中的普通教育和职业教育支出占比最大，2013年这两项支出占教育支出的比重为84%，到2017年这两项支出占教育支出的比重达到90%。但是，2017年全市人均高等教育支出161元，低于全国人均288元的水平；人均教育支出为1 842.06元，低于全国人均教育支出2 029.85元的水平。

科技支出基数小、增长快。从全市来看，2013—2016年科学技术支出呈现增加趋势，2013年科技支出为38.65亿元，2017年科技支出为59.31亿元，

增幅达到 53.5%。但由于基数小、占比低,全市科技人均支出 2017 年为 174.44 元,明显低于全国人均 474.62 元的水平,仅为全国人均水平的 37%。

三、对全市财政收支状况的基本判断与相关建议

(一)基本判断

1.财政收入保持稳定增长,来源结构阶段性特征明显,与地区生产总值增长大体同步

2013 年到 2017 年这五年,财政收入年均增长 8%,地区生产总值年均增长 10%,保持了大体同步的格局。财政收入中,一般公共预算收入与基金预算收入和国有资本经营预算收入平分秋色,其中,税收收入在全市一般公共预算收入中占主体,占比达到 60% 以上,这表明重庆的经济质量总体上是比较好的。从来源结构看,税收收入扮演着财政收入的主要角色,基金预算收入与一般公共预算收入形成了很强的互补关系,减轻了一般公共预算收入的压力,为经济建设提供了重要的财力支持。由于基金预算收入的绝大部分来源于土地收入,有不可持续的特点,在一定的发展阶段是必要的、不可避免的,但从长远看,要防止过度依赖,必须加大对税源的培育。国有资本经营预算收入虽然在全市的财政收入中占比小,但近两年增幅很大,反映出国有经济对财政收入的贡献是良性的。

2.非税收入占一般公共预算收入比重相对偏高,是多种客观因素综合作用的结果

重庆非税收入占比过高的缘由是综合性的,与全市的产业结构、经济质量、发展阶段、发展水平息息相关。从产业结构来看,2017 年全市的第二产业依然以传统的汽车制造业、电子制造业、装备制造业、化医行业、材料行

业、消费品行业、能源工业为主,全年规模以上工业战略性新兴产业和高技术产业增加值增长仅占规模以上工业增加值的17.3%和17.0%,比重偏低。第三产业内部,结构上低端服务业比重过大,层次上现代服务业整体质量不高。全市已形成的两江新区、经济技术开发区、高新区、保税区等集约发展平台还处在成长发展阶段,投入的高端产业产出未能全部释放。这三个因素叠加在一起,税源必然不够强大。

从发展阶段来看,首先,重庆地处西部,还处在大量招商引资阶段,引进的企业不可避免地要实行税收优惠政策或政府补贴,在三五年甚至更长的时间内,基本无税收贡献或是处于低税状态。其次,大力培育的战略性新兴产业以及高技术产业,相关企业目前都处于国家和市的扶持发展期,加之自身成长的必然过程,在短期内均难以有大的税收贡献。再次,重庆直辖头二十年,建设任务很重,开发前景诱人,土地出让带来基金预算收入的增加有一定的必然性。最后,随着各项事业按直辖市标准构建带来的行政性事业收费的增加等促成非税收入增加较快,有一定的客观性。

3.加快产业转型升级,提高经济发展质量,才能提高税收收入水平

高质量发展的经济结构一定会使企业提高效益,增加税收。首先,要加快传统优势产业的转型升级,夯实税源基础。作为我国传统老工业基地,重庆在汽摩等传统工业领域已形成了明显的产业集聚效应,对重庆税收贡献巨大,但在经济发展动能转化阶段,传统优势产业面临转型瓶颈,产税率不高,呈大幅下降趋势。对此,市有关方面须高度重视,帮助企业解决难点,找准突破口。重要的是把握国际技术发展趋势,加快推进汽车制造智能化和新能源化,推动传统装备制造业智能化进程,争取在两三年内有所突破。

其次,要强化战略性新兴产业的全产业链打造,培育税收新增长点。大力引进和培育以信息产业为主导的战略性新兴产业,重视从研发到销售全产业链的打造,高度重视研发总部、销售总部等产业链附加值高的环节和对高新企业、新型创新主体、孵化主体的扶持。当前,要加快笔电产业和各类智能终端设备产业链的提升进程,加快发展电子信息基础产业及大数据产

业,大力推行产业链垂直整合模式,突出重点,分类推动,抢占先机,实施好以智能化引导的创新驱动发展战略三年行动计划。

再次,要更加重视现代服务业的发展,进一步扩大税基。在智慧商业、智慧城市、公共服务、现代物流、现代金融、大健康、共享经济等领域加快发展步伐,培植高质量企业,提供高品质供给,满足高品质生活,形成可持续的税源体系。

同时,要坚持对各类成长型企业,多予少取、放水养鱼、涵养税源,防止"竭泽而渔"。要更加重视对民营经济的扶持和培育,民营经济不仅在经济总量、就业等领域发挥着重要作用,而且税收贡献也已过半,领先国有经济。当前,要落实好新一届市委、市政府大力发展民营经济的大会精神,进一步改善民营经济的生存发展环境,促进民营经济有更大更好的发展。

(二)相关建议

1.引导五大主体税源的实体科学发展,培植可持续税源

税收来源分析表明,2017年占80%以上的税源集中在制造业及信息软件业(640.9亿元+40亿元)、房地产业(610.47亿元)、商贸及物流业(453.89亿元+55.6亿元)、金融业(278亿元)、建筑业(218.60亿元)五个产业领域。抓好这五个产业领域的实体经济发展,就能更好地培植税源。

制造业是重庆产业的根基,发展智能产业就要推动制造业与信息软件业的深度融合,促进重庆制造业升级,提高品质,丰富功能,增强竞争力。商贸及物流业也是重庆产业的根基,在重庆综合交通枢纽功能大大提升的今天,有辐射国际国内前所未有的发展条件,因此,建设内陆开放高地、发展口岸经济是重庆未来10—20年经济增长的新引擎。金融业已经是重庆的支柱产业,重庆工业、商贸业的发展会对金融业提出创新发展的要求,金融业将在支持工商业发展的同时,强大自身,增强重庆金融中心的功能。房地产业和建筑业,从重庆的发展阶段来看,还有10年左右的较快发展期,关键是要规划好、调控好,与改善城市布局,改善城市交通,提升城市品质,提升市民生活品质结合起来。

2.积极争取中央对重庆的财政转移支付,抓住新一轮西部开发的政策先机

中央转移支付占全市财政支出的四分之一,是不可缺少的重要来源,全市要围绕国家调控指向和市里重点任务精心组织,积极主动地争取中央对地方的专项转移支付。当前值得重视的领域有:社会保障、生态建设、精准扶贫、乡村振兴、"一带一路"建设、长江经济带建设等,特别是库区后扶资金,新一轮西部大开发包括产业提升、国际多式物流建设、耕地宜机化改造等重要领域,需要专门谋划,重点对接。

3.坚持慎重推出以保障公共利益为目的的行政事业收费项目,确保管理公开透明

行政事业收费是按照成本补偿和非营利原则向特定服务对象收取的费用,它的收取是保障公共服务有效供给、行政管理有序进行的必要条件。但在具体实施过程中,由于收费主体对收费目的意义的认识,以及对具体操作程序与流程的认知偏差,有可能使收费项目、收费额偏离公共利益的目标。因此,行政事业收费应坚持慎重推出原则,以保障公共利益为唯一出发点,防止附加其他目的,并且能不出的尽可能不出,能低标准收取的决不高标准收取。一旦收取,要在管理上公开透明、专款专用。

4.坚持财政支出民生优先、量力而行的原则,防止吊高胃口、邀约民心、寅吃卯粮

从财政支出结构的变化看,社会民生领域支出增长快、占比大,体现了财政支出坚持民生优先的原则。从民生改善的效果看,城市的宜居程度、空气质量、城市文明、城乡低保、退休养老等方面均有不同程度的改善。与此同时,出现的财政收支平衡压力增大、政府负债过重、必要的经济建设支出难以保障等情况也值得高度警惕。最近,陈敏尔书记强调要"坚持尽力而为、量力而行,坚持民之所需、政之所能,扎扎实实兴办一批民生实事,不凭空许诺、吊高胃口,不邀约民心、寅吃卯粮",是我们合理调整、优化财政支出结构的重要原则。为此,要坚持民生优先原则,尽力安排资金,同时要严格

预算约束,做到政之所能,量力而行。既要保障在改善民生方面的财政刚性支出和必要支出,又要防止为迎合一时之需,设定一些超越发展阶段的指标,吊高群众胃口而不可持续。要处理好当期与长远的关系,根据可用财力,准确把握主要矛盾,解决民生最迫切的需要,确保民生"托底",并随经济社会发展水平适时调标"托底"标准。要统筹运用政府与市场、社会与个人之间的分担机制,尤其要处理好民生投入方面的政府与市场的边界,平衡和调动好各方的积极性,防止政府大包大揽,有条件的民生投入要大胆引入社会资本;防止出现过度依赖,个人分担的事项应由个人"买单"。

5.坚持多渠道筹措发展资金,合理控制政府负债率

政府在建设与发展的投入中,有必要运用财政资本撬动社会资本,形成对经济的有效推动,但不能过度地用财政资本进行杠杆债务融资,要合理控制风险。为此,要进一步规范推进财政资本和社会资本合作的PPP模式,积极推动财政资本与各种私募基金形成产业股权投资基金,撬动社会资本投向鼓励类产业及战略性新兴产业。通过PPP引导基金等方式,把财政资金作为资本,去吸引社会资本,形成成倍的杠杆资本,同时不会增加政府债务。

按照利益共享、风险共担、激励与约束并重的原则,凡是能完全市场化的项目宜通过经营收费平衡,凡是具备价格调整空间的项目宜通过调价平衡,凡是价格改革不能一步到位的收费项目宜通过政府采购或补贴平衡,凡是低收益甚至不收费的项目宜通过配置土地及其出让金收益等资源平衡。同时,要盘活政府各类资产和资源,如公共品牌的使用收费、土地资源的使用收费,以及一些生态补偿类资金等,多渠道、低风险地筹集建设和发展资金。

6.努力解决财政支出的短板,集中财力保重点任务

重庆所处的发展阶段相对于东部发达地区差距甚远,短期内不可能改变财政支出的"紧平衡"状况。由于财力有限,在财政支出结构中,不可避免地存在一些短板。比如,财政对科技与教育的投入还低于全国平均水平,对科技与教育投入总量应保持适当递增,直至达到比较合理的水平。对科技而言,要强化财政资金对科技研发的引导作用,强化对高端适用人才的引进培育,强化科技成果转化的绩效奖励等。对教育而言,财政在保障基础教育

达标的基础上,有必要适当加大对高等教育的投入,为了增强创新驱动的能力,有必要以培养专业性、高素质人才为目标,努力解决重庆创新驱动的人才短板。同时,要克服全市财政支出安排中的碎片化、部门化倾向,从源头上整合资金,大胆推进双重预算管理。一是推进部门全口径综合预算管理。在部门预算编制过程中,将部门行政事业性收费、政府性基金、国有资本经营收入及单位结余结转资金等,全部纳入预算,统筹安排使用,非税收入在保障征收成本和部门基本运转后首先用于安排部门当年项目支出预算。二是试行重点任务专项预算管理,加大资金统筹整合力度。围绕重点任务,打破部门限制,将同类功用的资金整合预算,集中财力投入到市里的重大重点任务上。

7.积极促进财政与金融协同,更好地发挥财政政策与金融政策的双重效应

财政要协同金融,运用政策工具,通过各种奖补政策引导金融对重点领域的支持,撬动金融资源支持实体经济,充分发挥金融机构的市场化选择优势,促进市场"无形之手"与政府"有形之手"的有机结合,实现政府支持重点与企业发展需求的有效对接,提高财政政策、金融政策、产业政策的协同效应。一是实施贷款增量奖补、新的客户首贷奖补、金融专项债券奖补等政策,引导金融机构增加实体企业信贷投放,促进实体经济发展。二是对向重点产业、基金项目、支农支小、精准扶贫进行信贷投放的金融机构给予奖补,引导金融机构增加对重点领域和特定对象的信贷支持。三是适度分担金融机构对实体企业、小微企业、扶贫对象的贷款损失,降低贷款风险指数,激发金融机构的信贷投放动力。四是继续完善各级融资担保体系和基础金融服务,提升金融服务能力。五是鼓励企业运用公司债、企业债等直接债务融资,进一步推动全市企业利用资本市场做强、做大、做优,加大对直接融资的奖励力度,对成功实现债权融资、股权融资、资产证券化融资的企业和融资服务机构给予奖补,推动实体企业利用多层次资本市场实现融资发展。六是做优做强产业发展资金池,发挥财政在扶持实体企业发展和基础设施建设的引导作用。

加快建立重庆市政府购买服务的
市场化架构*

（2018年6月5日）

《国务院办公厅关于政府向社会力量购买服务的指导意见》（国办发〔2013〕96号）提出："到2020年,在全国基本建立比较完善的政府向社会力量购买服务制度,形成与经济社会发展相适应、高效合理的公共服务资源配置体系和供给体系,公共服务水平和质量显著提高。"要实现2020年的改革目标,有必要在今后三年继续在政府购买服务的市场化机制上发力,实现重点突破,通过制度安排,推进公共服务资源优化配置,进而提升公共服务的水平和质量。

一、关于政府购买服务的基本问题

（一）概念和范围

《国务院办公厅关于政府向社会力量购买服务的指导意见》（国办发〔2013〕96号）将"政府购买服务"定义为:政府向社会力量购买服务,就是通过发挥市场机制作用,把政府直接向社会公众提供的一部分公共服务事项,按照一定的方式和程序,交由具备条件的社会力量承担,并由政府根据服务数量和质量向其支付费用。

---

*精编于重庆市生产力发展中心、重庆国际投资咨询集团有限公司、重庆市财政局联合课题组完成的"加快建立重庆市政府购买服务的市场化架构研究"课题报告。

根据国办发〔2013〕96号文精神以及后续有关政府购买服务的制度设计,本研究认为政府购买服务的范围应该包括以下三个方面:①政府因自身需要购买的服务。目前包括六大类:专家类服务、工程建设类服务、公共安全类服务、后勤保障类服务、中介类服务、政府服务外包。这类项目主要通过政府采购在实施,部分通过政府购买服务在实施。②政府购买的向社会公众提供的公共服务项目,主要包括《政府购买服务管理办法(暂行)》确定的六大类项目:基本公共服务、社会管理性服务、行业管理与协调性服务、技术性服务、政府履职所需辅助性事项、其他适宜由社会力量承担的服务事项。这些项目主要通过政府购买服务实施。③通过其他方式实施的政府购买服务项目。除以上三个方面外,凡是符合政府购买服务特征的事项,例如政府补贴事项、PPP项目等,都应属于政府购买服务的范畴。

(二)基本方式

国内目前较多采用合同外包、补贴制和凭单制的政府购买服务方式,近年来,PPP模式也成为政府购买服务的基本方式。

1.合同外包

合同外包是政府购买服务最常见的方式,即政府部门将政府公共服务生产的职能通过订立合同转移给市场和社会组织,由政府提供经费并实施监管,市场和社会组织履行合同约定。这种方式中,政府占主导地位,但购买者与承购者双方按照合同进行合作,关系比较对等。

2.补贴制

补贴制是指政府通过现金补助、税收优惠、贴息或担保贷款、以奖代补、免费提供服务场所与设施等方式,对公共服务生产者进行补贴。采用这种支付方式的承担主体多为事业单位和国有企业。这种方式下,承接主体提供公共服务具有较高的灵活性,但是服务目标不明确,监管相对困难。

3.凭单制

凭单制是政府与具备资质的机构达成协议,由政府给消费者发放公共服务消费凭单,由消费者自行选择向不同机构购买相应的公共服务。这种方式实际上是政府通过消费者间接地购买公共服务,在一些直接面向公众个人的社会性公共服务方面具有比较明显的优势。

4.PPP模式

政府和社会资本合作,指政府为提高公共服务质量、增强供给能力,在基础设施和公共服务等领域引入社会资本分散股权的同时,实现对资源的合理配置,并减轻政府的财政风险。PPP模式是政府购买公共服务的创新运用,其在提高公共服务质量与效率、缓解政府财政压力、实现公共服务主体多元化等方面发挥着积极作用。

(三)基本流程

1.合同外包对应流程及问题

通过合同外包方式购买的服务项目主要集中在城市管理、文化教育、公共卫生、社会保障等领域,具有涉及面广、采购金额大、履约时间长、绩效评估难等特点,工作步骤和环节多,主要包括需求确定、预算编制、项目审核、组织购买、合同签订、项目实施和评估验收七个步骤。

采用合同外包方式存在的问题主要有:一是最低价中标对服务类项目的适用性问题。在政府采购招标的实际操作中,往往采用最低价中标法,但一味强调最低价中标,将导致把优质的服务商排挤出政府购买服务的市场,不利于提高公共服务的水平和质量。二是现行合同外包采购程序过于复杂、周期较长、交易成本较高,导致金额较小的公共服务项目对社会机构缺乏吸引力。

2.补贴制对应流程及问题

采取补贴制方式的公共服务一般为特定垄断部门提供的服务,典型代表为公共交通、供水、供电、供气、轨道交通等领域。其流程主要包括制定财政补贴结算办法、编制预算草案、审批预算、提出财政补贴资金申请、审核财政补贴资金申请、补贴资金拨付六个步骤。

采用补贴制的主要问题有：由于对公共服务的补贴标准和发放方式在预算审批时就已确定，预算的执行与承接主体提供的服务情况和服务效果不直接挂钩，财政部门对资金使用效果缺乏监督。

3.凭单制对应流程及问题

采用凭单制购买公共服务需要一定的条件，目前广泛运用于包括食品、住房、医疗、教育等具有"福利物品"特征的领域。其流程主要包括制定方案、审定资格、发放凭单、选择承接主体、使用凭单、兑换凭单、反馈信息等八个步骤。

以创新券为例说明凭单制流程存在的问题。一是创新券的异地使用问题。目前，各地科技部门对创新券的使用地域给出了比较明确的规定，限制了企业获取异地科技服务的能力。二是财政资金的拨付使用问题。创新券的申请和发放是按年度进行的，企业申请的创新券在一个财年内可能存在未能全部用完和兑现的情况，导致财政预算资金出现结余和上缴的问题。三是创新券的使用监管问题。监管不严容易导致企业与科研机构勾结、套取财政资金的情况；专家对创新的价值评估准确性有待商榷。

4.PPP模式对应流程及问题

PPP流程具体包括5个阶段、19个具体步骤，即项目发起、项目筛选、物有所值评价、财政可承受能力评估、组建管理构架、实施方案编制、实施方案审核、资格预审、编制采购文件、采购流程、谈判与合同签署、项目公司设立、融资管理、绩效监测与支付、中期评估、移交准备、性能测试、资产交割、绩效评价等19个具体步骤。

采用PPP模式的主要问题有：一是流程比较复杂，需要在确保政策目标的前提下对流程加以优化和简化。二是有财政支付的项目，政府需根据绩效付费。虽然实施方案中也包括了绩效评价及付费标准的内容，但在实施中往往为了吸引社会资本，某些绩效评价流于形式，评价内容过于简单，评价标准过低，最终导致PPP异化为地方政府长期融资的手段。

(四)承接主体

研究表明,美、英、德等发达国家政府购买公共服务的主要承接主体均为社会组织。我国政府购买公共服务的承接主体主要分为三类:一是改制后的事业单位,二是从事公共服务的企业,三是相关社会组织。从趋势看,事业单位仍是当前和未来一段时间政府购买服务的主要承接主体,从事公共服务的各类企业是政府购买服务的重要力量,一些特殊的公共服务将根据其特点交由相应的社会组织提供。

1.改制后的公共事业单位

多年来,在我国公共服务提供市场上,在事实上形成了以事业单位为主导的单一公共服务供给机制,大部分公共公益服务由相应的事业单位具体承担。根据事业单位分类改革,目前作为政府购买服务承接主体的是公益二类事业单位和生产经营类事业单位。分类改革完成后,公益二类事业单位将成为政府购买服务的重要承接主体。

2.具备提供公共服务能力的企业

作为以营利为目标的经济组织,国有企业和民营企业也广泛参与了政府购买公共服务活动。在水电气、公共交通、环境保护等公共领域,国有企业是政府购买服务的最重要承接主体。随着公共服务市场化改革的推进,民营企业也逐步成为政府购买公共服务的承接主体。但由于企业的逐利性与公共服务薄利的行业特点有错位,目前民营企业所承接的服务领域和服务都比较有限。

3.具备提供公共服务能力的社会组织

社会团体、民办非企业单位和基金会是我国法律法规所认可的三种社会组织。目前,社会组织所提供的公共服务主要在养老服务、残疾人服务、扶贫服务、文化服务等诸多公共服务领域。

二、关于重庆政府购买服务的现状分析

（一）基本构建起政策体系

自2014年国务院第19次常务会议布置政府购买服务工作后,重庆市先后出台了多项文件,基本完成了总体制度设计。一是于2014年底研究制定了《重庆市政府购买服务暂行办法》,对政府购买服务的基本原则、基本要素、程序与方式、预算管理、保障监督等五大方面进行了规范。二是于2014年底出台了《重庆市市级政府购买服务指导性目录》(渝财综〔2014〕144号),分三级对政府购买服务事项进行概括归类。三是于2014年出台了《重庆市财政局关于印发政府向社会力量购买服务项目政府采购工作流程的通知》(渝财采购〔2014〕35号),将采购工作流程细分为12个环节,并对每个环节的方式和要求作出详细规定。

（二）主要采用三种购买方式

1.合同外包

对于已纳入《重庆市市级政府购买服务指导性目录》中的公共服务项目,主要采取合同外包的购买方式,并按照《重庆市财政局关于印发政府向社会力量购买服务项目政府采购工作流程的通知》的规定,凡是达到公开招标数额标准的项目,采用公开招标采购方式;对公开招标限额以下的项目,可根据具体情况和政府采购规定分别采用邀请招标、竞争性谈判、询价和单一来源等方式购买。

2.补贴制

重庆市政府在购买服务的实际操作中,对于未纳入《重庆市市级政府购买服务指导性目录》的,且由各级政府部门购买的公共服务,多采用补贴制,承担这类公共服务的主体多为事业单位和国有企业。

3.直接购买(包括PPP)

对于一些高度依附于工程设施提供的服务,具有较强的自然垄断性质,不适宜重复建设或引入竞争,政府一般通过直接购买的方式来实施。在购买过程中,也可能引入一定的市场化机制,例如重庆主城区的生活垃圾处置;也可能直接通过授予特许经营权的方式向国有企业购买,如主城区的污水处理。

(三)购买领域包括基本公共服务和非基本重大公共服务

1.政府购买服务指导性目录覆盖领域窄、规模小

根据《重庆市市级政府购买服务指导性目录》,政府购买公共服务包括一般性公共服务、社会管理服务、行业管理与协调、技术性服务事项、政府履职所需的辅助性服务、其他服务事项六个大类。课题组对我市公共服务主管部门的政府购买服务情况进行了调研,但由于各部门对政府采购、政府购买服务的边界理解不统一,填报的资料信息出入较大,无法对全市政府购买服务的总量进行统计。但从总体情况看,购买领域比较窄,购买服务规模仍然很小。

2.政府采购方式集中在政府自身需要的服务项目

在实际操作层面,政府采购的服务包括了政府自身需要的服务和向社会提供的公共服务两个方面。目前通过政府采购的服务大都是政府自身需要的服务,直接用于对公众服务的采购量只占较少部分。

3.政府直接购买(含PPP)和补贴制方式集中在非基本重大公共服务领域

在污水处理、垃圾处理、基本公共卫生服务等领域,采用了直接购买方式购买公共服务。在公交、地铁等领域,采用了补贴制方式购买公共服务。

(四)存在的主要问题

1.相关方面对政府购买服务的理解混乱,认识不到位

政府购买服务在我市尚属于改革中的新生事物,无论是购买主体还是

承接主体以及公众,对政府购买服务都存在一定的理解偏差,导致政府购买服务推进缓慢。购买主体方面,一是相关方面对政府采购和政府购买服务的概念不清,范围不明确,执行规定和细则不到位。二是对政府购买服务改革的意义认识不到位。三是对社会力量承担公共服务的能力有担心,缺乏合格的供应商资源。承接主体方面,大多数承接主体对政府购买服务的概念还比较陌生,对政府购买服务的程序、监管方式都还不够适应,导致在服务购买、服务提供、绩效评价等过程中出现一些偏差,达不到购买主体的要求,难以实现公共服务保障。

2.政府购买服务缺乏与之相匹配的预算决算制度,制约了改革推进

政府购买服务本质上是预算支出方式的改革,但在现行制度下的预算决算体系中,几乎没有针对政府购买服务的科目,导致实际操作中政府购买服务与预算决算管理脱节,统计量化的标准尚不统一,这又导致政府购买服务缺乏相应的预算保障,从根本上制约了政府购买服务改革的推进。

3.事业单位改革滞后,政府购买服务改革缺乏市场动力

事业单位分类改革对政府购买服务有重要的基础性作用。目前,事业单位大多数已完成分类确认,但由于与分类管理相关的配套政策尚未落实到位,大多数确认为公益二类的事业单位不愿意走向市场,主管部门也无推进改革的动力。这就使政府购买服务处于缺乏供应商资源的局面,降低了这项改革的市场推动力。

4.企业和社会组织承接政府购买服务的积极性不高

目前,重庆实施的政府购买部分公共服务项目存在"买不到"的问题。一方面,购买方基于公共服务的薄利原则核算购买服务价格,企业则基于自身营利目标选择价格,二者差距大,协调难,无法形成合约。另一方面,社会组织普遍发育不足,承接服务的能力弱,规模普遍较小,内部组织结构不健全、专业人才缺乏,其对政府购买服务的参与积极性和提供服务能力都十分低下。

三、关于加快完善重庆政府购买服务机制的建议

(一)合理界定政府购买服务的范围

1.逐步健全完善政府购买服务目录管理制度

建议除法律法规另有规定外,应按照"有利于转变政府职能、有利于降低服务成本、有利于提升服务质量水平和资金效益"的原则,科学确定适宜向社会力量购买的公共管理和服务事项,制定政府购买服务实施目录,并加强跟踪管理,建立动态调整机制。

2.不断拓展购买服务的范围和规模

政府部门应循序渐进,分类推进,动态调整,有步骤渐次拓展购买公共服务的领域。

(二)着力培育政府购买服务的承接主体

1.科学确定承接主体资质,建立合格供应商库

主管部门根据各自领域公共服务的特点、性质和质量要求,科学确定承接主体的资质标准,并建立政府购买服务的合格供应商库,覆盖事业单位、企业和社会组织。实行动态管理制度,每年由财政部门汇总发布,根据年度服务质量、效率评价结果,认定新增的具备承接政府购买服务资质的机构目录,同时公布被取消资质的机构名单。

2.以加快事业单位改革为契机,培育合格供应商

推行政府向公益二类事业单位购买服务。政府新增用于公益二类事业单位的支出,应当优先通过政府购买服务方式安排。积极推进采用竞争择优方式向事业单位购买服务,逐步减少向公益二类事业单位直接委托的购买服务事项。建立机构编制管理与政府购买服务的互动协调机制,原则上不再增设机构或增加人员编制,严格控制财政供养人员总量。探索建立与

政府购买服务制度相适应的财政支持和人员编制管理制度。积极探索建立事业单位财政经费与人员编制协调约束机制,创新事业单位财政经费与人员编制管理,推动事业单位改革逐步深入。

3.支持公共服务企业发展

结合重庆市提供公共服务的企业和服务领域实际情况,制定提供公共服务的企业若干年内享受政府购买服务项目优先承接权的政策。此外,还可以给予这类企业场地租金减免,搭建公共服务类企业融资平台,设立企业发展基金,开展公共服务企业家培训等。

4.加快培育与发展相关社会组织

降低社会组织注册门槛,重点培育和优先发展行业协会商会类、科技类、公益慈善类、城乡社区服务类社会组织。建立社会组织发展专项基金,通过项目资助或以奖代补的形式,引导社会组织参与政府购买公共服务。加强社会组织自身建设,加快提升自我管理、自主发展、专业服务水平。

(三)丰富完善政府购买服务途径

1.创新多元化的政府购买服务方式

建议政府购买服务的方式应包括采购、租赁、委托、承包、特许经营、凭单制、公共私营合作制(PPP模式),以及资助、补贴或补助、贴息等。

2.强化预算制度和政府购买服务的匹配性

完善预算管理制度和政府购买服务制度,市、区(县)各级财政部门应将政府购买公共服务经费列入财政预算,在财政预算中新增"购买公共服务"科目。探索和完善购买服务项目资金精准核算机制,建立购买服务项目经费分期拨付制度。

3.科学制定定价机制

对现有的购买服务的定价机制进行调整,制定政府购买服务的价格目录。

4.建立政府购买服务统计平台

在市级层面协调设立统一的政府购买公共服务统计平台,凡是属于政府购买服务目录的采购事项,无论是采用哪种方式安排资金,均纳入政府购买服务的统计中。

5.完善各类购买方式的配套制度

根据目前政府购买服务的实施情况,逐步出台并完善各类购买方式所对应的基本流程、购买实施细则等相关配套制度,引导广大承接主体加入政府购买服务体系。

(四)优化基本购买方式

1.优化合同外包方式

对购买服务需求标准统一的项目,应采用最低评标价法确定承接主体;对招标需求标准差异较大或者没有统一标准的项目,可按照最有利标的决标原则,采用综合评分法确定承接主体。对采购需求具有相对固定性、延续性且价格变化幅度小的服务项目,可结合实行中期财政规划管理改革,签订履行期限为1—3年的政府采购合同,有效调动各类承接主体优化资源配置、降低服务成本的积极性;对金额较大、履约周期长、社会影响面广或者对供应商有较高信誉要求的服务项目,可探索运用市场化手段,引入政府采购信用担保,通过履约担保促进服务质量的提升和服务水平的提高,积极培育政府购买服务供给市场。

2.推广凭单制

积极探索,加大凭单制的运用范围,建议通过经验总结,逐步将凭单制推广到住房、教育、医疗、就业、养老等公共服务领域,充分发挥凭单制的优势。加强凭单制的事前和事后监管,放开事中监管,以降低管理成本,提高制度效率。

3.加大PPP模式运用力度

让PPP模式回归收益共享、风险共担、长期合作的本源,将PPP项目买工程转变为买服务。PPP模式的应用要突出非基本公共服务领域。加快推进存量非基本公共服务项目的PPP,引入合格的供应商负责项目的运营。

（五）完善监督管理制度

1.建立绩效评价机制

按照全过程预算管理的要求,加强服务项目成本效益分析,建立公共服务多方当事人参与的综合评价机制。建立健全科学规范的评价指标体系和评价方法,根据项目特点和公共服务的实际需要,综合考虑定性定量标准因素,形成便于考核的政府购买服务评价考核指标体系。强化评价结果的应用,按照奖优罚劣的原则,对绩效考评结果优秀的给予奖励支持或后续购买评审加分,并及时全额支付购买费用;对绩效考核较差的要限期进行整改,并按合同约定扣减相应费用。

2.完善信息公开机制

建立政府购买服务的信息公开发布平台,每年向社会统一发布本年度政府购买服务指导目录、本年度具有资质承接购买服务的承接主体(企业、社会组织等)名录,发布本年度政府购买服务财政预算、各部门购买服务计划。建立政府购买服务"一网式"信息管理平台,建立集项目申报、立项评审、实施进展、中期检查、动态监管、资金支出、服务评价、绩效评估等于一体的管理服务平台,指导相关方了解项目全过程信息。建立绩效评价信息公开制度,及时将评价结果向购买主体和承接主体反馈,及时处理公众反馈的信息,并向社会公开,接受社会监督。

3.加快构建综合监管体系

完善和落实外部监督,建立由政府部门、独立的第三方机构、媒体、公众和专家所构成的多元化的外部监督机制。进一步强化和健全内部监管机制,包括财政部门对购买资金使用的监管和购买主体对服务质量、数量的监管,相关行业主管部门按照职能分工将政府购买服务项目纳入年检、评估、执法等监管体系。建立政府购买服务信用制度,对弄虚作假、冒领财政资金以及有其他违法违规行为的承接主体,依法给予行政处罚,并列入政府购买服务黑名单,3年之内不得参与政府购买服务。

2018—2035年重庆市人口预测及发展报告*
——重庆市城乡总体规划(2018—2035)专题调研

（2018年6月5日）

本报告是编制《重庆市城乡总体规划（2018—2035年）》的前期三大专题研究任务之一。由重庆市发展和改革委员会委托重庆市生产力发展中心牵头，组织协调市生产力发展中心的专家单位和有关专家组成联合课题组完成。重庆市发展改革委、市统计局、市卫计委、市公安局、市规划局、市综治办等部门大力支持，全程指导、参与。本研究主要以"六普"和市统计局、市卫计委、市公安局提供的相关数据为基础，结合PADIS-INT、SPSS等软件，对全市人口发展现状、预测方案和参数设置、2018—2035年的人口预测（展望至2050年）和对策建议等进行专题分析，主要结论如下：

---

*精编于重庆市生产力发展中心、重庆工商大学联合课题组完成的"2018-2035年重庆市人口预测及发展报告"课题报告。

一、重庆市人口发展现状分析

(一)人口规模

1.常住人口

一是全市常住人口总量持续增长但增速放缓。2017年全市常住人口为3 075.16万人,环比增加26.73万人;2017年人口自然增长率为3.91‰,环比下降0.62个千分点。

二是各片区常住人口总量变化趋势差异明显。主城片区人口集聚优势明显,渝西片区人口集聚能力逐渐显现,而渝东北片区和渝东南片区人口持续有序外流。其中,2017年主城片区常住人口865.06万人,2010以来年均增长2.29%;渝西片区1 124.09万人,2010年以来年均增长1.48%;渝东北片区和渝东南片区分别为813.58万人和276.43万人,2010年以来年均分别减少0.39%和0.56%。

2.户籍人口

全市户籍人口总体上持续增长,但增速较慢。2017年全市户籍人口3 389.82万人,比上年略有下降,较2010年增长了86.37万人,年均增速0.37%。

3.流动人口

一是外出市外人口持续净回流。2013年以来全市外出市外人口已连续5年回流。其中,2017年外出市外人口482.31万人,较上年净回流4.21万人。

二是市外外来人口持续增加。2017年全市市外外来人口规模达167.65万人,环比增加10.55万人,增长6.7%,环比提高2.1个百分点。

表1　2010—2017年重庆市人口状况

单位:万人

| 年份 | 常住人口 | | | | | 户籍人口 |
	全市	主城片区	渝西片区	渝东北片区	渝东南片区	全市
2010	2 884.62	745.76	1 018.73	836.54	283.59	3 303.45
2011	2 919.00	772.31	1 032.23	832.57	281.89	3 329.81
2012	2 945.00	795.36	1 041.78	827.43	280.43	3 343.44
2013	2 970.00	808.53	1 062.04	821.20	278.23	3 358.42
2014	2 991.40	818.98	1 079.19	816.65	276.58	3 375.20
2015	3 016.55	834.82	1 095.60	811.19	274.94	3 371.84
2016	3 048.43	851.80	1 110.86	812.66	273.11	3 392.11
2017	3 075.16	865.06	1 124.09	813.58	272.43	3 389.82

(二)人口结构

1.性别结构

一是总人口男女性别比处于合理区间。2010年以来全市男女性别比一直位于国际公认的95—105合理区间,2017年为101.74。

二是新生儿男女性别比略微偏高,向正常区间回归趋势明显。2017年该指标为108.58,略高于合理区间的上界,但下降趋势明显,比2010年下降3.42。

2.年龄结构

一是全市人口年龄结构总体均衡,仍处于"人口红利期"。人口年龄结构呈"中间大、两头小"的橄榄状,2017年全市人口总抚养比为43.04%,小于"人口红利期"的上界值50%。

二是各片区人口年龄结构变动趋势基本一致,儿童占比略有差异。

2010年以来四大片区劳动力人口占比明显下降,老龄人口占比明显上升;主城片区儿童人口占比有所提高,其余三个片区则下降明显,但2016—2017年间四大片区都有所提高。

3.城乡结构

一是全市总体上进入城镇化加速阶段后期,城镇化速度逐步趋缓。2017年城镇化率达64.08%,环比增加1.48个百分点,比2010年以来的年均增速低0.10个百分点。

二是各片区城镇化进程差异较大。主城片区已进入城镇化成熟阶段,2017年城镇化率为89.83%;渝西片区进入城镇化加速阶段后期,2017年城镇化率为62.00%;渝东北片区、渝东南片区则处于城镇化加速阶段中期,2017年城镇化率分别为47.59%和40.19%。

4.育龄妇女占比

一是育龄妇女在女性总人口中占比明显下降。全市育龄妇女占比由2010年的53.55%下降到2017年的46.62%,各片区也呈现出下降态势。

二是生育旺盛期(20—29岁)女性在总人口中占比明显下降。全市占比由2010年的24.82%下降到2017年的15%,各片区下降趋势也很明显。

(三)人口质量

一是人口文化素质持续提升,人均受教育层次明显提高。2017年全市15岁及以上人口平均受教育年限为10.01年,比2016年提高0.25年,比2010年提高1.26年。大专及以上受教育程度人口占比提高相对最快,2010年以来年均提高1.3个百分点,2017年达19.3%。

二是人口健康素质提升明显,预期寿命不断增加。全市人口预期寿命由2010年的75.7岁(男性73.2岁,女性78.6岁),逐步提高到2017年的77.3岁(男性74.66岁,女性80.3岁),年均提高0.23岁。

（四）面临的主要问题

1.人口聚集能力不强

目前重庆仍属于人口净流出地区，且流出人口中以劳动力为主，2017年全市流出人口中15—64岁人口占83.12%。这种人口外流在一定程度上限制了城市竞争力的提高，必须进一步采取有效措施促进人口回流。

2.人口自然增长速度较低

全市经济发展水平相对不高，但人口增长已呈现出明显的低出生率、低死亡率和低自然增长率的"三低"状态。其中，2012年以来全市人口自然增长率低于全国平均水平。虽然近年来的"二孩"政策对此有一定的缓解作用，但尚未扭转人口低增长的态势，对"人口红利"减退趋势没有起到足够的遏制作用。

3.人口老龄化进程加快

一是人口老龄化率高于全国平均水平。2017年人口老龄化率为13.22%（406.54万人），高于同期全国平均水平1.83个百分点。二是人口老龄化进程再次提速。2017年全市人口老龄化率增速环比提高0.33个百分点，按照年龄结构推移预计，未来几年人口老龄化进程将进一步提速，这将推动全市加快进入"未富先老"阶段。

4.社会抚养负担持续加重

2010年以来，全市少儿、老年抚养负担双双持续加重，老年人口抚养负担已成为社会抚养负担加重的首要原因。其中，2010—2017年期间，全市社会总抚养比、少儿抚养比和老年抚养比，分别年均提高0.39、0.04和0.35个百分点；2017年3个指标分别为43.04%、24.13%和18.91%，环比增加2.02、0.78和1.24个百分点。

5.高素质人才资源不足

与经济相对发达的省份相比，全市人力资本存量尚有较大差距。比如，从大学生（专科、本科）和研究生占比来看，2016年重庆为19.43%，比北京、天津、上海分别低36.62、14.84和25.12个百分点。

6.城镇化面临产业支撑压力

近年来全市经济增速明显高于全国平均水平,但受经济结构性调整及国际宏观经济波动等外生冲击影响,全市经济增速也未能摆脱下降趋势。在此背景下,全市尤其是渝东北片区和渝东南片区,城镇化的快速推进与产业、就业间的协调性问题仍较紧迫。

二、人口主要预测结果分析[①]

(一)人口数量发展趋势

1.常住人口

全市:

2018—2035 年间,全市常住人口呈现出典型的 Logistic 增长模式,其中 2025 年前以较快的速度增长,此后以较低速度增长。全市常住人口预计在 2035 年达到 3 609 万人(此为中方案。高方案为 3 792 万人,低方案为 3 416 万人)。人口拐点将在 2037 年出现(3 615 万人),随后逐步降至 2050 的 3 521 万人。

四大片区:

主城片区:2035 年常住人口预计达到 1 151 万人,人口拐点出现在 2039 年(1 157 万人),2050 年预计达到 1 131 万人。其中,2025 年前增长较快(年均增速超过 1%),此后缓慢增长至最大值后缓慢减速。

渝西片区:2035 年常住人口预计达到 1 430 万人,人口拐点在 2040 年(1 442 万人),2050 年预计达到 1 430 万人。其中 2028 年前增长较快(年均增速超过 1%),此后缓慢增长至最高值,然后缓慢减速。

[①] 课题组按照高、中、低方案做了预测,这里仅列出中方案预测值,详细结果见总报告。2010年和2017年的数据为相关部门对外公布数据,其余年份为预测值。

渝东北片区:2035年常住人口预计分别达到769万人,预测期间内呈持续减少趋势,2050年预计达到713万人。

渝东南片区:2035年常住人口预计达到260万人,预测期间内呈持续减少趋势,2050年预计达到247万人。

2.户籍人口

全市2035年户籍人口预计达到3 423万人,拐点出现在2026年(3 455万人),预测期间呈现出典型的倒U形增长趋势,2050年预计达到3 191万人。

表2 全市及四大片区代表性年份常住人口数量

单位:万人

类别	区域	2010年	2017年	2020年	2030年	2035年	2050年
常住人口	全市	2 885	3 075	3 170	3 539	3 609	3 521
	主城片区	746	865	930	1 117	1 151	1 131
	渝西片区	1 019	1 124	1 174	1 380	1 430	1 430
	渝东北片区	837	814	797	780	769	713
	渝东南片区	284	273	270	261	260	247
户籍人口	全市	3 303	3 390	3 424	3 453	3 423	3 191

3.常住人口与户籍人口比较

全市常住人口在2028年首次超过户籍人口,此后二者差距呈缓慢扩大态势,2035年扩大至186万人,2050年扩大至300万人。

(二)人口结构演变趋势分析

1.年龄结构

儿童人口(0—14岁):

全市儿童人口占比总体呈波浪式下降态势。由2017年的16.87%小幅降至2020年的15.84%,随后逐步升至2030年的15.95%,此后逐步下降到2035

年的15.27%、2050年的13.16%。

劳动年龄人口（15—64岁）：

全市劳动年龄人口占比呈逐渐下降态势。由2017年的69.91%逐步下降到2020年的67.49%、2030年的65.68%、2035年的63.36%、2050年的62.48%。

老年人口（65岁及以上）：

全市老年人口占比呈逐渐上升态势。由2017年的13.22%逐步上升到2020的16.67%、2030年的18.37%、2035年的21.37%、2050年的24.36%。

表3　全市代表性年份人口年龄占比

年龄	2010年	2017年	2020年	2030年	2035年	2050年
0–14岁	17.00%	16.87%	15.84%	15.95%	15.27%	13.16%
15–64岁	71.28%	69.91%	67.49%	65.68%	63.36%	62.48%
65岁及以上	11.72%	13.22%	16.67%	18.37%	21.37%	24.36%

2.性别结构

全市人口性别比的变动总体上符合人口发展的一般规律。在2020年以前维持在102左右；在2020年以后略微上升并稳定在103左右，其中2035年为103.34、2050年为103.04。

表4　全市代表性年份人口性别占比（女性=100）

类别	2010年	2017年	2020年	2030年	2035年	2050年
人口性别比	102.61	102.21	102.66	103.60	103.34	103.04

3.育龄妇女人口

全市育龄妇女人口数呈现出先波浪式上升然后下降趋势（拐点在2034年），但育龄妇女人口占女性人口比总体上呈下降趋势。其中，育龄妇女人口数由2010年的762.34万人波浪式增加至2035年的772.27万人，随后逐步降至2050年的654.34万人；育龄妇女人口占比则从2010年的53.55%逐步下降到2035年的43.39%、2050年的37.88%。

表5 全市代表性年份育龄妇女人口数及占比

单位:万人

类别	2010年	2017年	2020年	2030年	2035年	2050年
育龄妇女人口数	762.34	705.69	739.94	762.49	772.27	654.34
育龄妇女人口占比	53.55%	46.62%	46.89%	43.41%	43.39%	37.88%

4.抚养比

总抚养比:

全市总抚养比总体上呈上升态势,2028年将超过50%,2040年前后预计会位于国际公认的老龄化趋强区间[62,65],然后略有下降。由2017年的43.04%,逐渐上升到2035年的57.83%,并在2040年达到64%的峰值,此后逐步下降到2050年的60.06%。

少年抚养比:

全市少年抚养比总体上较为平稳,抚养负担一般(国际上认为,低于24%则达到了少年抚养比的强质型等级,抚养负担相对较轻)。其中,预测期间内在22%~24%区间波动,最高值出现在2030年,达到24.28%,2050年降至21.06%。

老年抚养比:

全市老年抚养比呈明显上升态势,2041年达到最大值(40.39%)后略有下降。由2017年的18.91%逐步上升到2020年的24.69%、2030年的27.98%、2035年的33.73%,越过2041年的最大值后在39%的水平上小幅波动。

表6 全市代表性年份抚养比

类别	2010年	2017年	2020年	2030年	2035年	2050年
总抚养比	40.30%	43.04%	48.16%	52.26%	57.83%	60.06%
少年抚养比	23.85%	24.13%	23.47%	24.28%	24.10%	21.06%
老年抚养比	16.45%	18.91%	24.69%	27.98%	33.73%	39.00%

5.劳动力结构

表7　全市代表性年份年龄别劳动力占比及男性占比

类别		2010年	2017年	2020年	2030年	2035年	2050年
年龄结构	15—29岁	28.99%	30.49%	29.63%	25.41%	25.55%	25.63%
	30—44岁	34.21%	27.20%	26.87%	34.98%	34.54%	27.34%
	45—64岁	36.80%	42.31%	43.50%	39.61%	39.91%	47.02%
性别结构	男性占比	50.21%	50.51%	50.95%	51.88%	52.18%	52.62%

注:2017年因缺乏相关原始数据,此处为预测值

劳动力年龄结构:

全市劳动力年龄结构总体上日趋老化。到2035年,高龄劳动力(45—64岁)占比预计达到39.91%,2050年则进一步提高到47.02%。其中:

15—29岁劳动力:总体上呈现出波浪式变化趋势。2017年前有短暂上升;随后开始快速降低,直到2030年出现拐点(占比为25.41%),此后则一直在26%水平附近波动。

30—44岁劳动力:总体上呈现出先下降、再上升、又下降的波浪形变化趋势。第一次拐点发生在2020年(占比为26.87%),第二次拐点发生在2032年,此后则逐渐走低。

45—64岁劳动力:总体上呈现出先快速上升(2010—2020)、后波动上升的趋势(2020之后)。

劳动力性别结构(男性占比):

全市男性劳动力占比趋于上升,总体上未出现性别失衡。从2017年的50.51%逐步提高到2035年的52.18%、2050年的52.62%,这与人口总量中的性别比和出生人口性别比的特征相一致。

6.城乡结构

到2035年,全市总体上进入城镇化后期成熟阶段,常住人口城镇化率达76.27%,但区域差异较大。其中,主城片区和渝西片区均处于高度城镇化阶

段,城镇化率分别为91.90%和80.73%;渝东北片区和渝东南片区进入城镇化高速发展的后期阶段,城镇化率分别达67.51%和66.35%。

表8 全市及四大片区代表性年份城镇化率

区域	2010年	2017年	2020年	2030年	2035年	2050年
全市	53.02%	64.08%	66.93%	74.23%	76.27%	79.03%
主城片区	84.00%	89.83%	89.63%	91.27%	91.90%	93.23%
渝西片区	49.98%	62.00%	68.51%	78.15%	80.73%	84.02%
渝东北片区	36.94%	47.59%	52.44%	63.87%	67.51%	72.92%
渝东南片区	29.96%	40.19%	46.98%	61.65%	66.35%	72.92%

三、相关对策建议

(一)适当提高生育水平

一是降低"二胎"养育成本。如采取适量的经济补贴、设定个税抵扣额度、推行生育奖励、降低教育成本等积极措施。

二是对育龄妇女提供更多的就业保障。如出台地方性条例来保障女性就业权益,适当延长女性产假时间,对有女性生育员工的用人单位给予一定的生产补贴等。

三是加大"二胎"等生育政策宣传和舆论引导力度。如开展专家讲座、法规培训、网络宣传等。

(二)大力提升人口素质

一是提高人口健康素质。加强公共卫生投入,逐步提高城乡居民各类医疗保险的保障能力和各级医疗、疾控防治机构的服务水平,特别要提升基层卫生技术人员的业务水平。加大宣传和引导,全面提升居民的健康素养,包括安全与急救素养、科学健康观素养、传染病防治素养、基本医疗素养和慢性病防治素养等。注重村镇、社区、企业、学校、医院等健康场所的创建,注重老年人、妇幼和残疾人口的健康水平提升。

二是提高人口科学文化素质。大力提高基础教育服务水平,包括提升基础教育部门的服务质量,以及缩小基础教育服务的区际、校际差距。适时实施十二年制义务教育,在制度上保障居民受教育水平的全面提升。以人才需求为导向,有序引导普通高校、高职院校、科研院所错位发展,提高各级各类人才培育水平和配置效率。

(三)科学引导城镇化进程

一是结合人口、产业发展规律和生态环境承载力,科学推进人口布局。按照主体功能区划要求,科学划分全市"三生"空间和各类产业发展区域。结合地理条件、通勤状况、生态环境等因素,合理安排区县公共服务、商务中心、居民住宅及休闲娱乐等城市功能板块。根据各片区人口和生态环境承载力,科学引导市内人口流动。

二是有序衔接城镇建设与乡村振兴,逐步优化"中心城市—卫星城市—特色小镇—美丽乡村"四级城乡体系。中心城市要采取空间适度扩张和人口聚集并举的城镇化战略,走据点式、集约化发展道路。对于资源和土地等综合条件较好、发展潜力较大的卫星城,要通过政策扶持增强产业聚集能力和人口吸纳能力。挖掘资源禀赋,整合内外资源,大力推进特色小镇和美丽乡村建设。

(四)积极应对人口老龄化

一是落实延迟退休制度。可将延迟退休时间折算成相应的退休金,鼓励老年人口继续在社会生产中"发挥余热"。

二是提升老龄人口就业水平。通过技能转换培训,发动大龄人员"50+"行动计划,推动高龄劳动力的就业置业。

三是完善社会养老保障体系。鼓励劳动年龄人口增加养老金积累,通过延迟退休换取养老金额度增加,发展弹性商业养老保险(如税延养老险、定向发放养老金国债等),划转国有企业利润等,减轻全社会养老金负担。

(五)全面吸引人口流入

一是大力吸引劳动力流入。充分发挥主城及渝西片区在产业集聚、就业创业、公共服务、互联互通方面的"虹吸效应"。

二是降低落户门槛。人才学历门槛降至大中专及技工,年龄门槛降至50岁及以上,充分发挥优质医疗、教育等公共服务资源优势,吸引外来人口落户。

三是建立适应城乡、区域一体化的新型人口信息共享平台,为流动人口市民化提供信息支撑。

(六)打造两个千万级城市集聚区

一是打造"双千"主城(一千平方公里、一千万人口)和渝西千万人口城市集聚区。按照千万人口规模,科学制定主城片区、渝西片区城市建设总体规划。

二是根据城市发展定位,为人口大规模聚集提供充足的产业支撑。在主城片区重点发展高新技术、总部经济等现代产业;在渝西片区重点发展智能制造、大数据、电子信息、装备制造、仪器仪表等支柱产业和现代服务业。

三是科学布局城市重大功能性基础设施,避免建筑密集、城市空间狭小、职住分离、交通拥堵等问题。

(七)优化配置公共服务资源

推动公共服务从按行政等级配置向按常住人口规模配置转变,以优质公共服务为核心竞争力吸引人口流入。其中,两江新区四大组团(礼嘉、悦来、蔡家、水土)、自贸区、高新技术开发区等城市新兴发展地块,交通、学校、医药卫生、商场等应根据人口分布有的放矢地打造,同时推进老旧城区的优质公共服务资源向未来城市发展重心和人口聚集地迁移,形成与人口规模相匹配的公共服务资源配置格局。

(八)调整优化劳动力结构

一是优化劳动力培育的层次结构。合理布局高等教育、职业技能教育,实现创新型人才和技能型人才培养并重。

二是优化劳动力专业结构。健全全市劳动力需求预测机制,提高新增劳动力的就业技能和整体素质,使劳动力技能培训、产业发展和人口流动实现空间上的耦合。

三是强化就业保障。为劳动者自主创业、再就业、自谋职业提供便利和服务,大幅降低劳动力产业间转移的摩擦成本。

(九)着力引进中高端人才

一是围绕地方经济社会发展需求引进人才。瞄准智能制造、大数据、高端服务业等全市产业发展的重点领域和前沿方向,大力引进能够推进技术创新和成果转化的中高端人才。

二是大力提高高层次人才待遇。安置补助费、住房配备标准、科研经费、岗位津贴等应不低于全国平均水平,同时在税收、子女入学、落户等方面给予优惠。

三是拓宽人才引进渠道。围绕"一带一路"倡议、长江经济带建设、中新(重庆)示范项目等,搭建多渠道、多层次的国际交流合作通道。

四是注重团队引进。发挥领军人才的带动作用,大力实施人才团队引进计划。

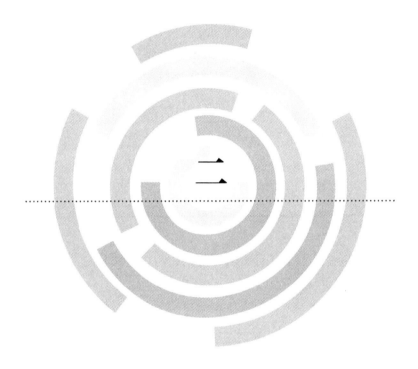

重庆推动装配式建筑产业发展研究[*]

（2017年12月15日）

装配式建筑是将在工厂生产的部品（如集成式厨房）、部件（如柱、梁、楼板），运往施工现场通过组装和连接而成的建筑，从结构形式来说，装配式混凝土结构、钢结构、木结构都可以称为装配式建筑。

衡量装配式建筑的水平是装配率，即有多少构件在工厂预先制造。随着现代工业技术的发展，美国、德国和日本建筑界正在将装配式建筑发展的重点放在智能化装配模式上，实现手段是不断发明推广机器人、自动装置和智能装配线等。

一、重庆发展装配式建筑具有多重意义

20世纪初，发达国家开启了建筑工业化进程。发展至今，欧洲采用工业化建造建筑的比例高达80%，日本、美国达70%以上，我国不足5%，重庆不足2%。在我国经济加快转型背景下，推动装配式建筑业发展具有以下战略意义：

（一）发展装配式建筑是供给侧结构性改革的具体实践

我国建筑业过度依赖劳动力、土地、资源等一般性生产要素投入，人才、

---

*精编于重庆大学、重庆市生产力发展中心联合课题组完成的"重庆推动装配式建筑业发展研究"课题报告。

技术、知识、信息等高级要素投入比重偏低。

装配式建筑是建造方式的重大变革,发展装配式建筑是推进建筑产业现代化,加快推进新型城镇化,推广智能建造的重要举措。装配式建筑坚持标准化设计、工厂化生产、装配化施工、一体化装修、信息化管理、智能化应用,是建筑行业供给侧结构性的革命,对于促进建筑业与信息化、工业化深度融合,贯彻绿色发展理念具有重要意义。

(二)发展装配式建筑是国家产业政策的明确导向

2016年9月召开的国务院常务会议决定大力发展装配式建筑,《关于大力发展装配式建筑的指导意见》(以下简称《意见》)指出,发展装配式建筑要"坚持市场主导、政府推动"的基本原则。力争用10年左右的时间,使装配式建筑占新建建筑面积的比例达到30%。

根据《意见》,重庆属于装配式建筑积极推进的地区。《意见》出台后,截至2016年底,全国已有30多个省市出台发展装配式建筑专门指导意见和相关配套措施。

(三)发展装配式建筑是重庆制造业发展的新机遇

随着建筑市场的开放,外地建筑企业进入重庆,成为重大工程的主要承包商。仅2015年,外地建筑企业入渝新中标工程项目3 039项,中标金额2 627.49亿元,占重庆建筑业产值的42%,包括重庆西站综合交通枢纽工程在内的重大项目,被外地高资质企业全部收入囊中。而我市企业市外建筑市场中标工程1 302个,中标金额694.41亿元,占重庆建筑业产值的11%。重庆投资、引资的工程项目,其产值都到了外地企业所在省份,减弱了重庆投资对本地经济增长的拉动。

发展装配式建筑可以使大量的部品部件在本地工厂生产,带动重庆制造业、物流业的研发和生产,使本市的投资更有效地转化为自身发展的新动能。

（四）发展装配式建筑有利于培育建筑与工业融合发展的产业集群

2016年，重庆建筑业产值7 035.81亿元，如果按30%的装配率计算，将直接产生2 110.743亿元的产值。而发展装配式建筑也将形成一条新的产业链，培育新的产业集群，形成新的工业门类，可以直接引导建筑业、建材业、制造业、冶金、运输业、电子等行业的转型创新发展。例如，浙江杭萧钢构已转型发展为国家火炬计划重点高新技术企业，产品销往世界50多个国家或地区，2015年产值300亿元。

重庆钢结构产业公司在供给侧结构性改革中诞生，成立之初的2016年就实现营业收入23亿元，利润4 000万元，虽然与江浙的企业相比还有不小的差距，但在各方协调努力下，百亿产值规模指日可待。

（五）重庆具有发展装配式建筑的相对优势

浙江宝业已在上海、浙江、安徽、湖北等地建立了12个生产制造基地。江苏龙信确立了全国的战略布局。比较而言，重庆具有更大的优势发展装配式建筑，实现由低端制造业向中端、高端制造业的转型。

第一，重庆作为全国重要的工业基地，制造业能力强。第二，重钢集团每年600多万吨产能中，有1/3过剩，急需转型。第三，重庆是我国内陆交通枢纽，工厂化生产的建筑部品部件可以通过发达的水路、铁路运输辐射西南地区，乃至全国。第四，重庆周边省份大多缺少上述发展基础和条件，刚好提供了近距离拓展市场的发展空间。

二、重庆发展装配式建筑业面临多重问题

(一)装配式建筑的成本相对较高

装配式建筑是一种更高品质的建筑,与传统建筑相比其造价更高,这是一个事实。

装配式建筑究竟会增加多少成本?以高层住宅为例,传统方式建造,成本大约为每平方米1 500元,而装配式建造,成本增加20%左右,即每平方米增加300元左右。如果住宅售价是每平方米10 000元,成本增加的影响就非常小了。大规模推广后,成本还可以下降。

成本增加的原因是什么?装配式建筑的生产增加了三项工作内容:装配式建筑部品部件的工厂制造、运输、现场安装。装配式建筑发展过程中,为了降低成本,始终是围绕着上述三项工作而开展的,通常的方式是:规模化制造、专业化物流、机械化施工。成本可以因此而减少,但不能从根本上消除成本增量。

(二)装配式建筑发育期市场需求不旺

重庆装配式建筑部品部件生产企业普遍存在销售难的问题,基本都处于"低负荷"生产状态,问题的根源在于市场需求太小。仅以重庆龙头生产企业建工高新为例,2016年上半年,生产的装配式混凝土部品部件仅有1 000多立方米,与其设计年产混凝土预制构件12万平方米、门窗35万平方米、幕墙45万平方米相差甚远。

(三)装配式建筑制造能力不足

重庆建筑业产值与北京、上海处于同一个数量级,但是,装配式建筑部品部件的年制造能力仅为28万立方米,是上海的28.57%,北京的43.75%,如

图1所示。重庆部品部件制造企业的平均生产规模为2.8万立方米,与北京、上海的7.11万立方米和3.63万立方米也有较大的差距,不利于形成规模化生产,降低成本。

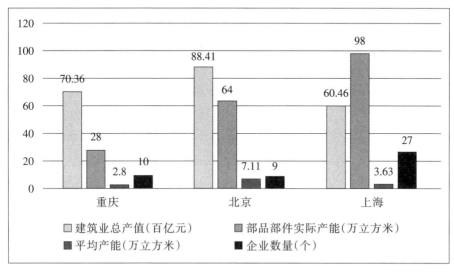

图1　重庆、北京、上海部品部件产能比较

(四)装配式建筑政策引导体系不健全

　　重庆已经出台多个相关政策规定,但与其他城市相比,还存在着差距,具体表现在:推广应用方面。重庆有相关政策但仅限于钢结构,对量大面广的混凝土结构没有要求。税收方面。重庆出台按西部大开发税收优惠减免所得税,而其他省市更多是增值税减免,免税额高达17%。许多省市为促进装配式建筑向高端制造业发展,制定高新技术企业免税的政策。在规划、土地、金融等方面,很多省市出台规划引导、土地山让、金融支持、提前预售等政策,重庆市尚未出台相应的政策。

(五)装配式建筑部品部件制造企业布局有待完善

重庆装配式建筑部品部件制造企业几乎全部分布在西南部,未形成合理运输距离的环状布局,而北京的制造企业已形成环状布局。据统计,运输构建车辆在50千米至100千米内,可半天往返;100千米至300千米内,可当天往返,运输的经济半径为半天往返距离,一般宜控制在80千米左右。课题组调研发现,重庆主城消耗部品部件占比高达80%,而制造企业到主城9区绝大部分的运输距离都超过100千米,增加了运输费用,抬高了装配式建筑的造价。

(六)住宅认定的部品部件种类单一

根据重庆市住宅部品部件认定名录(第一、二、三号)通知,通过认证的部品部件分为两类,一类是功能性部品,如保温装饰复合板、轻质隔墙条板、外墙板、玻璃门窗;另一类是结构性部品,包括装配式混凝土楼梯、混凝土叠合梁板。重庆市现有部品部件种类单一,缺乏功能复合的装配式建筑部品形式,如厨卫部品、屋顶、阳台、暖通空调系统等,这给装配式建筑向机电一体化、全装修方向发展带来了障碍。

(七)装配式建筑标准体系不够完善

对比北京、上海、江苏等省市,重庆需要尽快完善的有:大量采用的预制构件标准,如带有桁架钢筋的叠合板、预制夹心外墙板等;与预制外墙板的接缝物理性能有关的技术标准和试验方法标准等;预制混凝土构件公差、偏差及质量控制标准;多元化新型装配式建筑体系标准,如框架—筒体结构、框架—剪力墙结构、地域性装配式建筑结构等;建立标准部品库,按标准进行设计、生产;健全部品部件认证体系,落实质量性能监管措施。

（八）装配式建筑施工能力有待提高

装配式建筑是对传统建造方式的重大变革。工程总承包强调设计、生产、施工、运营等各个阶段和各个专业的深度交叉协同工作，是促进装配式建筑发展的载体。重庆施工企业数量巨大但规模普遍偏小，专业化、机械化水平低。2015 年，重庆共有建筑施工企业 8 246 家，具有特级资质的仅有3 家（2016 年新增 1 家），具备工程总承包能力的企业相对太少。这是工程总承包模式推广缓慢的客观原因，成为发展装配式建筑的短板，也与重庆作为建筑劳务输出大市地位不相符合。

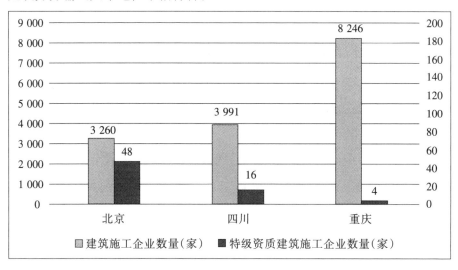

图2　建筑施工企业及特一级企业数量对比

（九）部品部件运输的第三方物流尚未建立

装配式建筑部品部件运输配送从技术体系、运输流程、商业模式上都与传统建筑材料运输的方式不同。重庆现有运输仍然是依赖调度员的经验，未预设部品部件放置方式，缺乏科学合理的配送模式，极易出现等待卸车、不能及时送达、空载率高、构建损害严重等现象，致使运输成本升高。重庆已经有綦江、永川、涪陵、南川、荣昌等5个建筑产业现代化试点区和11家在建预制构件制造企业，但与之对应的物流运输服务却尚未引入。

三、推动重庆装配式建筑业发展的多项举措建议

课题组提出了重庆发展装配式建筑业的基本原则与目标，并从装配式建筑的制造、标准化、信息化和施工等四个方面提出具体措施。

（一）关于重庆推动装配式建筑发展的基本原则与目标

纵观建筑工业化发展的历程，即使在以自由市场经济著称的西方，政府主导并借助市场运行的规则，依然是装配式建筑发展初期的有效路径。有鉴于此，课题组提出重庆推动装配式建筑发展的基本原则和目标是：政府主导；重点工程示范；龙头企业培育；产品供应链整合；打造千亿级新型产业集群。

政府主导。在推动装配式建筑发展初期，需要强化政府宏观指导、政策引导和技术服务，建立与建筑产业现代化相适应的政策体系、管理体系和科技支撑体系，建立装配式建筑产业建设工作联动机制，制定《重庆建筑产业现代化发展规划》。

重点工程示范。有关部门可以在政府新建重点工程和城市道桥、轨道交通等市政基础设施中，选择一批规模大、影响力高的工程，率先建造装配式建筑，形成良好的示范效应，增加有效需求，带动供给侧结构性改革。

龙头企业培育。政府应扶持两三家集设计、生产、施工于一体的综合性龙头企业，以创建国家级装配式建筑产业基地为目标。大力推进"重庆注册"，引进"世界级"公司在重庆设立子公司或通过兼并、重组本地企业等方式落户重庆。

产品供应链整合。建立包括研发、设计、生产、物流、施工和运营维护的供应链，并在各个阶段应用数字化信息技术，鼓励设计、生产、施工企业等组

成联合体,进行工程总承包,推动装配式建筑产业的专业化、集成化、规模化
和智能化发展。

图3 重庆装配式建筑发展的基本原则和目标

(二)关于发展建筑业与制造业深度融合的新兴产业

第一,构建围绕主城环状布局的建筑部品部件制造企业。2015年,主城区的建筑业总产值为2 515.97亿元,占重庆市建筑业总产值的40.21%,而主城区的面积为5 467平方千米,仅占重庆总面积的6.64%。每平方千米产生的建筑业产值为0.64亿元,与区县相比集中度非常高。从经济运距考虑,部品部件制造企业应围绕主城环状布局,增加辐射范围,降低运输成本。

课题组提出在两江新区建立装配式建筑部品部件核心制造区域、在长寿区特色发展建筑钢结构制造企业,与原有制造企业围绕主城形成一个环形的布局,辐射全国。

第二,打造两江新区高端建筑部品部件制造核心区。装配式建筑是将建筑业作为制造业发展,今后还将"智能化",其产品满足两江新区先进制造业工业带的"新材料、节能环保"的发展要求。两江新区工业带突出研发创新、绿色低碳、清洁制造的功能,重点发展新材料、研发设计等核心产业,为装配式建筑向智能化方向发展,提高信息化新型技术的应用提供产业孵化平台。

两江新区是重庆发展的主要方向,建筑业具有很大的市场需求。两江新区规划总面积1 200平方千米,2015年建筑业总产值为536.36亿元,占重

庆市主城区建筑业总产值的21.32%。将高端建筑部品部件设立在两江新区可以就近满足城市建设的需求。

两江新区建有大型的水港、铁路港、保税港、信息港,这些港口码头成为东接长江黄金水道、西连中欧班列(重庆)国际贸易大通道的战略交汇点,为重庆制造的高端建筑部品部件向全国输送提供了物流的便利和运输成本优势。

第三,特色发展长寿区高端建筑钢结构制造基地。装配式钢结构具有更好的抗震性能,可回收材料,更加绿色环保。我国钢结构建筑占全部建筑的比例尚不到5%,钢结构在日本建筑中占比71%,英国为70%,美国超过50%。位于长寿区的重钢集团,2016年的粗钢产量仅为235.5万吨,按产能600万吨估算,实际利用率仅38%。重钢集团迫切需要开拓新的市场,而装配式钢结构建筑的推广为重钢集团转型提供了新的发展方向。

2015年由国有控股公司组建的重庆钢结构产业有限公司,已对重庆整个建筑业钢结构产业起到了很好的示范带动作用。在此基础上,政府可加大投资力度和政策导向,从研发、钢材生产、工程设计、信息化、钢结构制造、现场施工、项目运行等方面全方位引导企业集合成一个高端钢结构建筑全产业链,打造科技化、自动化、环保化的钢结构装配式建筑产业高端基地,形成重庆制造品牌效应;同时,利用重庆内陆交通枢纽的优势,将产品辐射全国市场。

第四,创建国内首个建筑钢结构交易平台。课题组建议尽快创建国内首个建筑钢结构交易平台,实现建筑钢结构制造企业与需求企业的对接,使重庆形成全国建筑钢结构的交易中心,将重庆的钢结构产品打响全国。

利用现代网络信息技术手段,乘着电子商务兴起的东风,建立一个多功能、多层次、多品种、与国内外有效对接的大型综合性的钢结构部品部件电子交易服务网络平台,实现建筑钢结构的网上展示和实时交易。同时,在线下定期举办大型展销会和洽谈会,集中展示建筑钢结构产品和种类。通过新闻宣传、广告、邀请等方式,扩大展销会的影响,促进与线上交易平台的融合,增加交易平台的访问量,开展网上询价、报价、洽谈等商务交流和钢结构部品部件推广活动。

第五,推动本土龙头企业转型升级。本土龙头企业能够更好地与本地市场相结合,更为深入地理解本地装配式市场的需求,在装配式建筑发展中起到支撑作用,处于基础地位。

重庆仅有4家特级资质施工企业,其中重庆建工集团和中冶建工集团在建筑施工方面具有强大实力,已经成立了各自的部品部件制造企业,但企业规模还有待提高。建议将其所属制造企业,列为部品部件制造企业的重点扶持对象,引领产业孵化,产生示范带头作用。

第六,吸引世界级装配式建筑制造企业落户重庆。装配式建筑生产企业的引进要有高起点、高标准。我国建筑业市场对发达国家企业有很大的吸引力。因此,引入国外企业要以"世界一流专业企业"作为入门标准。例如,浙江宝业与世界著名的日本大和房屋和德国西伟德公司合作,建设了多条先进的集成装配式建筑生产线,利用日本和德国公司先进的技术、管理,研发了适合中国国情的轻钢装配式结构低多层等三类建筑工业化产品,适用于公建设施、地下管廊等多个领域,拓展了企业的业务范围。

政府相关部门应确定引入独资或合资的企业清单,规划企业落户的重点区域,明确制定引入企业生产规模标准,确定生产方式的先进性,并提供必要的政策支持。

第七,培育千亿级装配式建筑工业集群。装配式建筑产业集群将研发、规划设计、部品部件生产、施工、运营维护、钢铁、建材、安装、物流、家装、家电、智能制造、金融等上下游行业紧密联系在一起,形成了区域集聚效应、规模效应和区域竞争力。四川省、山东省、湖南省相继提出了要形成涵盖全产业链的装配式建筑产业集群。

重庆在建设两江部品部件核心制造区时,应从推进产业集群的高度去谋划,成立重庆装配式建筑发展产业联盟,为企业、科研机构、咨询服务机构等提供合作共赢的综合型公共服务平台。以中端、高端制造业的标准作为引入企业的条件,纳入高新技术企业重点培育范畴,享受高新技术产业的有关优惠政策。鼓励金融机构加大对装配式建筑产业的信贷支持力度,拓宽抵押质押的种类和范围,并在贷款额度、贷款期限及贷款利率等方面予以倾斜。

（三）关于装配式建筑部品部件的标准化

装配式建筑部品部件的标准化可以实现开发、生产和供应的标准化、系列化、通用化。

第一，成立建筑工业化标准编制专家委员会。首先，建议在重庆市建设技术发展中心的基础上，成立建筑产业现代化标准编制专家委员会。专家委员会首先应做好建筑产业现代化标准体系建设的顶层设计，针对重庆乃至西南地区，因地制宜地制定更为具体的地方标准。其次，借鉴丹麦、日本等国的经验，在行业层面应侧重于基础标准体系及通用标准体系的建设，地方层面则应侧重专用标准体系的建设，两者互为依托，完善建筑部品体系与分类标准。再次，依据标准体系建立原则，在重庆2015年出台的《装配式住宅部品标准》的基础上，组织科研院所进一步完善和补充现行的部品体系及部品分类，以确保对先进的技术、新部品予以认定。最后，对标准体系建设中的重大战略决策、重大科技项目咨询、重要技术标准编制等提供意见和建议。

第二，更新并完善部品部件推荐目录。建筑部品部件推荐目录将各种部品部件的具体规格和功能信息列入其中，可以为选择部品部件进行模块化设计提供便利。2016年重庆市建委根据《重庆市住宅部品认定管理办法（试行）》发布了重庆市住宅部品认定目录，但目录产品种类较少，应继续加大力度补充、完善目录。

具体措施包括：政府指导并提供技术支撑。组织建筑工业化标准编制专家委员会，从技术成熟度、市场认可和需要程度、安全可信度、经济性、先进性等五个维度设定一定的筛选条件，选定在工业化实践中证明符合上述条件的部品部件，编制地方"专用标准体系目录"和"通用标准体系目录"。鼓励企业自主研发。政府主管部门应当设立标准化部品研究奖励金，对优秀的技术成果进行物质奖励和荣誉激励，并将其纳入产品目录优先进行推广示范。

第三，建立部品部件认证制度。部品部件认证制度是建筑工业化质量管理的制度安排，是建筑业成为制造业的成熟标志，相关认证制度的设置在北美、欧洲、日本等发达地区和国家已相当普遍。重庆市可以率先在国内建立部品部件认证制度,对工厂生产的部品部件从外观、质量、安全性、耐久性、使用性、易施工安装性、技术经济性等方面进行评价认证。认证制度的建立,既无法律法规约束,又无技术瓶颈,也是国家政策中积极鼓励发展的制度安排。

第四,建立部品部件模数协调制度。标准化是建筑业成为制造业的基础,而模数协调则是装配式建筑标准化、系列化中的一项极其重要的基础性工作。模数协调的目的是提高部品部件的互换性、功能质量和规模经济效益。重庆可借鉴瑞典和丹麦在模数协调标准方面的措施,组织研究模数协调的基本原则和通用部品部件的模数标准,优先研发"浴室设备配管"标准、"门扇框"标准、"主体结构平面尺寸"和"楼梯"标准、"公寓式住宅竖向尺寸"及"隔断墙"标准、"窗扇、窗框"标准、"厨房水槽"标准等,以使装配式建筑部品部件的制造企业均遵行同一套有规律的数列作为尺寸标准,形成工业化制造的基础。

第五,建立部品模块化数据库。借鉴法国编制的GS软件系统,建立遵守统一模数协调原则的部品模块化数据库,为部品部件使用者提供可选择的协调规则、各种类型部件的技术数据和尺寸数据、特定建筑部位的施工方法。重庆市建委牵头,以模块化设计生产为基础依据,根据使用者的需求进行市场调研,录入部品部件名称、编号、型号规格、成本等信息,建立部品信息库。然后,根据使用功能将其初步模块化,再将置入部品库中的家具进行多样化的组合,形成标准模块化体系,构建模块化部品数据库,为设计和制造企业提供数据参照,为大规模制造、降低成本提供条件。

(四)关于装配式建筑业的信息化

在装配式建筑的发展历程中,各个国家都嵌入了信息化。例如:20世纪90年代,法国在推广装配式混凝土建筑中应用GS软件系统,促进了预制构件的大规模生产和成本降低。

第一,推广基于BIM的装配式建筑设计方式。各省市为推进BIM在装配式建筑项目上的应用已经出台了相关优惠扶持政策。上海市拟定了分阶段鼓励并最终强制使用 BIM 的政策,对应用 BIM 技术给予每平方米补贴 30 元,最高不超过 500 万元。深圳确定重点扶持装配式建筑和 BIM 应用,对经认定符合条件的示范项目、研发中心、重点实验室和公共技术平台给予资助,单项资助额最高不超过 200 万元。

鉴于此,在政策层面,重庆市城乡规划部门等应建立设计成果数字化交付、审查及存档系统。开展白图代蓝图和数字化审图试点、示范工作。完善工程竣工备案管理信息系统,探索基于 BIM 的工程竣工备案模式。

第二,在部品部件制造企业推广 BIM。美国等发达国家在部品部件制造企业中建立了基于 BIM 的 ERP 的生产管理系统,可优化生产控制、库存控制及物流、采购、分销管理。重庆有必要在部品部件制造企业推广 BIM,具体措施包括:一是大力推进 BIM 的应用。利用 BIM 进行磨具设计、钢筋网片、骨架的制作和加工等生产技能。二是研发基于 BIM 系统的 ERP 生产管理系统。三是建设信息化制造企业。鼓励企业引进 BIM 生产信息化系统,实现部品部件制造计划的自动化调整与更新,同步准备各项生产所需数据资料(如标签、堆放表、钢筋加工单、纸质图纸、技术资料等),实现部品部件工厂化协同管理。

第三,建立装配式建筑信息管理平台。德国 RIB 公司专门针对装配式建筑的生产开发了 RIB-ITWO 平台,通过全部使用人员连接中央服务器的中央数据库实现项目参与各方在 ITWO 平台协同管理。建筑信息管理平台的建立将促进装配式建筑产业的集成合作、信息共享和精益建造管理,实现整体绩效的提升。

重庆可建立类似的装配式建筑信息管理平台,在设计、生产、运输等各个环节,采用无线射频芯片和二维码复合应用,实时采集构件生产、检验、入库、装车运输等数据,实现对构件生产及运输全过程信息追踪,为业主方、设计方、生产方、物流方、施工方、监理方、运维方及政府提供协同工作的平台。具体措施包括:研发装配式建筑信息数据交换标准,重点编制和完善装配式建筑部品部件及与企业信息化相关的编码、数据交换、文档及图档交付等基础数据和通用标准;编制装配式建筑信息指南。可参考沪深两市的经验,在已制定的《装配式住宅构件生产和安装信息化技术导则》(2014)的基础上,增加物联网、云计算、大数据、地理信息系统等新技术与装配式建筑产业融合的信息化标准;构建功能系统。功能系统包括设计、生产、运输、现场装配四大子系统平台。

第四,提高装配式建筑物流信息服务水平。阻碍装配式建筑发展的一个关键问题就是物流成本较高。为了降低物流成本,主要做法有:采用GPS/GIS和RFID等信息技术,广泛应用仓库管理系统和运输管理系统,实现部品部件物流的JIT管理。具体措施包括:实施部门级的信息系统建设,内容包括运输管理系统(TMS)、仓储管理系统(WMS)、配送管理系统(DMS)、电子报关系统、网上跟踪查询系统、货主企业与第三方物流企业之间的数据对接平台等。引入各种软件工具,如全球定位系统(GPS)、地理信息系统(GIS)、电子标签(RFID)、自动识别软件、物流仿真软件工具等。建立区域建筑物流信息联盟(物流信息标准化,共享物流信息)。建设施工现场互联网基础设施。

第五,推广智能甩挂。德国朗根多夫建筑预制构件运输车运用甩挂运输原理,可以大幅提升物流效率。甩挂运输的实现需要配置智能甩挂运输调度系统,其关键在于用户化、整体配制化和场站建设,整个系统由智能调度系统统一进行调配和指挥。

从实践经验看,政府在推广甩挂中起着非常重要的作用,具体应做好:降低道路交通费用。甩挂运输车辆通行费推行月票或年票制,实行"大客户"优惠政策。收费不宜针对挂车收费,以提高甩挂比,提升甩挂运输效率。政府出台扶持政策。对使用甩挂运输车的试点企业进行专项资金补贴。开发泛西南区域的甩挂运输智能调度系统。

(五)关于培养装配式建筑的施工能力

装配式建筑是对传统建筑的重大变革,重庆急需建立与装配式建筑相适应的总承包模式和全装修的产品。

第一,培育工程总承包施工企业。2016年,多个省市出台推进工程总承包意见(方案),以促进装配式建筑的发展。重庆市应加紧出台政策推动工程总承包,发挥工程总承包企业的技术和管理优势,促进产业转型升级。具体措施包括:一是制定工程总承包模式的实施细则。二是给予政策扶持。例如,上海对采用工程总承包模式的项目给予税收优惠、财政补贴等。

第二,以重点示范项目推广工程总承包。重庆虽然实施了一定数量的装配式建筑项目,但是建筑规模、品质都差强人意,其示范效果不显著难以起到带动作用。2014年,浙江省启动的"1010"工程,即10个示范基地、10个示范项目,对其推进建筑工业化起到了重要的示范作用,使浙江省装配式建筑发展走在全国的前列。重庆也应确定重点示范项目,明确工程总承包重点发展企业。可确定重庆建工集团和中冶建工集团,为重庆工程总承包重点发展企业。

第三,培养装配式建筑产业工人。德国通过双元制培养产业工人,毕业后可以直接上岗,为德国建筑业输送了大量优秀的产业工人,推动了装配式建筑的发展。

借鉴德国培养模式,重庆市住房城乡建设委、市教委、市人力社保局等部门应落实建筑工人持证上岗制度;做好建筑产业工人培养的调查和研究;制定装配式建筑岗位的标准和要求,建立符合重庆现状的产业工人培养机制,编制产业工人培训教材。收集装配式建筑产业工人信息,建立人才库。

第四,大力发展模块化装修。发达国家借助大量政策强推全装修建筑,到目前已经实现"精装交付"。我国从1999年提出推广住宅全装修以来,北京、深圳、上海、沈阳、江苏等省市出台了一系列的政策支持。重庆推动全装修,首先要确定全装修发展目标,将全装修要求列入土地出让条件中。四川省、南京市出台政策,在规划设计条件中明确项目的预制装配率、全装修成品住房比例,写入土地出让合同。其次,选择重点推进区域。借鉴北京、上海全装修推广经验,选择主城区作为全装修重点发展区域,重点突出,分类推进。

第五,加强对全装修工程的管理。重庆应尽快出台装配式建筑装修质量安全管理办法,建立全装修建筑招投标、设计、施工、监理全过程监管体系,明确政府监管部门责任,不断创新监管模式,重点把控装修现场施工质量。

日本通过立法来保证装配式装修中混凝土的质量,使日本的全装修成品房质量得到了普遍认可。重庆应制定《住宅室内装饰装修工程质量验收规范》,着力破解全装修领域有施工标准、无验收标准的难题,确保装修质量,保护购房者的合法利益。

专家学者企业家热议抓住
新能源汽车发展新机遇[*]

●（2017 年 11 月 1 日）●

重庆市生产力发展中心"企业沙龙 2017·9"，就加快发展重庆新能源汽车相关问题进行了座谈。专家、学者、企业家一致认为，从汽车制造大国转变为汽车制造强国是中国建设社会主义现代化强国的重要内容。重庆是我国汽车制造和消费大市，如何抓住新能源汽车发展的新机遇，实现我市汽车支柱产业的转型升级是一个值得研究的重要问题。

一、国家"刚性"推动新能源汽车提速发展

2001 年，我国将新能源汽车纳入国家"十五"重大科技课题，在 2006 年设立"十一五"863 计划节能与新能源汽车重大项目，形成了以纯电动、混合动力、燃料电池三条路线为"三纵"，以动力电池、驱动电机、动力总成控制系统三种共性技术为"三横"的电动汽车研发格局。2012 年，《节能与新能源汽车产业发展规划（2012—2020 年）》明确新能源汽车是指纯电动汽车、插电式混合动力汽车及燃料电池汽车，油电混合动力汽车则属于节能汽车范畴。在国家的大力推动下，我国新能源汽车取得跨越式发展，成为全球最大的新能源汽车产销国。

2016 年，我国新能源汽车产销量分别为 51.7 万辆和 50.7 万辆，同比分别

---

*精编于重庆市生产力发展中心、重庆市汽车工作办公室、重庆社会科学院、重庆市综合经济研究院联合课题组完成的"重庆新能源汽车推广运用研究"课题报告。

增长51.7%和53%,连续两年居世界第一,市场保有量超过100万辆,占全球50%以上。

技术水平显著提升。动力电池单体能量密度达220瓦时每公斤,价格1.5元每瓦时,较2012年能量密度提高1.7倍,价格下降60%。纯电动汽车技术和性能与国际先进水平基本同步。

产业体系基本建立。新能源汽车发展带动上下游产业链贯通,建立了结构完整、自主可控的产业体系。我国成为全球最大的动力电池生产国,动力电池出货量达到300亿瓦时,全球市场份额超过70%。

企业竞争能力大幅增强。比亚迪、吉利、北汽等3家企业进入全球新能源汽车销量前十名,比亚迪、宁德时代、沃特玛等企业进入全球动力电池销量前十位,特来电、国家电网、江苏万邦、中国普天等充电桩企业初具规模,充电桩数量均突破1万个。

充电基础设施建设稳步推进。截至2017年5月,全国累计建成各类公共充电桩17.7万个,占全球比重超过50%,车桩比约为6∶1。

2017年,国家颁布了《乘用车企业平均燃料消耗量与新能源汽车积分并行管理办法》(工业和信息化部、财政部、商务部、海关总署、质检总局令第44号令),《关于做好新能源汽车专用号牌全面推广应用工作的通知》(公交管〔2017〕485号),从生产制造和市场推广两个方面切实加大了发展新能源汽车的强制性力度。中国已经进入新能源汽车发展的提速期。

国家发展新能源汽车的重点就是抓全产业链统筹、产业规划布局统筹、发展和安全统筹"三个统筹",以及电池创新、充电创新、整车创新、机制创新"四个创新",并加紧研究推出双积分具体政策。继德国、荷兰、挪威发布传统燃料汽车禁售时间表后,近期,工信部辛国斌副部长表示我国已启动研究制定传统能源汽车禁售时间表,进一步表明了我国发展新能源汽车的"刚性"调控趋势。

二、重庆新能源汽车发展具备一定基础

2016年重庆汽车产量316万辆,全国占比为11.2%,居全国各省市第一。截至2017年6月,重庆汽车保有量350万辆,居全国第三(仅次于北京555万、成都429万,第四为上海341万)。其中,新能源汽车发展十来年,也已有一定的基础。

1. 全市已形成"6+3+3+30"的新能源汽车产业体系

包括长安、力帆乘用车、力帆汽车、华晨鑫源、北汽银翔、潍柴等6家乘用车企业,恒通、五洲龙、穗通等3家客车企业,瑞驰、盛时达、长帆等3家专用车企业,整车涵盖乘用车、客车、物流车等各细分类别。30家零部件企业涵盖了"大小三电"①及上游的电池材料、隔膜、电解液等产品,德国大陆、美国耐世特、日本三电等国际知名企业先后落地。工信部已发布的《新能源汽车推广应用推荐车型目录》第一批至第八批中,重庆新能源汽车车型数量为81个。工信部同国家税务总局等部门已联合发布的《免征车辆购置税的新能源汽车车型目录》第一批至第十二批中,重庆新能源汽车车型数量为186个。

同时,一批重点项目顺利实施。年产5万辆纯电动乘用车的金康新能源汽车项目于2017年1月获得国家发展改革委核准批复,是国内第八张纯电动乘用车牌照;年产10万辆乘用车(含4万辆新能源汽车)的众泰汽车项目已建设完成,计划在2017年第三季度通过工信部生产准入考核后正式投产;年产30万辆混合/插电式混合动力乘用车和10万套动力电池包的长安福特新能源汽车整车及动力电池项目已签署协议;我市已有车企同国内动力电池重点企业达成初步意向,在重庆投资建设年产能为50亿瓦时的动力电池项目;中国汽研院已同上海电驱动在重庆合资成立重庆凯瑞电驱动科技有限公司生产新能源汽车驱动电机。

---

① 大三电:动力电池系统、驱动电机及其控制器、整车(中央)控制器。小三电:电动空调、电动助力转向、电动(助力)制动系统。

2. 全市已推广使用一批新能源汽车

2013年以前,我市作为全国"十城千辆"示范城市,完成了约1000辆新能源汽车的示范推广。2013年至2017年5月,累计推广新能源汽车12 352辆。其中,2013—2015年6 168辆,2016年4 933辆,2017年1—5月1 251辆,预计2017年推广1.6万辆,推广逐步提速。从推广车型分,推广应用乘用车8 329辆,客车2 103辆,物流车1 920辆。从车辆生产企业分,推广应用的本地企业车辆9 482辆,外地企业车辆2 870辆。按照国家相关要求,我市建成新能源汽车运营监测平台,完成同长安汽车等12家车企和重庆电力公司、重庆特来电公司等2家电桩企业的数据接入。我市是第一个与国家平台成功对接的省级监测平台。

3. 全市以主城为主布局完成一批充电设施

根据国务院办公厅《关于加快电动汽车充电基础设施建设的指导意见》,市政府办公厅《关于印发〈重庆市加快电动汽车充电基础设施建设实施方案〉的通知》(渝府办发〔2015〕212号),重庆市发展和改革委员会、重庆市能源局制定的《重庆市电动汽车充电基础设施建设运营管理办法》,为带动充电设施建设,我市率先启动机关事业单位和户外停车场充电设施建设示范工作。在63家市级党政机关和14个户外停车场开展示范建设,已分别完成46家、7个示范点建设。截至2017年7月,以主城区为主,全市共建成充换电站(点)470个(含换电站14个),充电桩5 705个,其中快充桩1 330个、慢充桩4 375个。城市公共场所充电站(点)246个,充电桩3 145个,其中快充桩722个、慢充桩2 423个。在13个高速公路服务区建设了共52个充电桩,充电服务体系逐步展开布局。

4. 全市新能源汽车商业模式创新起步较好

我市企业通过积极创新和借鉴国内成熟商业模式,提高新能源汽车市场竞争力和应用规模。一是依托滴滴、优步等网约车平台,促进新能源网约车投放规模稳步上升。目前以长安逸动EV车型为主,数量约为800辆。二是着力推进新能源乘用车的分时租赁。现力帆乘用车的换电分时租赁模式已逐步在全国推广;智道出行、环球车享等企业的新能源汽车分时租赁业务逐步拓展，目前投放数量约为2 500辆。三是积极发展新能源专用车的融资租赁推广。易租通、瑞康等企业通过联合邮政及快递公司，较好实现了新能源物流车的以租代购推广，目前投放数量约为2 000辆。

5. 长安集团一定程度拥有新能源汽车核心技术与能力

长安集团进入新能源汽车研发已10年，先后推出多款混合动力和纯电动产品，储备了一定的技术能力。包括：

整车集成能力。长安新能源研发以纯电驱动为主线，同步推动插电式混合动力和纯电动两大平台的技术路线，兼顾燃料电池汽车开发。建立新能源车开发平台，掌握包括动力系统、车身、热管理在内的整车及系统集成技术。

系统集成能力。长安新能源现已全面掌握纯电动、插电技术路线的系统集成技术，并实现产业化。自主掌握高压管理、能量管理、模式管理等六大功能领域核心技术。纯电动系统集成：高效自主集成，系统效率高，整车能耗国内领先；系统兼容性强，可满足用户的不同工况（行驶和充电）。前驱PHEV系统集成：自主掌握行进间发动机启停、动态扭矩协调等行业难点技术；发动机启停平顺性和整车驾驶性达到国际一流水平。四驱PHEV系统集成：驱动模式灵活多变，系统高效节能；四驱性能卓越，操控驾驶随心，整车性能达到国内领先水平。

控制器开发能力。长安新能源建立了完整的控制系统开发与测试体系，获得了国内第一个ISO26262功能安全证书；具备自主进行各种新能源汽车控制器软硬件开发能力，自主掌握控制器开发核心技术。

电池系统开发能力。全面掌握电池集成设计及生产制造技术；建立具有自主知识产权的电池管理控制技术，并形成批量产品；全面掌握电池生产设计及设备开发技术。电池总成集成技术：突破高效自主集成技术，能量密度国内领先。掌握多维度电池安全设计技术，研发的电池总成通过美国UL2580安全测试，国内领先。电池管理及控制技术：实现基于三层监控架构的BMS控制技术，功能安全等级达到ISO26262 ASIL-C级，基于多信号融合的电池管理自适应技术达到国内领先水平。电池总成生产制造技术：自主设计柔性生产线，可实现EV及PHEV电池共线生产。具备下线检测设备开发能力,设备性能位居国内一流水平。

电驱动系统开发能力。自主掌握电驱动系统集成开发、电机开发、电机控制器开发三大领域核心技术。联合供应商进行传动系统开发、电源补给系统开发。

仿真与试验领域。形成了整车及零部件性能分析及优化、新能源系统结构可靠性分析及轻量化设计、热管理性能评价及优化三大仿真分析能力。基于中国各种地理环境和使用特点,通过高温、高寒等各类适应性试验、道路试验,产品可靠性达到国内领先水平。建成了新能源五大领域的13个实验室,形成2 127项试验项目和2 380项试验规范。

6. 力帆集团新能源汽车换电模式相对优势突出

2012年,力帆和上海电巴合作在上海建成了两个底盘换电的换电站(换电1.0)。到2015年,力帆底盘换电车不到40辆,底盘换电模式陷入发展困境。当年,力帆总结底盘换电方式后,开始着手开发分箱换电方式(换电2.0)。短短两年,力帆分箱换电方式已形成了分箱换电系统,研发了电池物联网,推出了新能源汽车车联网,搭建了大数据平台,成功完成了换电模式的构建,显现出良好的市场前景。

首次实现了换电规模化。2015年11月起,力帆新能源分别在重庆、成都、杭州、郑州、绵阳、济源等地开展新能源车分时租赁业务,同时也开始布局新能源网约车、出租车等营运服务。得益于换电模式的电池共享,克服了续航能力不足、充电时间过长、充电设施不足的缺点,让分时租赁业务取得了突出的成绩。力帆累计投放6 100余辆纯电动新能源车用于分时租赁市场,累计注册用户数达120万,2017年月均注册用户数增长率超13%,成为国内电动车分时租赁用户量最多的运营商。预计到2017年底采用分箱换电的新能源汽车将超过1万台。

初步显现了换电模式良好的商业价值。分箱换电采用集中式充换电站,每站每天可以为2 000台电动车充换电,每站实际投资1.2亿元(含电池和电网改造)。按此测算,投入1.2万亿元就可以建造1万座能源站,可为2 000万辆新能源电动车提供能源供给服务。作为对比,国能电力(2015)290号文计划到2020年投入2万亿元,改造和升级电力输配电网,再加上0.7万亿元建设充电桩和集中式充电站,总共需要2.7万亿元的投入,为500万辆电动车充电提供快速充电服务,换电模式和充电模式投入产出比相差近9倍。

推动了国家标准化工作的启动。换电模式的推广和应用取决于换电体系的标准化,包括电池箱尺寸、电气接口信号、快换连接器寿命等40多个标准。国家分箱换电标准由中国电力企业联合会牵头,北汽新能源公司、众泰汽车、力帆汽车、蔚来汽车、上汽集团、浙江时空等参与,《电动汽车快速更换电池箱通用要求NB/T33025-2016》已经发布,主要参考力帆分箱换电接口标准也正在制订中。2016年7月12日,在中电联的支持和帮助下,南瑞集团牵头编制的IEC国际标准《电动汽车电池更换系统第1部分通用与导则》(IEC TS 62840-1)正式发布。这是世界上第一项关于电动汽车电池更换系统的国际标准,在国际上填补了电动汽车电池更换系统的空白。IEC TS 62840-1作为基础性标准,为今后系列标准的制定提供参考,有助于我国电动汽车电池更换技术成果和实践经验走向国际。

预测可带来储能产业的良好发展。力帆新能源换电模式不仅能在电池的高效(电池效率在100%到80%)生命期提供汽车换电服务,在电池经过2 000次换电后,电池效率还在80%到40%之间,可以作为储能装置继续充放电2 000次,实现锂电池梯次利用,使储能成本下降近80%,这对于储能行业和汽车电池回收行业都有重大意义。

三、重庆新能源汽车发展面临的主要问题

1.新能源汽车整体竞争力不强

2016年,全市仅生产新能源汽车7 550辆,占全国产量比重为1.5%,远低于我市传统汽车11.2%的占比,且我市没有进入全国新能源汽车产销前十位的整车企业和产品。由于缺乏整车企业的有力带动,我市新能源汽车零部件本地配套能力不强,企业规模普遍较小,新能源汽车"大小三电"本地采购率不到10%。目前,我市在售的纯电动轿车仅有4款,插电式混合动力车型

空白,且续航里程都不超过300公里,在性能上不能满足网约车、分时租赁车对长续驶里程的要求。

2.新能源汽车推广应用总量小、结构不优

据统计,目前全国新能源网约车数量约为10万辆,我市占比不到1%;全国新能源分时租赁汽车数量约为4.5万辆,我市占比约为5%;全国新能源物流车数量约为11万辆,我市占比不到2%。

同时,超过90%的新能源汽车集中在公共领域,私家车、公务用车新能源车市场发育慢,这与我市没有汽车限行限购政策有关。与北京、上海等城市相比,重庆新能源汽车的私人消费市场的激励政策有限。

3.新能源汽车产业研发投入力度不够

我市新能源汽车产品研发起步较早。在2001年,长安汽车实施国家混合动力轿车研发项目,逐步形成新能源汽车产品研发能力和生产条件。力帆汽车在国内较早推出新能源汽车换电车型,探索换电模式,在全国范围内实现规模化应用。小康汽车积极开发新能源汽车正向产品,并在美国硅谷设立研发机构。重庆汽研院和重庆车检院等国家级检测机构建设动力电池、电机等关键部件的试验和检测能力,并积极参与企业的电机、整车控制器等产品的研发。

但是,企业的现有车型都是在传统车基础上进行改造,没有开发出一款电动车专用底盘,铝合金、碳纤维等轻量化技术尚没有得到应用,技术水平同国内先进企业相比存在差距。从2001年至今的投资累计不到20亿元,且协同创新体系和人才培养机制没有建立,行业创新能力严重不足。

4.充电设施有桩无车、有车无桩困局同时存在

虽然我市充电设施建设总体有序推进,但有车无桩、有桩无车现象同时存在,部分政策执行不到位,布局场所进入比较困难,亏损状态导致业主积极性不高等问题突出。一是设施使用率较低。根据市新能源汽车运营监测平台统计数据,目前我市充电桩单桩每日充电次数约为0.6次,每日充电量平均为7.1度。其中,快充桩单桩每日充电次数1.3次,慢充桩单桩每日充电次数0.2次,设施利用率很低。这主要是因为我市推广新能源汽车主要以公

共领域为主,普遍在快充桩充电,慢充桩利用率特别低。同时,我市充电桩大量在商业房产地下停车库,充电停车位往往被传统车占用,且充电车辆进出相对不方便并需支付停车费用,也造成充电桩闲置。二是建设布局不合理。除公交专用站场、高速公路服务区、单位内部充电设施外,现有商业充电桩主要布局于商圈地下停车场、公园会展等区域,与电动汽车行驶分散、就近充电的特点不匹配。三是电力改造难度大。部分老旧小区、已有建筑物电力设施老化、电网容量较低,受场地限制以及增容改造周期较长等因素影响,增加了充电设施的建设难度。四是部分区域电价较高。电动汽车充电电价执行所在场所目录电价,价格不统一且偏高,不利于当前阶段电动汽车的推广应用。五是政策执行力度不够。充电设施建设没有强制性,部分建筑未按配建比例进行配建,或建设进度缓慢。部分停车场存在利益分成、车位管理等问题。小区物业也因改造难度大等因素不愿投资配合建设。

5. 我市对使用新能源汽车扶持优待不够

路桥费免交政策落实问题。渝府办发〔2016〕260号文件《重庆市人民政府办公厅关于加快新能源汽车推广应用的实施意见》第三条第(十)项:"在本市购买、上牌的新能源汽车,至2020年12月31日前免缴路桥通行年费。"盼达分时租赁所运营的车辆符合该免缴条件,但因办理免缴费的手续复杂,往往导致企业部分营运车辆不能及时完成免缴费手续而处于停运状态,造成企业运营收入损失。

客户违章处理问题。分时租赁汽车用户的交通违章处理主要有两个难点:一是车辆违章情况目前以人工手动的方式进行查询,耗时较长,效率较低;二是按现规定需将车辆行驶证原件交给用户用于处理违章,在此期间该车辆因无行驶证需停运,待用户违章处理完毕,交回行驶证后才可恢复运营,单次耗时约24—40小时,造成运营资源闲置。目前月均因处理违章导致10%的车辆停运,给企业造成较大损失。

补贴标准低。2017年8月,我市重新制定的2017年市级补贴标准发布。其中,新能源乘用车、专用车、客车市级补贴标准分别约为中央补助标准的40%、30%、20%。新能源乘用车市级补贴按照续驶里程分为1.5万元/辆和2万元/辆两档,新能源客车市级补贴按照车辆长度在1万元/辆—5万元/辆之间分档,新能源物流车市级补贴按照电池容量计算上限为1.5万元/辆。重庆地方补贴标准大大低于成都、合肥等市,而且操作也不便利,对新能源汽车用户的激励不够。

四、加快重庆新能源汽车发展的举措建议

1. 整合国内外力量,加快完善新能源汽车产业发展体系

坚持培育和引进相结合,以发展乘用车为重点,以发展商用车为补充,以提升"大小三电"本地配套能力为基础,快速完善新能源汽车产业发展体系。一是形成"10+3+8+100"新能源汽车产业集群。其中乘用车企业超过10家,客车企业3家,货车及专用车企业达到8家,零部件企业超过100家。二是重点推进3个百亿工程。其中长安汽车投入100亿元加大新产品和关键核心技术的研发力度,到2020年投放新车型超过20款,年产销量超过25万辆,成为国内领先的新能源汽车研发制造企业;长安福特投入100亿元建设整车和动力电池包项目,加快导入新能源汽车产品,到2020年,年产销量超过10万辆,满足国家双积分政策要求;金康新能源投入100亿元,积极构建新能源汽车全产业链体系,到2020年,年产销量超过2万辆,成为国内知名的纯电动乘用车研发制造企业。三是积极争取国内外新能源汽车知名企业在我市布局新能源汽车研发生产基地。争取引进2—3家国内外知名整车企业及10—15家国内外知名零部件企业。四是扶持现有零部件企业"做强做大"。充分发挥大陆、耐世特、三电等已落地的国际知名企业的竞争力优势,同时提高本地配套企业的竞争能力。力争到2020年,我市新能源汽车零部件产值超过200亿元。

2. 进一步健全完善新能源汽车推广应用体系

以公共领域用车为先导,以私人购车为核心,以充电基础设施为支撑,快速完善新能源汽车应用体系。一是建立市区两级推广应用工作推进机制。切实抓好党政机关、事业单位、公共机构、公共交通等领域对新能源汽

车的示范运用,新增和更换的市政环卫、城市公交、公务用车中新能源汽车比例不低于30%。二是进一步加快新能源汽车在网约、分时租赁用车领域的推广应用。稳步推进新能源出租车投放,网约车新增和更换车辆中新能源汽车比例不低于50%,分时租赁新增和更换车辆原则上均为新能源汽车。到2020年累计投放数量力争达到3万辆。三是专题研究新能源汽车在私人领域的推广问题。引导企业积极开发适销对路、性价比高的整车产品,力争在商业模式、应用环境、政策引导等方面取得创新性突破。到2020年,私人购车在市内新能源汽车销售占比力争超过70%。支持长安汽车使用长安奔奔mini推出新能源汽车融资租赁模式(租期三年,月租金1 200元,三年后车辆归用户所有)。四是加快充电基础设施的合理布局。重点在机场、火车站、公交场站、城市公园等区域建设公共快充站。到2020年,建成以快充站为主体的公共充电体系;落实新建建筑物充电桩配建比例,鼓励现有居民小区进行充电设施改造。

3. 构建面向市场需求的技术研发创新体系

完善以企业为主体、市场为导向、产学研用相结合的创新体系。一是鼓励企业加大研发投入力度,提高新产品研发能力。长安汽车要抓紧推进CS15纯电动(300公里续航)、逸动纯电动(300公里续航)、逸动插电式混合动力、新奔奔纯电动(251公里续航)等新车型上市;金康汽车要加快全新平台纯电动乘用车研发,确保在2019年初投放市场;瑞驰汽车、华晨鑫源等企业要针对城市终端物流市场加强新能源物流车研发;庆铃汽车要针对城市环卫车、冷藏车等专用作业车市场加强新能源货车底盘研发。紧跟国内外新能源汽车技术发展。二是加快新能源汽车创新联盟建设。组织企业、高校、科研院所等协同攻关,加强关键共性技术、平台集成技术研发及产业化。三是明确产业技术创新方向。重点抓好动力电池与电池管理系统、电机驱动与电力电子总成、电动汽车网联系统、燃料电池动力系统、插电/增程式混合动力系统和纯电动力系统等六大系统创新。四是建立新能源汽车专家咨询机制。每年进行一次行业诊断和咨询,聚智谋策,为重庆新能源汽车产业发展和新能源汽车推广应用提供专业性意见。

4. 积极推进"互联网+"新能源汽车供需体系建设

结合新能源汽车和智能网联汽车的发展,加快"互联网+汽车"的融合发展步伐。积极推进中国汽研基于宽带移动互联网的智能汽车与智慧交通应用示范、中国移动车联网科技产业园等项目建设。大力支持长安与腾讯、百度、华为以及力帆与阿里等开展跨界融合。突破实时快速图像处理、多源信息融合等核心技术,完善车车/车路通信网络、综合管理网络等配套体系,积极引进车路协同通信、人机智能交互等融合应用产品,推广智慧路网、绿色用车、智慧停车等应用。充分发挥新能源汽车车载终端配置和数据传输功能,促进新能源汽车整车企业同通信营运商及内容服务提供商开展深度合作,建设车载终端运营后台或智能服务平台,提供在线导航、远程监控、远程呼救、车辆性能远程检测等相关网络应用服务,提升整车生产企业的服务能力和水平,拓展网联服务范围和领域,整合线上线下资源,为用户提供智慧出行服务,增强新能源汽车市场竞争力。

5. 健全新能源汽车产业发展政策支撑体系

进一步发挥市新能源汽车推广应用和产业发展联席会议作用,加强市区联动和部门联动,完善目标考核机制,落实国家及我市现有政策,确保按时保质完成新能源汽车发展的各项任务。同时,在政策方面逐步实现四个延伸:一是推广应用政策向产业发展政策延伸。研究对新能源汽车整车新产品、新车型的奖励政策,推进银企合作,将企业垫付的国家和地方财政补贴作为抵押申请贷款,并由财政资金进行部分贴息,缓解企业因国家3万公里[①]政策形成的资金压力。二是从购车补贴等前置性政策向运营补贴等后置性政策延伸。研究在公共停车场,对新能源汽车临时停车费实行1小时减免优惠,对从事新能源汽车分时租赁业务且运营情况良好的企业给予一定的运营补贴,进一步扩大路桥费减免范围。三是从市级政策扶持向市区联动延伸。鼓励两江新区、各区县因地制宜制定新能源汽车发展优惠政策,

---

①2016年12月29日,财政部等四部委联合发布《关于调整新能源汽车推广应用财政补贴政策的通知》,第一次明确提出非个人用户购买的新能源汽车申请补贴,累计行驶里程须达到3万公里(作业类专用车除外)。

充分发挥市、区两级扶持政策倍增效应,形成新能源汽车发展合力。四是从资金政策向服务政策延伸。研究出台合理的充电服务费政策和电价政策,加快优化电桩布局,降低新能源汽车充电费用,进一步扩大新能源物流车路权。五是加大新能源汽车宣传力度。通过报刊、电视、互联网社交媒体等渠道,广泛传播新能源汽车技术、产品及政策,组织企业集中开展新能源汽车试乘试驾活动,增加市民对新能源汽车的驾乘体验和认知,培育新能源汽车市场和使用氛围。

6. 关注支持重庆力帆汽车探索实践的新能源汽车"换电模式"

如前所述,这几年力帆探索的"换电模式"已在技术可行性、成本控制、便利程度、环保节能、商业价值等方面初步显现出良好前景。国家层面也开始从技术标准上予以关注推进。但是,目前国家相关部门主推充电模式,换电模式还没有得到应有的关注支持。为此,建议市里相关部门认真总结力帆换电模式,首先在重庆加大推广力度,作为充电模式的有力补充,并在推广布局过程中,认真解决其面临的具体问题,逐步完善形成"换电模式"的运营方式。

7. 构建高水平新能源汽车产业发展人才队伍

积极推动政府、大中专院校、培训机构、企业形成四位一体的新能源汽车人才培养体系,建立科学合理的选人、用人、育人机制,创新人才开发与管理方式,加快形成更具竞争力的人才集聚和激励机制。结合全市海外英才"鸿雁计划"的实施,支持重点企业加快海外高层次人才的引进,着力形成一批在关键核心技术产业化、重大产品研发、创新经营管理模式等方面具有突出贡献的领军人才和领军团队。重点针对新能源汽车专业研究生和业内具有3年以上行业经验的专业技术人才,制定我市新能源汽车人才引进政策,采用财政资金与企业资金相结合等方式,给予适当的安家费、住房补贴、个税减免等优惠政策。提高人才培养的针对性与实效性,实现人才培养与产业需求的高度匹配,从源头上解决新能源汽车人才供给的数量与质量问题。

建设重庆中运量跨座式单轨系统
技术创新示范线的建议*

● （2017年8月21日）●

目前，重庆轨道产业发展面临着良好的机遇与严峻的挑战，需要寻求抓手，落实重庆轨道产业"走出去"战略并实现可持续发展。市生产力发展中心通过走访相关企业和市级部门，分析了重庆轨道交通产业"走出去"面临的主要问题，认为在市内应尽快开工建设一条中运量跨座式单轨系统技术创新示范线，集成和验证最新技术，模拟参与市场竞争的商业模式，是继续发展我市轨道交通产业优势，实现"走出去"战略目标的必要措施。

一、重庆轨道交通产业"走出去"的成就与面临的困难

重庆是目前全球跨座式单轨建成里程最多、营运经验最丰富的城市，而且形成了集研发、设计施工、营运管理、装备制造为一体的产业链。2014年4月28日，国务院总理李克强视察重庆时充分肯定了重庆单轨产业发展的成绩，指示要加快重庆单轨交通产业"走出去"的步伐。为此，在国资委的协调下，由交通开投集团、机电集团、对外经贸集团按50∶35∶15比例出资组建重庆轨道交通产业投资公司，注册资本金为10亿元。2015年10月完成公司登记注册，具备对外开展业务的主体资格。该公司成立至今，在实施"走出

---

*精编于重庆市生产力发展中心课题组完成的"重庆轨道交通产业投资有限公司'十三五'规划"课题报告。

去"战略方面做了大量工作,主要是:组织论坛,积极参与展会,面向国内外数十个城市多方位推广重庆轨道交通技术,重点跟进中国柳州、吉林、葫芦岛、中山,泰国曼谷,土耳其伊斯坦布尔、梅尔辛等城市轨道项目;分别与中铁工、中建、中铁四院、北京交控等大型企业建立了共同拓展市场的合作关系,就部分城市和项目签订合作备忘录;助推中国城市轨道交通协会单轨分会落户重庆;与泰国 BTS 集团签订了曼谷粉黄两线合作意向书和联合体投标合作协议(但因设备选型及市场竞争策略等问题,后续可承接项目有限);与中铁工联合中标大连地铁 5 号线 PPP 项目;参与赤峰、温岭轨道交通可研报告编制等前期工作;与葫芦岛市签署合作《备忘录》;与柳州轨道集团合资合作;承担交通运输部《跨座式单轨车辆维护与更新技术规范》国家行业标准编制工作。

公司成立短短一年多时间已经取得了一定成绩,但除了获得一些零散的设计、施工订单,并无承揽整体项目的业绩,离市委市政府赋予公司的使命有不小差距,落实"走出去"战略至今未取得重大进展。分析原因,主要是:城市轨道交通项目投资巨大,规划与前期论证工作时间长,决策和审批环节程序复杂;项目参与主体多为大型跨国公司和央企,市场竞争激烈;近年来跨座式轻轨新产品新技术层出不穷,而重庆现有跨座式轻轨并无新技术新进展;公司至今没有单轨项目 EPC 资质和业绩,无法在投融资建设经营服务一体化模式方面取得突破。

二、重庆单轨交通系统技术的发展机遇与挑战

我国城市轨道交通进入了加快发展的新阶段。跨座式单轨交通也面临着快速发展的市场前景。据中国轨道交通协会统计,目前国内开展跨座式单轨交通线网规划的城市有 24 个,规划总里程 3 981 公里,投资规模超过 1 万亿元。已经完成或正在开展近期建设规划的城市有 15 个,近期建设里程 805 公里。国外一些城市也在积极研究规划采用跨座式单轨交通系统。

但是,重庆跨座式轨道交通系统也面临着严峻的挑战,主要是:

（一）重庆跨座式单轨交通系统技术优势正在逐步丧失

中国市场庞大的需求，牵引日本日立、加拿大庞巴迪等跨国公司加大了在跨座式单轨交通上的新技术研发与应用，例如，全自动无人驾驶技术、自动重联技术、安全救援技术、车辆节能技术、土建工程预制拼装技术等，并通过在中国合资合作建厂方式来参与竞争。同时，国内知名民营企业比亚迪也研发出新型跨座式单轨车辆（云轨）和系统技术装备并进入市场。央企中车集团多家车辆厂、中铁工集团也在参与跨座式交通车辆及装备技术的研发和工程建设。

（二）重庆跨座式单轨交通系统已经缺乏示范效应

重庆是世界上发展单轨制式交通系统技术最成熟的城市，已建成里程98公里，居世界第一，安全运营多年，形成了一体化产业链和系统方案解决能力。近年来，重庆轨道交通产业链上的企业并没有停止技术研发的步伐。重庆长客承担了国家发改委的"现代跨座式单轨交通车辆关键技术自主开发及整车集成应用产业化"项目，整合最先进技术研发出新一代跨座式单轨车辆，具有技术领先、美观舒适、安全可靠、节能环保的特点；中国汽车工程研究院开展了转向架关键零部件的研发；中船重工华渝电气集团开展了新一代跨座式单轨道岔的研发；重庆轨道交通工程公司对跨座式单轨交通轨道桥梁系统新技术进行了攻关。这批新技术亟待进入工程应用阶段。但是重庆在第二轮轨道建设高潮中，没有一条新线采用单轨制式，致使重庆跨座式单轨技术发展处于停滞状态。重庆作为国内首先引进单轨制式的城市，自己都不推进这种制式的技术进步，必然引起各种质疑，向外地推广也缺乏说服力。

（三）重庆轨道交通建设BT模式使本地企业很难获得参与机会

重庆轨道交通第一轮建设，对带动重庆轨道交通产业的发展起到了巨大的作用。2006—2010年期间,本地企业承担的轨道交通项目土建工程占比42%,安装装饰工程占比48%。同时,本地企业提供的供电设备、接触网供电系统、AFC自动检票系统、安全门锁屏蔽门系统、车辆电气牵引系统、道岔系统、综合监控系统、车辆基地设备等各专业设备供应及安装,合同金额总计约40亿元,占同期项目系统设备总额的26%。车辆采购1 332辆(含增购数),100%采用重庆长客产品。可以说,正是因为第一轮轨道交通建设给予本土企业以一定的市场份额,才培育出重庆自己的轨道交通产业链,在设计、施工、车辆装备制造及相关系统配套等方面形成一定的产业优势。这是重庆轨道交通产业发展的黄金时期。

自进入第二轮轨道交通建设期后,多数项目采用BT模式由央企承担。这些央企都是大型产业集团,拥有自己的协作配套关系网和利益链条,本市企业在土建工程施工、装饰安装工程方面基本失去参与机会,重庆各工业企业在系统设备供货方面的订单也大幅度减少。据统计,在第二轮轨道交通建设中(640亿元),除环线一期工程本地企业占有较大份额之外(29.5亿元),其他多数项目无本地企业参与。第二轮项目已招标采购的车辆(864辆),重庆长客的份额也下降到73%。目前,重庆整个轨道产业面临着生存危机,本土市场的丧失,使得"走出去"的愿望更加难以实现。

(四)重庆轨道产业投资公司"投融资+总承包"商业模式无法实现

公司成立以来至今未承担一条单轨交通线路的建设与投资,没有相应业绩也就无法取得EPC资质。在此情况下,公司无法承担起组织全市轨道交通产业"走出去"的历史重任。

三、关于建设技术创新示范线的意见

在机遇与挑战并存的局面下,如何突破重庆轨道交通产业"走出去"的困境? 我们认为应尽快在重庆本地,由重庆轨道产业投资公司按"EPC+投融资"的模式建设一条新的跨座式单轨技术示范线,可能是一个现实的选项。为此专门听取了市建委、市发改委、市经信委、市科委、市国资委、市规划局以及市城市交通开发投资(集团)公司、市机电控股(集团)等企业的意见,形成了四点共识:

(一)建设重庆单轨技术创新示范线确有必要

尽快在重庆本地建设一条新的跨座式单轨技术创新示范线,可以起到三大作用:一是采用和集成最新的单轨交通技术建设示范工程并实际投入运行,改变重庆跨座式单轨技术日渐落伍的现状,全面提升设计、施工、设备制造、营运维护各个领域的技术水平,可以巩固强化重庆现有轨道交通产业链在全国同行业中的竞争地位,为建设国家重要的现代制造业基地作出贡献。二是通过建设技术创新示范线,使重庆轨道交通产业投资公司有机会借助政府及相关部门的支持,最大程度整合资源,全面模拟"EPC+投融资"的商业模式,取得相应的资质和业绩,为实现重庆轨道交通产业"走出去"战略积累实力。三是有了一条应用最新技术设计和建设并投入运营的示范线,可以为潜在的国内外客户提供比较、选择的样本,提高重庆轨道技术及整体解决方案的市场竞争力。

(二)重庆单轨技术创新示范线应有的创新点

重庆单轨技术创新示范线,应当在五个方面有所创新:一是车辆技术创新,主要是采用无人驾驶技术、自动重联技术、应急牵引技术等;二是轨道桥梁系统创新,主要采用轻型结构(包括钢结构)、预制拼装技术等;三是车站构筑创新,主要是站台风格结构、不同制式轨道交通换乘等;四是系统集成创新,主要是先进机电设备、信号系统、车辆编组技术及站务系统等。五是运营维护技术创新,主要是提高自动化、智能化水平,提升效率,降低成本。通过技术创新,使重庆单轨交通技术更加安全可靠,更加节能环保,维护保养更加方便,实现节约投资、减少运营维护人员、提高经济效益的目的。

(三)选择创新示范线的注意点

选择创新示范线要注意以下几点:一是在既有轨道交通线网规划中选择合适的线路;二是选择中等运量的辅助线,不选大流量干线;三是线路走南北向,不穿山不越江;四是搞好与其他轨道线及公共交通方式的衔接。

(四)以积极态度促进技术创新示范线建设

对于创新示范线线路的具体走向、规划处理、项目审批程序等操作性问题,各部门意见不完全一致,但是都表态支持建设创新示范线,愿意在各自职能范围内创新工作方法,促成项目成立并尽早动工。

四、几点建议

第一,建议市政府同意在重庆市轨道交通线网规划中划出1条中运量并采用跨座式轨道交通制式的线路作为技术创新示范线,具体路线由相关部门确定。2016年,市建委委托有关单位进行下一轮轨道交通建设12条线路工程预可行性研究,从中梳理出6条线路约218公里推荐选用跨座式单轨交通制式,可从其中选择8号线(界石南至刘家坪)和17号线(飞雪寺至金石路段)进行比选,或者选择其他适合线路确定示范线项目。

第二,同意由重庆轨道交通产业公司牵头,会同重庆轨道交通产业链核心企业,引入有实力的投资者,采取"EPC+投融资"总承包方式承接该示范项目建设,自行平衡建设资金。

第三,根据国内单轨市场竞争态势判断,在近两三年内,重庆轨道交通产业若不能形成独自的竞争力,恐怕将痛失市场机遇。因此,建设创新示范线具有一定的紧迫性。由于该项工作涉及面广,需要协调的事务众多,建议市政府确定牵头部门,负责协调推进此项工作。

关于打造重庆中药材重点
产品价值链的思考*

（2018年2月8日）

借用美国哈佛大学商学院教授迈克尔·波特于1985年提出的价值链概念，中药产品价值链是指从原材料生产到最终产品送到顾客手中所经过的无数次价值增值活动。

一、关于中药材产品价值链的重构

传统中药材产品生产过程的价值链结构为：中药材（原料药材）→产品生产（中药材粗加工、中药饮片生产、中成药生产）→产品营销→消费者。

随着科学技术的进步，新技术运用于传统中药材使用价值的深入发掘，不断扩大中药材的使用范围，形成新的应用领域，从而也不断延伸出新的价值链，极大地提升了传统中药材的经济价值。重庆是传统中药材的重要产区，具有中药材生物资源优势。中药材种植是重庆特色效益农业的支柱之一，也是贫困山区农民脱贫致富的重要途径。应用先进技术拉长传统中药材价值链，大幅度提高其经济效益，既能为重庆特色效益农业的发展提供稳定持久的市场支撑，也能为药农增收脱贫提供有力保障。

课题组在传统中药材产品价值链结构的基础之上，参照国内外打造现代生物药材价值链的典型经验，通过对中药材价值增值过程的分析，提出重

---

*精编于重庆市中药研究院、重庆市生产力发展中心联合课题组完成的"重庆重点中药材产品价值链研究"课题报告。

构中药材价值链的设想。

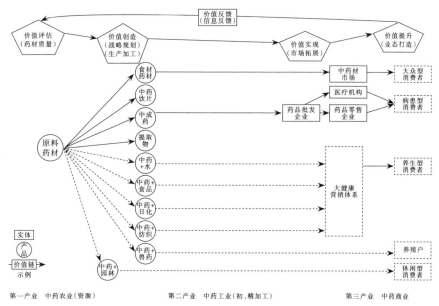

图1　中药材产品价值链重构示意图

分析中药材价值增值过程的步骤包括价值评估、价值创造、价值实现、价值反馈等环节。每一个环节对应中药材产品从种植、加工、流通到市场反应的不同阶段。在打造中药材价值链的过程中,这种分析活动要反复进行,以不断适应市场需求和技术进步的变化,对既有药材品种的价值链做出适应性调整,保持其不断增值的潜力。

价值评估是指对具体的中药材品种资源的医疗、保健和其他用途进行评估,对其种养殖地理环境和增产潜力做出判断,以认定其是否具有开发价值。价值创造是指对产品发展进行战略规划,选择适用的技术工艺创造出有价值的产品并进行工业化生产。价值实现是指产品的市场营销,通过引导消费者接受该产品,建立良好的消费体验,形成品牌忠诚与信任。价值反馈是指追踪消费者的使用情况,收集反馈消费者评价,并将消费者评价导入价值评估、价值创造、价值实现等环节,消除缺陷,进一步提升产品价值的增值能力。

通过对上述价值增值过程的分析评估,重庆市中药研究院杨大坚教授提出了以"中药+"概念为核心的中药材价值链重构模式,对中药材产品价值链的拓展按照内涵和外延进行了形象划分,主要有"中药+水""中药+食品""中药+日化""中药+纺织""中药+兽药""中药+园林"等。"中药+水"是指以中药材为原料研发的功能性饮品;"中药+食品"是指根据"药食同源"的理论,研发具有延缓衰老、调节免疫、抗疲劳等多种功能的食品;"中药+日化"是指提取中药材的有效成分,添加到各种日常用品中,达到医疗保健的作用;"中药+纺织"是指提取中药材的有效成分,与纤维、棉布、新材料等材质融合,形成具有保健性质的穿戴产品;"中药+兽药"是指将中医药理论应用于动物身上,研发出具有抗菌、促进动物生长、驱虫等作用的中兽药产品;"中药+园林"是指利用中药植物较好的观赏性,起到营造氛围、调剂生活、防治疾病等作用,将其打造为园林产品。

二、推荐重点发展的六个中药材产品的价值链分析

重庆有中药材资源5 800多种,其中哪些品种适宜作为重点品种来打造价值链?课题组经过研究分析后,提出按照道地性、大宗性、药食同源以及发展潜力四个原则进行筛选,从中选出可以重点发展的中药材品种。

(一)筛选原则

1.道地性

道地,就是地道,也即功效地道实在,确切可靠。道地药材具有以下公认属性:具有特定的质量标准及优良的临床疗效,具有明显的地域性和丰富的文化内涵,具有较高的经济价值。其中特定的质量标准和优良的临床疗效,体现了道地药材最重要的价值。道地药材是我国传统优质中药材的代名词,集中体现了特定的地域、品质的优良和确切的疗效等中医药精髓。我

市拥有一批历史悠久、品质优良的特色品种,基于道地药材本身的规模、产量、质量、口碑以及国内外影响力等因素综合判断我市重点发展的中药材品种,不仅能够积极发挥重庆道地药材的优势和特色,而且有利于拓展和提升重点中药材产品的价值链。

2. 大宗性

我国常用的大宗中药材品种有40多种,围绕关系全民健康的中药大品种(含中药饮片)和民族药特色品种,特别是中药基本药物和创新药物的支撑性原料药材的保障,国家将扶持一批常用大宗和濒危稀缺中药材品种,在药材主产区优先支持发展优质药材。重庆是我国重要的中药材产区,人工种植历史悠久。重庆中药资源的主要特点是:品种数量多、单品种规模小、发展潜力大。课题组认为积极发展重庆本地大宗中药材,不仅能够更好地满足市场供需关系,而且对进一步发展相关中药材产业具有重要的带动作用。

3. 药食同源

药食同源指中药与食物之间并无绝对的分界线,某种物品既是药物,也是食物。药食同源产品是以药食同源理论为依据,将中药的保健功能融入日常食品,体现新的健康理念,具有广阔的市场。随着保健业市场的日趋成熟,老百姓在追求健康上更加注重产品的原生药材,将药食同源作为一个选择标准,使我国传统医学药食同源理论同现代保健学结合起来,强化健康源于自然的理念,对于扩大传统中药材的市场应用领域具有重要作用。

4. 发展潜力

潜力药材是指随着技术进步,人们不断深化对中药材功能的认识,开发出新的应用领域,使得某些中药品种的市场需求进一步扩大,从而使其具有稳定发展的潜力。这类药材延伸其价值链的技术条件和市场条件日益成熟,价值增值的潜力较大。因此,在分析现有中药材供求关系的基础上,结合药材自身的资源属性及其在不同领域的应用前景,优选出具有较好生产基础、未来市场潜力大的中药材品种。

（二）重点品种

根据上述原则，课题组筛选出14个本地药材品种，即石柱黄连、酉阳青蒿、秀山银花、巫山党参、南川玄参、巫溪太白贝母、垫江丹皮、合川葛根、云阳天麻、秀山黄精、奉节川牛膝、黔江栀子、北碚红豆杉、秀山银杏。

在此基础上，课题组两次听取专家意见，并结合现有生产条件、既有技术和研发能力、既有产业链的状况，以及近期市场容量等因素，对其中的六个重点品种进行了价值链分析，探讨延伸价值链的可能途径。

1.黄连产品价值链分析

石柱黄连作为我市的道地药材，人工栽培历史已有700年。现常年种植面积达5—8万余亩，年产黄连2 000吨，产值2亿元左右，其种植规模和产量约占全国的60%和世界的40%。从康美网近5年的全国收购价格统计来看，黄连价格呈现区间波动，尤其是2016年以来，其价格整体上涨幅度较大，表明黄连市场处于扩张之中。重庆市石柱县是世界上最大的黄连产地，石柱黄连是中国著名"道地中药材"，素以栽培历史悠久、种植规模大、产量甲全国、品质优良而闻名于世。国内所需及销往国外之黄连，大多产于石柱。

历经数百年发展，重庆黄连产业贸易体系基本形成，产业化技术支撑体系初步建成，"龙头企业+专业合作社+基地+农户""专业合作社+大户+农户"成为基本发展模式。现有黄连种植、加工、销售企业64家，其中市级龙头企业15家、县级龙头企业49家、黄连种植专业合作社99家、专业黄连销售企业5家。黄连经营个体工商户达110家。有7家合作社和4家龙头企业从事黄连初加工。在产业链中下游已研发出以黄连及副产品为主要原料的中成药、中兽药、黄连饮片、黄连花茶、新妇康洗液等系列产品；东田药业与第三军医大学研发的国家第三类新药"五黄养阴颗粒"进入重庆医保目录。

石柱黄连作为我市道地中药材一张响亮的名片，无论在药材品质上，还是在生产规模上，都具有相当的市场影响力。石柱黄水镇是中国最大的黄连交易市场，也是国内黄连核心集散地，其市场价格被誉为中国黄连交易的"晴雨表"，对黄连下游产业起着至关重要的影响。但是，重庆黄连的资源优势基本上还停留在原料药材的环节，以黄连为主的重点中药材的产品缺少高附加值,从黄连药用功能派生出的保健饮品和日用消费品尚处于研发或市场推广的初级阶段,黄连自身的优秀品质和资源优势没有得到充分发挥,其价值链的延伸空间极具潜力。

依据中药材产品价值链的重构模型,结合目前黄连产品价值链的优势和不足,尚需从黄连药材质量、中成药等方面进行完善,拓展"中药+水""中药+日化"等应用领域,在市场流通、新兴业态等方面进行提升打造。其发展路径为:一是打造以石柱为核心的"渝黄连"标准化药材种植基地;二是强化科技创新,全面推进"渝黄连"的综合开发与利用;三是以培育"渝黄连"龙头企业和品牌为手段构建完善市场流通体系;四是挖掘"黄水·黄连·苦文化"价值,拓展"中药+旅游"的价值链。

2.青蒿产品价值链分析

重庆酉阳是世界上重要的青蒿产地,酉阳青蒿的平均青蒿素含量高达8‰,以品质优良著称于世。目前,酉阳青蒿种植面积达10万亩,产量可达1万吨以上,实现产值1.5亿元。全球约八成的原料青蒿产于重庆酉阳,青蒿生产种植技术已通过国家GAP认证,"酉阳青蒿"也是国家地理标志保护产品,成功入围首批"中欧地理标志保护清单"备选名单,具有国际美誉度。

重庆具有包括青蒿种植业、青蒿素及其制剂生产业、市场销售相对完整的产业链,涌现了华立控股、大方通和、恒星生物、志成生物、绿色金涪等一批龙头企业,建立了相对规范的从育种到栽培管理、收获加工及质量检测的生产加工产业链。但重庆的青蒿素企业以生产原料药及少量衍生物占主导,缺乏青蒿素制剂产品,除通和制药的复方双氢青蒿素制剂产品直接在国际市场销售外,其他企业仅有少量青蒿素衍生物;恒星、志成、金涪只提取青蒿素原料药,产品链短,附加值不高,缺乏市场竞争力。

青蒿作为重庆道地药材,主要用途是作为国际抗疟药物,其产量和品质都具有较大的国际影响力。但是,单一的抗疟用途已经遭遇市场容量制约,难以继续扩大规模。最近,中国中医科学院牵头组织全国十几家单位承担"青蒿素及其衍生物创新药物研究"课题,国家下达经费1.5亿元。重庆中药研究院作为合作单位之一,也承担了部分研究课题。这项研究将进一步拓展青蒿素的应用领域,为重庆青蒿素产业发展带来新的机遇。

依据中药材产品价值链的重构模型,结合目前青蒿产品价值链的优势和不足,尚需对青蒿素中成药的价值链进行完善,对"青蒿+食品""青蒿+日化"进行拓展,从而有利于价值链进一步延伸。其发展路径为:一是控制规模、提升质量,巩固"酉阳青蒿"原料生产国际地位;二是关注青蒿药用新用途研究的进展,开展产学研合作,及时引入新技术创新青蒿新产品;三是构建新型生产营销体系,打造"酉阳青蒿"国际知名品牌;四是利用青蒿国际影响力优势,创建"科研文化+现代旅游"新业态。

3.太白贝母产品价值链分析

贝母治疗急性气管炎、支气管炎等疗效显著。随着大气污染加重,呼吸道疾病增多,贝母的药用和保健功能具有较大的开发潜力,其价值链的延伸与市场需求吻合度较高。由于川贝母供不应求,价格上涨,在中国药典载明与川贝母同效的太白贝母也被市场看好,量价均进入上升通道。

重庆太白贝母野生资源主要分布于巫溪、巫山、城口、开县等地,家种主要分布在巫溪、城口。近几年,家种太白贝母资源快速发展,基本具备发展规模化种植基础,但在种植资源开发、良种选育等环节投入不足,种植业发展受限,难以满足市场需求。现有巫山神女药业潜心致力于太白贝母的开发利用,目前已经具有一定的规模,可将其作为我市重点发展品种。

发展太白贝母首要的问题是解决资源瓶颈的源头问题,因其野生资源分布较少,在良种选育方面研究欠缺,缺乏技术支撑体系,没有形成规范化的种子基地,种植技术规范和标准不足,不能很好地实现规模化种植。同时,也缺少太白贝母生产加工的企业和相关深加工产品,产品研发方向单一,制约了后端产业的发展和壮大。

通过价值链分析,课题组认为,太白贝母产品价值链延伸需重点解决太白贝母的资源问题,应着手加大资源供应,同时,加强太白贝母在镇静、镇痛以及抗溃疡等方面的开发利用,扩展应用领域。其发展路径为:一是突破太白贝母繁育技术,扩大种植规模;二是论证选择太白贝母的药用和保健产品方向,支持企业提前研发布局深加工产品,延长价值链。

4.山银花产品价值链分析

山银花在我国资源丰富,分布区域广,一直以来是多种中成药的主要原料,近年来在食品、饮料、保健品、化妆品和兽医用等方面的应用也有好的进展。秀山县享有武陵山区天然药库之美誉,尤其以山银花最为著名,山银花的种植规模较大,品质优良,已成功申报"秀山银花"地理商标。目前,秀山山银花年产值3亿多元,培育了山银花种植、加工龙头企业30余家,其中红星、精鼎、盛达等市级龙头企业7家;银花专业合作社40余家,专业协会1家,会员单位59家。

依据中药材产品价值链的重构模型,结合目前山银花产品价值链的优势和不足,尚需完善山银花中成药的价值链,在"山银花+水""山银花+食品""山银花+日化"等领域进行拓展。其发展路径为:一是进一步开展规范化种植和药材质量标准建设,保障山银花品质;二是发挥山银花"效强面广"的功能优势,推进产品多元化开发,扩大应用市场;三是利用山银花"质优价低"优势,构建新型营销体系,主动开拓市场;四是把握山银花"花美效强"特性,打造现代康养旅游。

5.川党参产品价值链分析

卫计委公布的《关于进一步规范保健食品原料管理的通知》中,党参是可用于保健食品的中药材。川党参作为党参的一个重要品种,充分发挥其药食同源价值,开发保健系列产品成为下一步价值增值的重要方向。

川党参主产于四川、重庆、贵州、湖南、湖北、陕西等地区。重庆川党参主要产于巫山县,为巫山特产,又名"庙参",以质柔润、味甘甜、嚼之化渣者为上品。巫山县是川党参的核心道地产区,"庙党"有上百年的种植历史,中华人民共和国成立前就出口欧美,是巫山县中药材中最具影响力的品种,"巫山庙党"品牌具有一定的市场口碑。

目前,我市的川党参产业处于散户种植、小商小贩经营的发展阶段,没有形成规模,缺乏技术支撑和龙头企业带动,经济效益甚微,存在的主要问题有:川党参药材种子种苗质量参差不齐,川党参下游产品开发不足,市场流通体系需完善,"庙党"品牌建设力度不够。

依据中药材产品价值链的重构模型,结合目前川党参产品价值链的优势和不足,尚需对川党参中成药加大研发力度,延伸其价值链,在"川党参+食品""川党参+水"等方面进行拓展,扩大原材料应用领域。其发展路径为:一是以规范化发展为指导,适度扩大川党参种植规模;二是紧扣川党参"药食两用"和"大众普适"特性,重抓健康产品开发;三是培育和完善川党参及其产品市场一体化流通体系;四是打造川党参传统文化与现代康养融合发展新业态。

6.银杏产品价值链分析

银杏作为中药材,主要是利用银杏叶提取物制作药剂,对银杏种实的开发利用也有较大进展,形成银杏药品、保健品、化妆品、食品、饮料以及银杏提取物等各系列产品。目前,我国年产白果1.3万吨,约占全球产量90%以上,现有从事银杏生产的企业有200多家,年需求量银杏干叶8 000吨左右。银杏的全价值链研发在我国属于新兴产业,从研发到投入生产仅有十余年时间,由于原料、技术、消费习惯及消费市场等条件的限制,还未形成竞争激烈的局面。

基于银杏中药材产业的巨大发展前景,我市也积极地发展银杏中药材产业。目前,重庆范围内银杏种植正在起步,主要集中在秀山县,该县引进企业打造"双链条发展模式",一条为"研发—种植—加工—销售"的产业链("公司+品牌+合作社+基地+农户")。另一条为现代农业养生旅游产业链("中药+休闲农业"),即以银杏种植为基础,打造集研究、现代农业观光、培训及中药养生保健体验为一体的乡村休闲旅游目的地。

依据中药材产品价值链的重构模型,针对银杏产品价值链的现状,尚需在银杏制剂、"银杏+保健""银杏+饮料""银杏+食品""银杏+日化""银杏+园艺"等方面进行拓展,打造出比较完整的价值链。其发展路径为:一是扶持龙头企业加快相关项目建设;二是建立规范化种植基地,提升银杏药材质量;三是建设银杏粗加工基地和精深加工基地;四是建设中药材仓储物流中心,构建溯源系统;五是利用银杏园艺功能推动产业融合发展,打造中医药休闲、避暑、观光等生态健康旅游基地;六是建立生物医药研究中心,开展产学研合作,拓展新的应用领域。

以上六个药材品种分别代表了打造中药材价值链的不同类型。黄连是在已有价值链基础上扬长补短,形成更加丰满和完整的价值链体系,实现单个药材品种的最大增值。青蒿是紧贴市场需求调整技术路线和价值链延伸方向,通过新技术和新产品的开发,拓展青蒿使用领域,使其价值链扩张获得新的市场空间。太白贝母则是利用市场机会,夯实种植环节的基础,做大资源总量;同时,针对市场需求,发掘防污治病加保健的商业题材,提前布局研发相关产品和技术,以占据市场先机。山银花由于与金银花的品名之争导致产业急剧萎缩,随着国家食药监局对山银花投料生产实行了备案制,市场环境好转,可发挥山银花药用和保健用途广泛的优势,支持开发一大批基于山银花的多元化产品。川党参基于其药食同源的特性,可参照韩国高丽参打造川党参全价值链,支持龙头企业重点打造"膳食"拳头产品,积极引导旅游资源与养生文化有机融合,支持企业开展生态化种植。银杏虽不是重庆的道地药材,但近几年大型药企在全国尤其是重庆地区布局银杏种植及深加工产业,政府应关注并支持相关价值链的打造。通过这六种模式的探索,可以为其他重点中药材品种的完善和价值链延伸积累必要的经验。

三、关于打造中药材价值链的几点建议

1. 消除管理体制障碍,整合力量打造中药材价值链

按品种打造价值链,从而大幅提升中药材的附加值,在国内外都有成功的经验。但这种一二三产业拉通规划、价值链上各个环节共同作为的产业模式与现行管理体制存在冲突。目前,药材种植归口农业、扶贫等部门,中成药、保健品、饮品、日化品的生产归口不同的工业部门,市场流通环节归口商务部门,药品、保健品审批归口食药监部门,技术研发归口科技部门。这种管理上的分割造成价值链上各个环节相互分离,难以集中资源培育和发展出有市场竞争力的完整价值链。因此,有必要在政府统筹协调下,整合各部门的力量,按照价值链的逻辑关系来认识、分析、部署和推动中药材发展

工作,并形成与之相适应的工作组织体系和政策体系。

2.从重点骨干品种着手,制定规划、培养人才

建立起必要的工作机制之后,可制定黄连、青蒿、太白贝母、山银花、川党参、银杏等品种的价值链发展规划。根据各自的现状,分析价值链中需要补齐的重点环节,采取有针对性的措施补短板、强研发、提质量、增品种,从资源端到产品端丰富和拉长价值链。价值链发展规划的制定和实施,可形成示范效应,为其他药材品种打造价值链提供成熟经验。

打造中药价值链需要各类专业技术人才,其专业领域涵盖了一二三产业。专业人才不足,极大地制约了中药价值链的延伸。要充分利用重庆大学、西南大学、市中药研究院、市药物种植研究所、市中医院等单位的科研、临床、教学资源,以组建重庆中医药大学为契机,紧密结合企业、市场的人力需求,紧贴中药价值链各环节的技术难点,培养不同领域的专门人才。要鼓励中成药、中药保健品、中药日用品生产企业与大专院校合作,将其研发机构作为培养、训练专门人才的重要基地。

3.加大科技投入,突破关键技术

从全价值链的角度来分析,重庆重点药材的价值链的各个环节均缺乏有效的技术支撑。虽然各个药材品种需要的技术不同,但就其共性而言,有五大关键技术需集中力量加以突破。

一是中药资源保护技术。要定向开展种质资源的收集与保存、真伪鉴别,加强新资源发掘、资源动态监测与评价、资源修复等方面的研究,提高种质资源质量。二是中药材种植技术。定向开展种植区划布局、良种选育和种子标准、种苗繁育和种苗标准、规范化种植技术标准、生态种植技术标准、产地加工标准、种质评价标准等方面的研究,提高药材原料品质,创造地道药材品牌。三是中药产品研发技术。大力开展中药新药及中成药的二次开发、中药新剂型、中药制剂新技术、"中药+"等创新产品开发研究,拓展中药材加工利用领域,延长和丰富价值链。四是中药制成品质量检测及评价技术。发展第三方检验检测机构,开展中药材和饮片质量标准、中药保健品和日化品质量标准、质量评价和安全性评价规范化、质量追溯等方面的研究,

形成与中药价值链建设相适应的技术标准体系和质量控制体系。五是建立中药信息支撑技术。重点开展中药材产业链信息的收集与分析、应用市场研究、信息服务和电子商务,建立中药材大数据等,充分利用现代信息技术提高打造中药价值链的效率。

4.大力发展中药价值链上的市场主体

要加大对中药产品加工企业的扶持力度。每个品种扶强1个以上在国内外有一定知名度和美誉度的大中型产品加工企业;尤其要扶持一批有成长潜力和发展前景,在拓展中药利用领域有突出特色的加工企业。改造升级(或搬迁)原有的储奇门中药材市场(渝中区菜园坝),将其作为全市中药材现代化交易中心,推动万州药材市场成为全市中药材交易副中心,着力打造石柱黄连市场、秀山银花市场、巫山党参市场等特色品种交易中心,形成中药材市场体系。鼓励双创企业进入中药价值链的开发,不断壮大中药价值链上的市场主体队伍。

通过打造本地重点中药材的完整价值链,努力争取在价值链上的关键环节,如种质资源培植和药材种植、中成药生产研发、中药保健品和日用品生产研发以及产品流通销售等领域,培育出一批技术领先、产品竞争力强、市场占有率高的品牌企业和品牌产品,带动重庆中药材及中医药产业走向全国、进入世界市场。

5.着力培育新兴业态

培育中药文化新业态。整合重庆市中药博物馆、重庆市药物种植研究所标本馆、三峡医专中药博物馆等馆藏资源,打造西部一流的巴渝中医药博物馆,形成重庆市中医药文化传承与发展平台。重点开展巴渝中医药文化的挖掘和整理、巴渝中药特色技术的保护和传承,培育发展中药文化创意、数字出版、移动多媒体、动漫等新兴文化业态,形成中医药文化产业链和具有特色的中药文化推广模式。

发展中医药健康养生产业。充分利用并整合"科研机构+中医院+植物园"的中医药健康养生体系,创新打造重庆市中医药国际康养发展中心,主要开展中医药康养研究、养生大讲堂、康养服务、康养产品开发等。加快中药种植基地与乡村旅游的融合,发展以中药养生为题材的休闲体验旅游产业。

发展中药配方颗粒产业。随着国家逐步放开中药配方颗粒准入门槛,必将形成开放竞争的发展格局,要积极引导企业进入道地药材配方颗粒生产企业序列,促使企业和科研单位在中医药传承和创新发展的大背景下将道地药材的价值链进一步延伸。

6.制定落实鼓励政策

加大产业发展投入力度。设立中药材产业发展专项资金,持续支持中药材特色品种、种植基地、技术研发、商业模式创新。支持在中医药健康领域采取市场募集、政府引导的方式设立产业投资基金,积极引导社会资本投向市级中药材产业发展重点项目。为企业建设国家中药材种子种苗繁育基地、中药材GAP认证基地,对渝东北、渝东南建设重点中药材生产基地使用的贷款提供贴息。

支持创新平台建设。鼓励企业通过自建、联建或与高校院所共建等形式,发展各类研发机构,对平台引进领军人才或购置科研设备给予一次性奖励。

注重创新人才培育。完善科技人才激励机制,鼓励企业对科技人员实施股权、期权和分红激励。

激励企业技术创新。对引进或自主研发取得国家新药证书的品种,优先纳入我市企业自主创新引导专项予以支持;对购买含有我市重点发展药材品种的原研药、首仿药、全国独家品种生产批文并在我市生产或者销售的,市和区县级财政可根据产值或者销售情况给予每个品种一次性奖励。

重庆城市商业综合体发展现状
与优化研究*

（2018年2月8日）

随着我国城市以现代化、国际化为主要特征的进程提速，以个性化、体验式、互动式等为特征的消费升级步伐加快，以信息技术为引领的科技革命及其应用日益广泛深入，商业模式创新层出不穷，商业地产从个体商业街、时尚百货、仓储超市、SHOPPING MALL等较为单一的商业模式，进入集文化色彩、情景体验、室内外空间相结合的全新综合型商业模式——城市商业综合体。近年来，重庆城市商业综合体呈现蓬勃发展态势，但目前仍面临体量相对过剩、布局不够合理、经营模式亟待迭代、电商对实体店冲击等问题，总体处于转型发展的关口期。如何把握机遇、应对挑战，科学谋划全市商业综合体，优化发展思路，对加快重庆经济转型升级步伐、完善国家中心城市功能、提高城市现代化和国际化水平具有重要的现实意义。

一、城市商业综合体的概念与典型案例

（一）城市商业综合体的概念与特征

"城市综合体"一词于1986年诞生于巴黎的拉德芳斯，英文简称为 HOP-

---

*精编于重庆市综合经济研究院、重庆市生产力发展中心联合课题组完成的"重庆城市商业综合体发展现状及优化研究"课题报告。

SCA①。广义的城市综合体概念是指,将城市中商业、办公、酒店、居住、旅游、餐饮、会议、文化、休闲娱乐、交通等城市生活空间的三项以上功能进行组合,并在各功能间建立相互依存、功能互补的能动关系,形成一个多功能、高效率、高集约性的综合性建筑群体②。一个城市综合体一般以1—2个功能为主,其他功能为辅进行配置。按主导功能划分,城市综合体类型主要包括商务综合体、商业综合体、交通综合体、会展综合体、旅游综合体、演艺综合体等。

城市商业综合体是城市综合体的一种类型,学者们从不同角度对其进行了定义,国家统计局专项调查方案对城市商业综合体进行了明确界定。本研究认为,城市商业综合体是由企业统一开发打造的具有一体化特征的,以超市、百货店、专业店、专卖店等商品零售业态为基础,同时涵盖餐饮娱乐、文化休闲、体育健身、教育培训、商务办公、酒店公寓等三项以上服务的综合性建筑群体。其具有六大特征:发达的交通体系、周边人口密集、建筑风格统一、功能复合、具有大尺度空间、具有现代城市景观设计理念。

城市商业综合体的类型。按占地面积划分,可分为小型、中型、大型和特大型商业综合体;按所在区位划分,可分为城市级、区域级和社区级商业综合体;按运营模式划分,可分为产权自持型、产权出售型、租售并举型商业综合体等类型;按建筑空间布局划分,可分为集中型、组合型、街区型商业综合体。

(二)国内外典型案例和经验借鉴

自城市商业综合体诞生以来,国内外涌现了一批建设运营较为成功的典型,如日本难波公园、美国霍顿广场、新加坡怡丰城、香港太古广场、上海新天地、成都远洋太古里等,但也出现了一些运作失败案例,比较典型的是东莞华南MALL。总结上述商业综合体开发运营经验,启示如下:

①HOPSCA 是 Hotel、Office、Park、ShoppingMall、Convention、Apartment 首字母缩写。

②张航.城市商业综合体步行公共空间设计研究[D].重庆:重庆大学,2012.

一是以新颖的建筑设计吸引客流。建筑整体设计上都追求空间的充分利用,并注重商业综合体整体风格的塑造,形成城市(区域)的地标。通过新奇的建筑设计、传统的价值回归以及自然的设计理念,力求为消费者提供一种焕然一新的购物、休闲、娱乐体验。

二是商业业态满足顾客多样性需求。成功的商业综合体在业态选择上都会为消费者提供购物、餐饮、娱乐、健身、休闲等多种服务,符合从单纯购买到消费体验的潮流。

三是商业动线设计更趋向科学化和人性化。强调商业动线在平面上的汇聚,如美国霍顿广场通过设置一条斜跨于商业综合体内的中央商街,将周边的客流汇聚在此,从而提升两边店铺的集客率。强调商业动线在空间上的延展,如日本难波公园通过合理的设计,吸引客流向上,无形中拉长动线,增加顾客消费机会。

四是交通动线设计尽可能缩短步行距离。日本难波公园、新加坡怡丰城、香港太古广场等商业综合体实现和地铁、有轨电车等大容量交通工具的立体接驳,并实现了周边交通动线上的人车分流和进出分流。此外,提供大型停车场或停车楼。

五是创新商业体验,体现各自特色。将建筑设计和商业业态进行融合,提供独树一帜的商业体验。难波公园为顾客提供一种身临自然的感觉,霍顿广场提供了一种异域市集的消费感受,怡丰城提供了一种"海滨度假村"式的体验,上海新天地、成都太古里则提供了一种传统和现代相结合的商业文化气息。

六是产权物业模式倾向于自持。尽可能自持以确保商业档次和服务质量,同时引进大型商业以确保租售后的商业运营水平。如上海新天地在商业运营上采取只租不卖的自持模式,新加坡怡丰城的超市、商场或者电影院,体量和品牌都是新加坡最大最知名的,确保较高水平。

七是强化前期规划调研。东莞华南MALL失败案例启示我们,在大型城市商业综合体建设之前,必须加强规划调研,要对当地经济水平、人口状况、周边交通、居民收入水平、消费者心理和行为偏好等进行深入调查研究,合理确定项目选址、开发体量、业态定位等,使之更能满足消费者需求。

二、重庆城市商业综合体发展现状解析

重庆直辖以来，随着城市扩容和经济发展，重庆城市商业综合体自身也在不断调整升级，总体经历了从百货商场—购物中心—SHOPPING MALL—购物公园（体验、互动式）的版本更替，不仅功能上更加完善，总体格局也从高度集中向分散集中演变，进入普遍化发展阶段。

（一）重庆城市商业综合体发展状况

1.建设规模总体较大

已建成商业综合体规模普遍较大。据重庆工商大学2015年调查统计[①]，截至2014年，重庆主城片区已建成城市商业综合体69个，建筑面积793.5万平方米，营业面积470.0万平方米。其中，已建成10万平方米及以上大型商业综合体建筑面积占主城片区商业综合体总建筑面积的72.9%，主要分布在主城核心商圈，服务功能均较完善；5—10万平方米的商业综合体建筑面积占19.1%；5万平方米以下的商业综合体主要分布在社区。

表1　主城片区已建成城市商业综合体规模（2014年）

分类	个数	建筑面积（万平方米）	营业面积（万平方米）
10万平方米以上	31	578.1	322.3
5—10万平方米（含5万）	22	151.6	97.8
3—5万平方米（含3万）	16	63.8	49.9
合计	69	793.5	470.0

在建商业综合体数量多，普遍规模较大，2014年，重庆主城片区在建商

[①]重庆市商务委员会于2015年委托重庆工商大学开展了"重庆市大型商业综合体调查"。调查对象：主要功能包括零售购物、餐饮、酒店（旅店）、商务办公、会议、展览、文娱、休闲等其中三项功能及以上、建筑面积达到3万平方米以上的主城片区商业综合体。

业综合体建筑面积是已建成的2.1倍。在建大型商业综合体规模主要集中在10万平方米以上。同时,规划拟建的商业综合体量全部超过10万平方米,商业综合体建设朝大型化、综合化发展。

表2　重庆在建城市商业综合体规模(2014年)

分类	个数	建筑面积(万平方米)	营业面积(万平方米)
10万平方米以上	46	1 579.8	626.8
5—10万平方米(含5万)	10	68.8	42.1
3—5万平方米(含3万)	4	15.2	11.5
合计	60	1 663.8	680.4

2.运营状况整体较好

据重庆市统计局2015年对已运营的城市商业综合体开展的专项调查[①]显示,全市纳入此次统计专项调查的46个城市商业综合体总体经营较好,营业面积共279.8万平方米,车位5.03万个,日均客流量2.13万人次/个,吸纳就业人员7.29万人,年营业收入达258.62亿元。

已运营商业综合体主要分布在经济发达、人口密集的中心区域,渝中和江北客流量较大。纳入调查的46个城市商业综合体中,主城片区26个,占全市的56.5%,日均客流量3.1万人次/个。其中,渝中区5个商业综合体的日均客流量4.61万人次/个,江北区6个商业综合体日均客流量4.01万人次/个,分别是全市平均水平的1.5倍、1.3倍。

运营模式以租赁为主,经营状况整体较好。重庆城市商业综合体主要有租赁和自营联营两种,目前以租赁经营为主。调查综合体中租赁部分占

①按照《国家统计局关于开展城市商业综合体统计专项调查的通知》(国统字〔2015〕109号)中城市商业综合体的定义,纳入专项调查的城市商业综合体须同时满足三个条件:一是由企业有计划地管理运营,有统一的名称,如某中心、某广场城等;二是涵盖超市、百货店、专业店、专卖店等三个以上商品零售业态,以及餐饮、文化、娱乐、健身、游艺、培训等三项以上服务;三是营业面积一般不少于1万平方米,独立开展经营活动的商户一般不少于50个。

比达 80%,且租赁模式经营状况整体好于自营联营,采用租赁模式的商业综合体营业额达到 222.65 亿元,自营联营营业额仅为租赁的 1/6。

零售业态占比最大,服务业态日趋丰富。调查的 46 个城市商业综合体中,零售业、餐饮业、服务业分别占商户总数的 73.8%、18.3%、7.9%。其中,自营联营模式和租赁模式的综合体以零售业为绝对主导。

表3　重庆 46 个纳入调查的商业综合体经营情况(2015 年)

分类	租赁模式			自营联营			全市合计		
	零售	餐饮	服务	零售	餐饮	服务	零售	餐饮	服务
商户数量(个)	4 935	1 640	696	1 795	29	24	6 730	1 669	720
营业面积(万平方米)	132.9	57.2	60.1	28.3	0.8	0.5	161.2	58.0	60.6
户均从业人员(个)	6.8	12.8	15.2	4.2	12.1	6.8	6.1	12.8	15.0
户均租金(万元)	20.2	27.0	49.1						
户均营业额(万元)	307.2	243.9	445.9	196.1	202.4	372.7	278.0	243.2	443.4

个体商户总数占一半以上。专项调查的城市商业综合体经营商户中,法人 3 010 个、分支机构 861 个、个体户 5 212 个。其中,自营联营模式以法人机构和分支机构为主,租赁模式下个体户占租赁商户总数的六成以上。

服务业态日趋丰富,功能更加齐全。纳入调查的城市商业综合体服务业租赁商户中,除其他服务业外,游乐游艺商户最多,其次是教育培训、健身养生,占比分别为 13.6%、13.2%、11.2%。电影院户均营业额和户均租金最高,分别达到 2 222.5 万元、205.9 万元,其次是 KTV,分别为 829.3 万元、72.6 万元。

表4 重庆城市商业综合体租赁模式下服务业经营情况(2015年)

服务业态	商户数(个)	期末从业人数 (个)	营业额 (亿元)	营业面积 (万平方米)
合计	696	10 606	31.1	60.1
电影院	40	1 172	8.9	14.6
游乐游艺	95	1 151	3.5	8.8
KTV	43	1 422	3.6	8.1
教育培训	92	969	1.9	6.0
健身养生	78	906	2.0	4.2
其他	348	4 986	11.2	18.4

3.新兴商业综合体特色突出

据重庆市规划设计研究院"重庆城市大数据实验室"对主城区16个新兴商业综合体①的调查,呈现以下特点:

客流以3公里内消费者为主,大部分邻近轨道站。与主城传统的商圈不同,这些新兴商业综合体大多离大型社区较近,3公里内的消费人群约占整个新兴商业综合体消费人群的50%。同时,为方便市民购物、玩耍、休闲,16个新兴商业综合体不仅拥有大型车库,可提供充足车位,大部分商业综合体都邻近轨道站,交通便利。

新兴商业综合体业态丰富,且倾向体验性。16个新兴商业综合体都涵盖吃、喝、玩、乐、购等。其中,龙湖时代天街和万象城,包含了餐饮、服饰、电器、超市、儿童、酒店、娱乐、美体造型、运动九大业态,商户数量达到上千家,超过16个新兴商业综合体商户总数的1/3。体验性业态布局增多。一是餐

---

①16个新兴商业综合体具体包括:爱琴海购物公园、星汇两江艺术商业中心、财富中心、恒大中渝广场、紫荆商业广场、东原新新PARK购物广场、鎏嘉码头、东方国际、大坪协信星光天地、瑞安重庆天地、龙湖时代天街、九龙外滩广场、万象城、龙湖U城天街、大学城熙街、巴南万达广场。

饮业态占比较大。16个商业综合体中有9个的餐饮商铺占比超过50%。二是健身馆多,运动种类多。16个新兴商业综合体中14个有健身场馆。三是电影院基本成"标配"。16个新兴商业综合体中13个有电影院。四是美丽产业业态较多。16个新兴商业综合体中12个有美容、美发、美体、美甲店铺。

4.重庆典型商业综合体案例分析

龙湖时代天街。龙湖时代天街位于渝中区大坪商圈,总建筑面积120万平方米,其中商业体量60万平方米,创意SOHO25万平方米,写字楼15万平方米,公寓15万平方米,中央公园2万平方米。60万平方米的商业面积中,自持的有55万平方米,占比91.7%,租售的仅占比8.3%。龙湖时代天街已经成为重庆最成功的商业综合体之一,2016年一二三期出租率分别为96%、94.6%、98.6%,租金收入达4亿元,运营成功原因主要在于:一是龙湖品牌在重庆的优秀口碑带来高溢价率。二是商业业态的推陈出新。除传统的购物餐饮以外,还引入了卡丁车、保龄球、青年艺术中心等业态。三是地理区位和交通条件优势明显,地铁1号线直达综合体。

爱琴海购物公园。爱琴海购物公园位于金州商圈,建筑面积20万平方米,配备7 300个停车位,数量为西南地区商业综合体之最,全部为自持型运营。运营成功原因主要在于:一是优越的地理区位。位于新兴商圈内,项目3公里范围布有龙湖、万科等40多个住宅小区,潜在消费人口40多万。二是合理的商业定位。没有走高端、奢侈路线,定位北区都市白领一站式休闲购物中心,更多地打造亲民化、大众化的商业业态,吸引了多业态的近200个品牌。三是准确的业态选择。爱琴海公园在业态选择上重点强调体验式消费和娱乐,主力店、餐饮、服装、精品、儿童店铺面积分别占53%、20%、14%、10%、3%,进一步强化现代商业综合体社交属性。

长嘉汇购物公园。长嘉汇购物公园位于CBD核心区域弹子石片区,是欣赏重庆"两江四岸"美丽风景的首选地,区位条件优,总体量超过12万平方米。项目主要有以下特点:一是浓厚的人文色彩。借助百年弹子石老街,通过复刻昔日重庆商贾云集和车水马龙的老街记忆,力图唤醒和追寻重庆过去繁华的商业记忆。二是新奇的建筑设计。整个长嘉汇以时尚坊购物中心为核心,左右无缝连接一条百年弹子石老街及重庆最大的滨江广场,形成

"三合一"层次鲜明的独特设计,成为市民享受美景、美食的重要地标。三是创新商业业态。项目率先引进了西南首家杜莎夫人蜡像馆和全国首家海洋生物馆。独一无二的业态和品牌选择,进一步强化长嘉汇高端商业综合体的定位。

(二)面临的问题和挑战

1.总量相对过剩,部分空置率较高

随着商业设施快速发展,尤其是商业地产开发普遍贪大求全,导致全市商业综合体总量相对过剩。截至2016年底,全市商业营业用房施工面积4 193.65万平方米,竣工面积634.46万平方米,其中商业综合体占了较大比例,人均商业面积已明显超过1—1.2平方米的国际标准。纳入2015年统计专项调查的城市商业综合体,全部可出租(使用)面积338.27万平方米中有58.38万平方米没有出租或未投入使用,占比达到17.3%。

2.新区需求未满足,区域布局有待优化

部分区域商业综合体过分集中、规模较大,因消费人流不足而出现空置或营收较低,而部分地区商业综合体供给较少,居民消费难以得到有效满足。渝中区零售商业设施解放碑CBD占62.8%,大石化片区占32.7%,其他区域仅占4.5%,布局与人流规模不匹配。观音桥商圈已有多个大型商业综合体,从观音桥到新牌坊的龙湖新壹街、恒大嘉洲广场、新光天地等也陆续开业,布局过度集中。而金开大道及照母山片区汇聚数十个新建小区,未来居住人口密度较大,但目前仅有力帆爱琴海购物公园。

3.配套水平不高,老旧改造难度较大

由于过去规划设计方面的观念和知识局限,当前重庆商业综合体的综合配套水平普遍不高,主要表现在:市政道路与商业综合体的接驳困难,周边缺乏公交站点、轨道交通站点,停车库(场)较远或停车位较少,人流和车流道路未分隔,地下商业项目互通不畅等。此外,设施缺乏人性化、贴心式的综合服务,如电梯和卫生间分布不够便捷,育婴室、供水点、寄存处等服务

设施较少。老旧商业综合体配套水平更差,且改造难度较大。如渝中区朝天门市场群,一半以上物业都是20世纪八九十年代建成,楼层低、过道窄、无中庭、无车位、无库房、洗手间配比低、电梯老旧等问题普遍存在。因这些商业综合体普遍位于人流集中的核心地段,涉及利益群体多,改造提升成本较高。

4.低端开发导致品牌影响力弱,同质化问题较为突出

由于土地开发前期的准入门槛低,引进了商业理念欠缺、资金实力不足、运营能力较弱的开发商,导致商业综合体设计建设以及后期运营管理呈现低端化,建筑设计缺乏美感和品质,难以引进高端业态和品牌,持续经营难度大。同时,经营业态同质化、品牌定位同质化,尚未形成错位发展的良性竞争体系。

5.消费升级对运管要求高,产权分散增大运管难度

居民消费的升级对购物品质、购物环境、购物体验的要求不断提升,要求商业综合体进行整体规划运营打造、精细化管理。由于传统商业综合体基本以散售(虚拟分割捆绑售后返租的模式)为主,产权过于分散、缺乏统一规划而导致运营管理各类问题突出,难以发挥综合效益。主要表现在业态分布混乱,中低端产品多,容易导致恶性竞争,购物、餐饮、娱乐的比例严重失衡,新兴业态普遍较少;服务标准难以统一,不同商户装修设计、交易方式、服务水平等差异较大,降低了消费的舒适性;因利益主体诉求不同、理念不同、素质不同,整体定位和招商难度大。

三、优化发展重庆城市商业综合体的途径

重庆城市商业综合体发展总体思路:全面贯彻党的十九大精神,按照习近平总书记对重庆"两点""两地"定位,牢固树立和贯彻落实新发展理念,瞄准城市现代化、国际化功能提升和消费升级迭代新需求,以供给侧结构性改革为主线,着力推进总量和结构调整,促进商业综合体总量与经济社会发展

协调,布局结构与区域发展相适应;着力推进创新驱动发展,促进商业模式、管理模式为主体的全面创新;着力推进品牌形象塑造,打造彰显重庆城市文化和魅力,体现现代化和国际化功能的地标式综合体;着力推进支撑配套提升,营造软硬环境优良、要素支撑有力、具有强大竞争力的营商环境,促进存量优化提升、增量创新引领,加快形成总量布局科学合理、业态模式多样融合、品牌形象特色彰显、配套体系支撑有力的良好发展格局,为全市经济转型升级、城市国际化现代化功能提升发挥重要作用。重点把握五个原则:一要坚持问题导向,重点突破;二要坚持企业主体,政府引导;三要坚持创新引领,全面升级;四要坚持突出特色,融合发展;五要坚持开放合作,联动发展。具体优化途径如下:

(一)总量控制,消化存量

加强商业综合体总量适度控制。坚持科学规划,有效平衡商业综合体的供应与需求。解决商业设施过剩问题的关键要从源头控制,在地块规划阶段就充分考虑商业设施的辐射半径、潜在消费群体的数量以及业态需求,科学规划商业体量以及设施形态。参照国家标准进行总量控制。商业部门提前介入商业地块开发,对大型商业设施建设进行科学论证,必要时设置听证制度。

控制商业综合体供给速度。在控制规模总量的基础上,对主城区商业综合体建设采取3年周期策略,即每3年释放一定的新增供应量。对于远郊区县城区,根据城镇化进程,建议采取5年周期策略,每5年投放1个大型商业综合体。

提高新增供给质量水平。要精准定位,做好前期考察规划,避免盲目开建商业综合体。新建商业综合体应针对周边消费能力、区域环境、交通情况、配套设施等状况,作出判断及前景预测,确保新增商业综合体供给质量。规划布局要选择城市交通节点,打造地标性轨道交通综合体。

积极消化商业综合体存量。梳理商业综合体存量资产清单,弄清制约存量商业综合体发展的关键因素,开展初步风险尽职调查,启动实施政府公共市政配套责任。推动商业综合体业主主体把区域内存量问题商业综合体打包挂到联交所,通过市场价值再发现来激活存量。推动商业地产与金融资本对接洽商,推动存量商业求变、革新、升级。

(二)分路突围,彰显特色

"重点打造一批"。要与国家中心城市定位相匹配,瞄准国际化大都市功能,突出重庆城市特色和旅游功能,在最能体现重庆山水城市特色和人文特色的区域,集中打造一批彰显重庆历史文化、代表城市发展趋势、国内外知名的旅游地标性商业综合体。突出抓好朝天门的来福士广场建设,解放碑整合打造代表巴渝古城特色的地标性商业综合体,推进南岸长嘉汇购物公园整体完善。远郊区县城可分别打造一个最能代表地域文化特色的地标性商业综合体。

"培育品牌一批"。在主城区新兴商圈和居住人口集中的开发新区,针对居民消费需求升级,按照国际化设计理念和国际水准,布局建设一批引领性强的符合国际化都市特征的高端品牌商业综合体,打造具有国际视野的体验空间,提升城市整体形象,并使之成为知名品牌店的首选地,重庆市民以及国内外游客购物、就餐、娱乐、休闲的理想场所。

"调整提升一批"。着力对距离较近、业态同质、低端竞争的同类型商业综合体进行整合,对主城和区县成熟商圈核心区域经营稳定但业绩增长缺乏亮点的老旧大型商业综合体,从内部空间、外立面到停车场等进行全面改造,注入文化、艺术、体验、生态等新的元素,注重差异化和特色化业态布局,提高这些区域存量商业综合体的品质。引入商业综合体战略性开发运营企业,推进资产并购重组。

"转型退出一批"。对地处商圈外围且距核心相对偏远的同质化严重、人气不足、升级困难的商业综合体,引导其有序退出,转为众创空间、总部写字楼、公寓、人才交流场馆等,实现短期有收益、长期有发展。集中选择观音桥商圈、南坪商圈等周边区域部分升级困难的商业综合体以及现有人口较少且增长较慢的区域型商业综合体转型退出。

（三）功能匹配，优化布局

加强总体规划引导布局。参照城市商业集中度不超过30%的原则，商业综合体规划布局时要充分考虑区位因素，与城市中心、组团结合，错位布局，分层分级，对应综合体层次，调整总体布局，使城市更均衡、高效发展。结合完善城市功能、提升城市形象要求，在有条件的主城区域、区县城，优化整合布局一批特色商业综合体。

主城区：一是城市形象代言商圈商业综合体优化布局。解放碑商圈代表重庆形象，应坚持高端精品发展方向，控制中小型商业综合体发展布局。抓住重庆作为全国第二批城市设计试点城市的机遇，引入高水平设计师和专业运营团队，提档升级解放碑商圈商业综合体。规划建设要彰显重庆历史文脉。二是大型商圈商业综合体的优化布局。一般大型商圈要控制商业综合体集中度，审慎打造超级商圈，重点推进整合升级。特别是观音桥—新牌坊沿线，要控制商业综合体新增布局，对在建商业综合体要进行综合效益评估，引导企业准确定位，形成特色。大坪商圈继续坚持家庭消费定位，进一步完善商圈核心区域功能布局。沙坪坝商圈可差异化布局2—3个大型商业综合体。南坪商圈和杨家坪商圈重点推进商业综合体整合升级。三是城市人口聚居区商业综合体的优化布局。对内环外规划建设的北碚新城、水土、蔡家、空港、悦来、礼嘉等共21个大型聚居区，根据聚居区规划人口和近年来人口增长情况，合理布局相应规模的区域级商业综合体。四是大中型小区商业综合体的配套布局。布局满足以日常生活需求为主的规模为3万平方米左右的小型社区型商业综合体。大力发展更加友好的单一产权的邻里型商业中心①，减少传统的社区底商建设用地指标供应。

远郊区县城：依托周边得天独厚的自然和历史文化资源，定位打造文化休闲、购物消费的综合体。按照通用的国际标准及区域发展实际，大致按照人均商业综合体面积1平方米进行布局。同时，对区县城老城区，政府要对其整体风貌进行特色化设计，突出老城特色，升级打造，增加体验、注入文化元素，加快交通改造。对新城区，要助力新城培育，转型特色商业街。

---

①邻里型商业中心（IPS），指单体规模3—7万平方米，辐射半径城市10分钟通勤距离（以正常城市白天平均行驶速度计算），8—15万常住人口的全业态购物中心。

（四）业态融合，注重体验

增强业态定位与项目所在区域定位的匹配度。应根据综合体项目所在地的区位条件、主流顾客群、周边功能配套、区域产业发展基础、区域规划和定位等情况，确定与区域形象和发展相适应的业态模式。如位于中央商务区（CBD）、交通枢纽站、中心商圈等核心地区的城市级商业综合体宜布局代表国家中心城市形象的高端业态，积极引进国际一线品牌和潮流生活服务模式，打造高端化的商业形象。位于城市副中心、城市新区和开发新城等地区的区域级商业综合体应立足满足区域范围内居民综合性的生产生活需求，布局大众化的百货购物、娱乐休闲、教育培训、商务酒店等综合性服务业态，支撑区域建设发展需求，吸引更多人口。社区商业因其便利性在一定程度上弱化了电商冲击，发展空间较为稳定。位于城市居住功能较为集中地区的社区型商业综合体，应布局满足周边居民日常需求的百货业态和满足家庭餐饮、亲子教育、养老保健、休闲等需求的"体验式"服务业态。

商业业态向多产业融合和体验式消费模式发展。为满足消费者日益增长的多元化、个性化、特色化消费需求，城市商业综合体项目应积极布局多元化业态，实现多产业业态融合共生，相互促进人流量和消费量增长。应在百货购物基础上，紧抓体验式消费大趋势，积极引进餐饮娱乐、文化教育、体育健身、旅游休闲、创新创业、商务会议等各类产业业态，实现商旅文教科等多产业跨界融合式发展，积极打造"一站式"服务中心。同时，引导传统百货购物业态通过嫁接互联网技术增强体验功能，将城市商业综合体营造成视觉、听觉、触觉、嗅觉等多维度可感知的消费空间。

业态组织形式需根据建筑体量突出差异化特征。引导城市商业综合体项目根据项目建设规模选择不同业态组织模式，走特色化、差异化发展之路。中小型商业综合体项目，应突出精品化发展，打造具有独特性的项目经营模式。大型商业综合体项目，适宜打造"一站式"服务模式，积极构建集购物、娱乐、休闲、餐饮、运动、培训等多种业态于一体的集约化综合体，切实增强综合体的功能复合性，尽可能满足消费者多元化的消费需求。主题式发展成为国内外城市商业综合体差异化竞争的主要途径，可作为重庆重要优化方向。

（五）基础配套，智慧升级

交通优化：智慧交通。根据商业综合体所处不同区位以及面临的不同交通问题，因地制宜优化商业综合体内外交通。一是推进大型商圈商业综合体路网优化。着力构建商圈分流路网体系，充分利用人防工程等地下空间资源，推进主城区五大商圈地下环道建设，积极增加商圈路网密度，分流过境交通，确保商圈内外畅通。着力优化商圈外部公共交通网络，促进市政道路与商业项目的顺畅接驳、公交与轨道快速接驳，推进轨道直达综合体，同时加快推进轨道"P+R"换乘枢纽规划建设，实行优惠收费政策，鼓励市民换乘轨道交通进出商圈。着力提供清晰的市政指引系统，加强市政道路500米以外的客流导引，停车位资源导引，项目周边的大型指示牌规划等。二是推进商业综合体与轨道交通一体化规划建设。开发新区、新城区规划新建商业综合体项目，要加强与城市交通规划的衔接，在选点布局时首先选择交通枢纽、重要交通节点。已建和在建商业综合体项目，要增加轨道交通线路和公交线路以及停靠站点布局，增强交通可达性。三是推进停车场建设与优化。对于地标性城市商业综合体，停车场建设除了地下空间运用外，还需单独配套建设多层立体停车库，确保提供充足的车位。同时，着力优化地下车库进出动线以及进出口与城市主干道路快速连接，实现车辆快速分流。实施地下车库智能化工程，对商圈存量商业综合体进行车库智能立体化改造，全面推广咪表设备安装，推行一卡通智能化管理，提高车库容量。

促进整体智慧化升级。一是建设智慧商业综合体。积极引入能够提供智慧商业综合体整体解决方案的企业，加快全市商业综合体智慧化再造升级。构建以智慧城市综合体管理平台为核心，可实现智能感知、互联互通、协调共享和综合运营的智慧城市综合体体系。推广视觉采集和识别、各类传感器、无线定位系统、RFID、条码识别、视觉标签等顶尖技术，构建智能视觉物联网。加快"互联网+应用"，实现商业、办公、居住、旅店、展览、餐饮、会议、文娱和交通、灯光照明、信息通信和显示等系统的相互接驳，互联互通。建立智慧城市综合体管理平台系统，全面支持城市综合体运营管理。二是加快智慧商圈构建。根据"互联网+"智慧购物发展需要，建立商圈及商业综合体网上购物平台。在商圈提供稳定性良好的免费Wi-Fi及手机数据统计分析设备,商圈停车位空余数据统计设备,在商圈给周边3公里道路交通指示系统上适时提供商圈客流、停车指数,起到实时引导分流商圈客流的作用。在商圈统一构建较高密度的电子显示屏系统,让商贸发展提前进入"屏读时代"。三是加快线上线下融合发展。通过创建O2O系统,实现实体店与网店无缝连接,完善线上线下一体的"智慧化"。通过实现互联网与产品规划设计、用户体验、内部管理的全方位融合,形成线上线下一体化的智能化生态圈。

周边配套设施及服务优化。针对来福士广场、长嘉汇等地标性商业综合体、品牌商业综合体,特别要强化周边环境、老旧街区等改造提升,使其与商业综合体的品牌更加适应和匹配。对于重要地段的老旧分散产权街区商业,政府聘请设计单位对街巷外部立面形象及门前延伸营业区、公共空间进行系统的主题化设计包装,让街巷在视觉上成为展现城市风貌的名片,再辅以前期的业态倾向性优惠政策引导,专业商业顾问机构的资源整合,实现循序渐进的业态升级、消费升级,把过去破旧的遗憾变为靓丽的具有区域特征的风貌。

(六)创新运营,优化模式

引入实力强的开发或运营企业。商业地产已进入专业化发展时代,亟须引入第三方商业运营机构,推动商业专业化发展。特别在土地开发阶段就要引进商业理念先进、资金实力雄厚、商业运营经验丰富的开发企业。

推进商业综合体产权优化。引导商业综合体项目开发商,对商业部分坚持高比例自持,特别对集中商业部分要选择自持。对于新开发的城市商业综合体,要制定税费优惠政策,鼓励单一产权、持有型商业的发展,协调银行金融机构,降低开发企业资金成本和自持风险。对于分散产权的存量商业综合体,引导商业综合体从分散持有向集中持有转变,通过配套金融创新,建立商业基金,引入愿意长期持有的专业运营团队,提高商业综合体运营成功率。构建单一产权、持有型商业综合体的投资退出金融机制,如政府牵头整合辖区内有意愿出让股权的持有型项目挂到联交所,推动REITS、

VC、PE 等机构投资者与辖区内持有商业项目进行洽购对接,政府自有平台基金可收购参股一些收益稳健的项目,分享城市发展红利,也利于分散投资风险。

着力构建统一的运营体系。按照统一规划、统一招商、统一营销推广、统一运营的原则,建立统一的运营体系。采取自持经营"以租养商"的营销模式。从营销模式上突破常规,变销售导向为经营导向,按照统一规划招商,降低租金、引进大型品牌厂商、一级代理商,与商业运营企业携手培育市场。对新建商业综合体项目,政府、开发商、商业运营企业要有各自的角色定位,政府根据当时实际情况安排商业综合体布局,引入合格商业运营企业,开发商要按照商业运营企业的业态定位要求进行设计和建设,政府做好统筹协调工作。

(七)多措并举,强力推进

加强组织领导,推进协调联动。建立全市商业综合体优化发展指导委员会,统一组织,分工协作。建立完善商业综合体存量消化考核办法,将存量商业综合体优化工作纳入年度重点工作任务。突出规划引导,实施开发管控。制定完善市级层面规划,对全市商业综合体建设规模、布局等进行总体管控。创新招商方式,实现信息共享。提高开发准入门槛,并加强管控;积极开展品牌运营企业招商,建立招商信息共享奖励机制;引导居民楼分散商户向综合体集中,并建立相应的激励机制。强化政策支持,鼓励企业自持。制定开发或运营企业自持鼓励政策,对商业综合体建设和培育期间的资金占用和资金成本实施补贴或利率优惠政策。同时在土地竞拍中增加"开发商自持"规定。利用政府公共平台、主流媒体等渠道,助力都市旅游综合体项目品牌及宣传。支持存量老旧商业综合体改造,制定《重庆市存量商业综合体优化升级总体实施方案》。加强政企合作,重视人才引进。协同企业组建高端策划团队,同时制定专门人才培育和引进政策,吸引世界知名的商业综合体开发运营管理高端人才,为他们提供财税、教育、医疗等配套政策及服务。

附表　重庆主城区大中型商业综合体分类引导调整表

编号	所在区	商业体名称	项目地址	项目规模	主要业态	经营现状	发展建议（重点打造/发展品牌/调整提升/转型退出）
（一）							
1	渝中区	重庆来福士广场	朝天门	110万平方米	集住宅、办公楼、商场、服务公寓、酒店、餐饮会所于一体的城市综合体	在建	重点打造
2	渝中区	杭州新天地十八梯传统风情街区综合体	较场口	17万平方米	通过保护和恢复重庆传统建筑，结合城市商业和文旅商业，体现十八梯深厚的历史文化背景，展现渝中母城原有风貌，提供城市文旅、休闲购物、餐饮等服务	拟建	重点打造
3	渝中区	国浩十八梯	较场口	51万平方米	采用国际化超高层和重庆特色吊脚楼相结合的设计风格，集居住、生活、休闲、旅游和商业等多种功能于一体的一站式空间	拟建	重点打造
4	渝中区	融创白象街	凯旋路	50万平方米（商业10万平方米）	品牌零售、休闲餐饮、电影院、美食街、异域风情餐厅以及重庆特色文创主题馆和文化馆等业态	运营较好	重点打造

续表

编号	所在区	商业体名称	项目地址	项目规模	主要业态	经营现状	发展建议（重点打造/发展品牌/调整提升/转型退出）
5	渝中区	重庆环球金融中心（WFC）	解放碑	20万平方米（商业5万平方米）	融高端购物、餐饮与休闲为一体的国际名品购物中心。汇集有PRADA、MIUM-IU等国际奢侈品牌，肖邦、伯爵、宝珀、格拉苏迪、万国等品牌专卖店，以及高档食府、海外美食与休闲场所	运营较好	重点打造
6	渝中区	重庆塔	较场口	总27万平方米	承载重庆作为中国五大中心城市的形象职能、国际商务与金融功能，建设高端、现代的重庆地标	在建	重点打造
7	渝中区	重庆中心	两路口	总57万平方米	集精装华宅、大型商业中心、五星级酒店、公寓于一体的超大型城市综合体，渝中半岛城市天际线重要地标	在建	重点打造
8	渝中区	重庆洪崖洞	沧白路	6万平方米	集巴渝民俗文化和饮食娱乐于一体的商业综合体，满足一站式消费要求的综合商业街区	运营较好	重点打造

续表

编号	所在区	商业体名称	项目地址	项目规模	主要业态	经营现状	发展建议（重点打造/发展品牌/调整提升/转型退出）
9	沙坪坝区	万达文旅城	西永	4 500亩	包括万达茂、文化特色大型秀场、星级酒店集群、酒吧文化一条街和室内外主题公园	在建	重点打造
10	江北区	华城国际金融中心	江北嘴	20万平方米	定位西部第一高楼	在建	重点打造
11	南岸区	长嘉汇购物公园	弹子石	12万平方米	规划为巴渝、寻味、寰宇、乐购、情定五大部分	运营较好	重点打造
（二）							
1	渝中区	龙湖时代天街	大坪	120万平方米（商业60万平方米）	集休闲购物、行政办公、星级酒店、城市豪宅、交通换乘、餐饮娱乐、创意产业、城市广场、文化艺术九大城市功能，打造国际青年潮流中心	运营较好	发展品牌
2	渝中区	重庆时代广场	解放碑	5万平方米	西南地区最高端购物商场之一，汇聚有ARMANI等众多国际一线品牌旗舰店，是集购物、餐饮、休闲于一体的一站式商业综合体	运营较好	发展品牌

续表

编号	所在区	商业体名称	项目地址	项目规模	主要业态	经营现状	发展建议（重点打造/发展品牌/调整提升/转型退出）
3	渝中区	解放碑英利大融城	解放碑	10万平方米	以年轻、时尚为主题的"白领生活购物中心"，集购物、休闲、娱乐于一体的一站式消费胜地	运营较好	发展品牌
4	渝中区	大坪英利大融城	大坪	10万平方米	集超市、儿童乐园、电影院、餐饮、休闲娱乐、国际零售、时尚零售等于一体的体验式时尚主题购物中心	运营一般	发展品牌
5	渝中区	协信星光广场	五一路	5万平方米	荟萃来自全球的近100个品牌，具备集购物、休闲、娱乐为一体的综合业态	运营较好	发展品牌
6	渝中区	重庆天地	化龙桥	8.5万平方米	集聚丰富的餐饮文化和异域风情，东南亚餐饮娱乐、酒吧、咖啡厅，打造全新国际时尚休闲娱乐地标	运营一般	发展品牌
7	九龙坡区	华润万象城	谢家湾	35万平方米	融合精品百货、超市、高档影院、美食餐厅、真冰场等高端商业业态，同时具备购物、休闲、娱乐、聚会、商务、服务复合功能	运营一般	发展品牌

续表

编号	所在区	商业体名称	项目地址	项目规模	主要业态	经营现状	发展建议（重点打造/发展品牌/调整提升/转型退出）
8	九龙坡区	龙湖西城天街	杨家坪	8万平方米	集吃、喝、玩、乐、购于一体，业态包括品牌服饰专卖店、潮流旗舰店、精品超市、生活超市、电影院、中西餐饮、娱乐休闲名店、SPA中心、电玩城等	运营较好	发展品牌
9	九龙坡区	中迪广场	杨家坪	80万平方米	集合潮流前线、国际名品、运动健身、儿童天地、光影世界、电竞游玩、全球美食、文创娱乐等八大主题业态，并发展五星级酒店、金融证券、商务会展、总部经济、文化创意、旅游服务、信息服务等高端商务业态	运营较好	发展品牌
10	大渡口区	华润万象汇	文体路	33万平方米	区域级商业中心，集中临湖餐饮聚集地、街区式商业、亲子教育培训基地等业态	拟建	发展品牌
11	大渡口区	大渡口万达广场	建桥园	13万平方米	集大型购物中心、国际影城、室内步行街等于一体	在建	发展品牌
12	九龙坡区	九龙坡凯德广场	动物园	5万平方米	集购物、娱乐、休闲、餐饮等于一体的一站式购物空间	运营较好	发展品牌

续表

编号	所在区	商业体名称	项目地址	项目规模	主要业态	经营现状	发展建议（重点打造/发展品牌/调整提升/转型退出）
13	大渡口区	新泽天际国际广场	九宫庙	11万平方米	大渡口步行街商圈首个城市综合体，集购物、休闲、娱乐、餐饮于一体的时尚家庭型购物中心	运营较好	发展品牌
14	沙坪坝区	龙湖U城天街	大学城	12万平方米	青春时尚购物、娱乐，计划引入国际快时尚、环球美食、儿童游乐等多元业态	运营较好	发展品牌
15	沙坪坝区	沙坪坝凯德广场	三峡广场	5万平方米	集购物、娱乐、休闲、餐饮等于一体的一站式购物空间	运营较好	发展品牌
16	沙坪坝区	沙坪坝万达广场	高庙村	16万平方米	购物、休闲、娱乐、聚会、商务、服务配套等	在建	发展品牌
17	沙坪坝区	龙湖三峡广场天街	三峡广场	总48万平方米	规划商业、商务办公等业态，其中包括龙湖拟自持运营的天街品牌	拟建	发展品牌
18	北碚区	北碚万达广场	城南新区	10万平方米	购物、餐饮、文化、娱乐等	运营较好	发展品牌
19	江北区	北城天街	观音桥	14万平方米	购物、餐饮、休闲、娱乐、文创、生活服务	运营较好	发展品牌
20	江北区	大融城	观音桥	13万平方米	购物、餐饮、休闲、娱乐、生活服务	运营较好	发展品牌

续表

编号	所在区	商业体名称	项目地址	项目规模	主要业态	经营现状	发展建议（重点打造/发展品牌/调整提升/转型退出）
21	江北区	IFS国金中心	江北嘴	11万平方米	购物、餐饮、休闲、娱乐、体育、生活服务	运营较好	发展品牌
22	江北区	鎏嘉码头	北滨路	10万平方米	餐饮、休闲、娱乐	运营较好	发展品牌
23	江北区	龙湖源著天街	天竺路	20万平方米	购物、餐饮、休闲、娱乐、体育、文创、教育培训、医疗	运营较好	发展品牌
24	渝北区	爱琴海购物公园	经开大道	20万平方米	购物、餐饮、休闲、娱乐、体育、教育培训	运营较好	发展品牌
25	渝北区	新光天地	嘉州路	35万平方米	购物、餐饮、休闲、娱乐、体育、文创	运营较好	发展品牌
26	南岸区	泽科弹子石中心	弹子石	16万平方米	购物、餐饮、休闲、娱乐、生活服务	即将开业	发展品牌
27	南岸区	协信星光时代	南坪	24万平方米	购物、餐饮、休闲、娱乐、生活服务	运营较好	发展品牌
28	巴南区	万达广场	龙洲湾	17.7万平方米	购物、餐饮、休闲、娱乐、生活服务	运营较好	发展品牌
（三）							
1	渝北区	财富中心	洪湖东路	13.8万平方米	购物、餐饮、休闲、娱乐	运营一般	调整提升

编号	所在区	商业体名称	项目地址	项目规模	主要业态	经营现状	发展建议（重点打造/发展品牌/调整提升/转型退出）
2	渝北区	恒大中渝广场	嘉州路	9万平方米	购物、餐饮、休闲、娱乐	运营一般	调整提升
3	渝中区	日月光中心广场	较场口	14万平方米	集时尚服饰、餐饮娱乐、数码通信于一体的一站式购物中心	运营一般	调整提升
4	渝中区	国泰广场	解放碑	10万平方米	国泰艺术中心，购物、餐饮、休闲、文艺演出等	运营一般	调整提升
5	渝中区	大都会东方广场	解放碑	15万平方米	重庆第一个城市商业综合体，提供餐饮、百货、亲子的商业业态	运营一般	调整提升
6	南岸区	万达广场	南坪	12.6万平方米	购物、餐饮、休闲、娱乐、生活服务	运营一般	调整提升
（四）							
1	江北区	东方国际广场	江北嘴	10万平方米	购物、餐饮、娱乐	经营不佳	转型退出
2	九龙坡区	江厦·星光汇	石桥铺	10万平方米	数码卖场、主力百货、餐饮娱乐	经营不佳	转型退出
3	南岸区	CITY城市广场	南坪	6万平方米	购物、餐饮、休闲、娱乐	经营不佳	转型退出

重庆老龄化问题与加快养老服务业发展研究[*]

（2018年3月23日）

我国每年大约有 1 000 万人进入老年人行列,按此预测,中国人口老龄化在 2050 年会达到最高峰,老龄人口约 4.87 亿,占总人口的 34.9%。随之而来的是老年人口对医疗保健、食品、养老服务等方面需求的大幅增加。"银发消费浪潮"正在来临,全社会在养老保障、医疗保障、养老服务等方面面临机遇与挑战。相比全国,重庆老龄化问题更加突出,如何积极应对重庆老龄化问题,推动全市养老服务业良性发展,是关系经济社会发展和民生福祉的重大课题。

一、重庆人口老龄化的基本特征

（一）老龄化率增速快,老龄人口规模大

重庆约在 1996 年前后开始进入老龄化社会,较全国提前 4 年左右。2016 年,重庆 65 岁及以上老年人口达到 381.97 万人,人口老龄化率(65 岁及以上老龄人口占人口总量的比重)达到 12.53%,已经大幅超过 7% 的标准线,高于同期全国人口老龄化率 10.86%,仅次于上海、四川、辽宁、山东、江苏,位居全国第六位。

---

[*]精编于重庆图强工程技术咨询有限公司、重庆市生产力发展中心联合课题组完成的"应对重庆老龄化问题与加快养老服务业发展研究"课题报告。

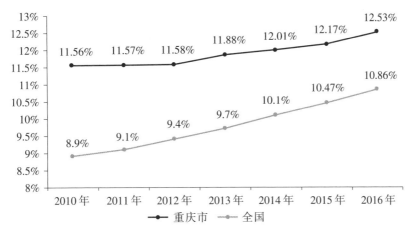

图1   2010—2016年重庆市人口老龄化率

数据来源:中国统计年鉴(2011—2017)、重庆统计年鉴(2011—2017)

"十二五"时期重庆老龄化率年均增长0.12个百分点。进入"十三五"以后,由于20世纪50年代第一次人口生育高峰的出生人口陆续进入老年人口队列,重庆人口老龄化提速。2016年,重庆人口老龄化率比2015年提高0.36个百分点,较"十二五"时期年均增幅提高0.24个百分点。

图2   2010—2016年重庆市老龄人口规模及其增长率

数据来源:重庆统计年鉴(2011—2017)

在老年人口中,低龄(60岁至69岁)老年人口占39.92%,中龄(70岁至79

岁)占42.79%,高龄(80岁及以上)占17.29%,其结构相对年轻。但随之而来的是十多年的"老龄潮",预计到2024年,重庆人口红利将彻底消失殆尽,进入人口盈亏平衡期,到2039年后进入人口负债期。

(二)老龄化率农村高于城镇,老年人口女性多于男性

2016年,全市城镇地区65岁及以上老年人口为199万人,人口老龄化率为10.42%,农村地区65岁及以上老年人口达到182.97万人,老龄化率为16.05%。主城区周边人口老龄化程度最高,为13.24%。全市女性老年人口明显多于男性,2016年,女性老年人口为193.16万人,男性老年人口为188.81万人,为女性老年人口的97.75%,女性较男性多4.35万人。

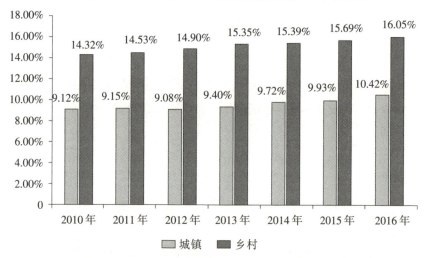

图3 2010—2016年重庆市城乡人口老龄化率

数据来源:重庆统计年鉴(2011—2017)

(三)老年抚养比处于高位,社会抚养负担较重

全市总抚养比从2015年的40.17%提升到2016年的41.02%,上升0.85个百分点。其中,2016年重庆市老年抚养比为19.79%,居全国第一,平均5—6个劳动年龄人口对应(抚养)1个老年人,且老年抚养比有上升趋势,社会抚

养负担重。到2020年,重庆60岁及以上户籍老年人口总量将超过800万人,预计65岁及以上老年人口的比重将由2015年的12.2%上升到2020年的16%左右,2030年上升到18%左右,老年抚养比持续增高。

表1 2016年全国老年抚养比较高的十省市排名

省份	老年抚养比	排位	省份	老年抚养比	排位
重庆	19.79%	1	上海	16.76%	6
四川	19.47%	2	山东	16.32%	7
江苏	18.56%	3	安徽	16.15%	8
辽宁	17.37%	4	湖北	15.87%	9
湖南	17.01%	5	河北	15.44%	10

数据来源:中国统计年鉴(2017)

(四)纯老人家庭比重高,空巢现象突出

伴随经济发展和社会转型,传统家庭的养老功能和家庭代际支持随之弱化,空巢老人、独居老人正不断增多。1%人口抽样调查结果显示,2016年重庆常住家庭户中,单身独居和老年夫妇共同居住的纯老家庭户(空巢老人户)的比重已达到10.7%。纯老家庭户人数(空巢老人)由2010年的123.17万人增加至2016年的167.82万人,占全市65岁及以上老年人口的比重由36.4%提高至43.9%,近一半属空巢老人。

二、重庆养老需求的基本分析

(一)养老服务需求的多样性层次性

随着老龄人口增加,养老需求呈现多元化快速增长的趋势,老年人对于

养老服务的需求逐渐由护理照料等基本需求向"养、护、医、康、享"等多元升级需求体系转变。不同年龄段、收入水平、健康条件等决定了老人不同的具体需求。

从不同需求层次看,包括基本需求、中端需求和高端需求三个层次。老年人基本需求是家政、就医、陪伴等生活需求,伴随社会进步和收入水平的提高,老年人的养老需求会逐步升级,在休闲娱乐、文化教育、心理慰藉、康复护理、社会交际等方面需求普遍增加,部分有条件的老人对养老高端服务也日益增加。

表2　养老服务需求层次类型分析表

需求层次	需求类型	具体服务
基本需求	简单生活照料、家政服务、日托服务、简单医疗服务、简单娱乐休闲、精神慰藉	起居照顾、清洁服务、日间托老、定期身体检查,参与棋牌、舞蹈、健身等娱乐活动、社会活动
中端需求	生活照料、家政服务、日托服务、医疗服务、娱乐休闲、教育学习、精神慰藉	起居照顾、清洁服务、日间托老、定期身体检查和疾病护理、康复理疗、订制营养套餐、健康讲座与身体保健指导,参与阅读、书画、健身等娱乐休闲活动,参与社会活动、心理咨询
高端需求	生活照料、长期托管服务、高端医疗服务、优美的居住环境、丰富的娱乐休闲活动、保险理财、金融投资、心理咨询、旅游出行、临终关怀、其他个性化需求	起居照顾、清洁服务、高端康复护理和理疗、日间托老、优质医疗照护、康复训练、每日食谱、养老机器人、聊天机器人等人工智能产品,旅游出行、心理咨询,参与音乐、电影、健身、体育运动等娱乐休闲活动,临终关怀、其他个性化服务

注:课题组结合调研和研究情况自制

从不同年龄段看,低龄型老年人口更加注重老有所为、老有所乐、老有所学,养老需求趋于多元化;高龄型老年人口更加注重老有所养、老有所医,养老需求倾向于身心愉悦、健康长寿。

表3　养老服务不同年龄段需求分析表

年龄段	需求类型	具体服务
60—70岁、身体健康良好	生活照料、家政服务、日托服务、简单医疗服务、娱乐休闲、教育学习、精神慰藉	起居照顾、清洁服务、日间托老、定期身体检查、健康讲座与身体保健指导,参与棋牌、舞蹈、健身等娱乐活动,参与社会活动
70—80岁、身体健康程度一般	生活照料、家政服务、日托服务、医疗服务、娱乐休闲、教育学习、精神慰藉	起居照顾、清洁服务、日间托老、定期身体检查和疾病护理、康复理疗、订制营养套餐、健康讲座与身体保健指导,参与阅读、书画、健身等娱乐休闲活动、社会活动、心理咨询服务
80岁以上、身体健康程度较差、需长期护理、收入水平中上	生活照料、长期托管服务、医疗服务、娱乐休闲、精神慰藉、临终关怀	长期介护护理、康复护理、日间托老、失能老人医疗照护、专业陪护、康复训练、营养套餐订制、助步器、助听器等必需品,身体监测仪、养老机器人等人工智能产品、康复理疗,参与音乐、电影等娱乐休闲活动,心理辅导与服务、临终关怀
年龄较大、身体健康程度差、需长期护理、收入水平一般	政府兜底、公办养老机构提供养老服务	长期介护护理、日间托老、精神慰藉

注:课题组结合调研和研究情况自制

(二)当前最紧迫而普遍的养老需求

医疗卫生需求。全市60岁以上的老年人中有84.47%患有一种或多种慢性疾病,大部分老年人深受慢性疾病的困扰。有53.94%的老人认为"看病难、收费高"，44.41%的老人由于经济困难，在生病时甚至不进行任何治疗。加之，目前养老金水平难以大幅提高，非农户籍养老金均值为1621.25元/月，农业户籍养老金的均值仅为153.77元/月。老年人的医疗卫生支付压力很大，期待更多的公益性、低成本的医疗服务。

改善居住需求。重庆市目前约有2.85%的老年人居住的房屋陈旧、老化。在房屋生活设施和家电配置方面，仍有13.83%的老年人住所内没有自来水、室内厕所等基本生活设施；2.72%的老年人住所没有配置任何电子产品和家用电器；59.18%的老年人住所没有防老设施。因此，改善老年人的居住条件，满足老年人方便、舒适的生活任务很重。

精神慰藉需求。目前重庆独居和空巢老人现象比较常见，老人孤独问题突出。抽样调查表明，约5.38%的老年人经常感到孤单，27.91%的老年人有时会感到孤单，6%的老年人觉得生活过得不太幸福或不幸福。情感上缺少寄托和慰藉。

文化娱乐需求。重庆老年人走下工作岗位后，生活普遍比较单调，参加社团的老年人比较少。抽样调查表明，87.14%的老年人没有参加任何社团，87.22%的老年人没有参加老年协会，加之社区缺乏老年活动相关组织人员和必要的活动场所，难以为老年人提供有益健康的交流活动。重庆老年人普遍期望在社区能有一个综合型的活动中心或场所，定期举办一些文体活动，搭建起老年人的交流平台，丰富老年人的闲暇生活。

高品质养老需求。随着人们对幸福生活获得感的期待不断提升，有条件的老年人的养老需求日益多元化、高端化，期望方便地享受到专业的医疗设施、可靠的医生队伍及细致的医护照料；期望社区有更舒适、安全的居住环境，功能布局能够适应老年人的生活习惯；期望更贴心、更专业的养老服务，提供专业养老日常护理，提供定期体检、日托服务、钟点服务、餐食搭配、心理咨询等个性化定制服务；期望推出"以老养老"、助人自助的存储式养老服务机制（即低龄老人通过为高龄老人提供养老服务，积蓄今后享受自身免费服务的机会）。

三、重庆养老服务业发展的基础和问题

（一）养老服务业发展较快、基础较好

近年，重庆重视养老服务业的发展，出台系列政策加以扶持，养老服务业体系建设成效明显。目前基本形成了以居家养老为主体、社区养老为依托、机构养老为补充的养老体系。在落实国家养老重大政策措施方面受到国务院表扬。全市制定了一系列文件，《重庆市敬老院建设标准（试行）》《重庆市敬老院管理服务标准（试行）》《重庆市养老机构设立许可实施办法》《重庆市养老机构管理服务标准（试行）》等，推动养老服务机构健康发展。

全市社会福利中心、乡镇敬老院基本实现全覆盖，社会养老机构蓬勃发展。2015年，城乡养老机构达到1 397所，养老床位由2010年的10万张增至19.8万张，每千位65岁以上老人拥有床位数由18.9张增长至30张。与国内几个大城市相比，重庆市养老机构床位总数位居前列，但平均每千名老人拥有的养老机构床位数因老龄人口基数大仍比较低。

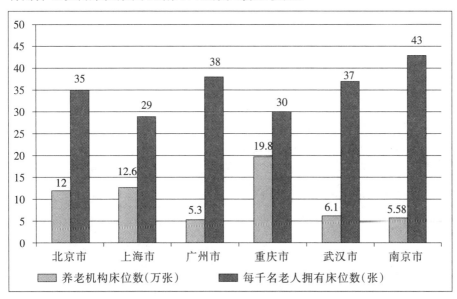

图4 国内几个大城市养老机构床位拥有量（2015年）

数据来源：北京、上海、广州、重庆、武汉、南京等市"十三五"社会事业规划或民政事业规划

全市养老服务日趋丰富,由简单寄养、托养服务,逐步向疗养、长期护理、医疗服务、日间照料、精神慰藉、娱乐休闲等综合服务转变。在医养融合方面,涌现出了重庆市第一社会福利院、重庆医科大学附属第一医院青杠老年护养中心、重庆合展天池老年护养中心等中高端养老机构。重庆医科大学附属第一医院青杠老年护养中心位于璧山区青杠街道,距主城区26公里,紧邻璧山城区,占地面积1073亩,设置养老床位3000张,医疗床位1000张,是全国首家集养生文化、康复理疗、医疗护理、休闲娱乐等功能于一体的中高端综合性养老机构。其依托重医附一院强大的医疗护理技术、先进的仪器设备、优秀的管理团队,实现医疗、康复护理、养老服务全程无缝对接。由于良好的运行管理和机制模式,该中心自2012年开业以来,逐步扭亏为盈,成为城市"医养结合"的典范。

在社区养老方面,市民政局正在推进"千百工程",形成了一批市级示范社区养老服务中心。社区养老服务中心为居家养老创造了方便。抽样调查表明,全市83%的老人愿意居家养老,但希望有社区养老服务中心提供服务。渝北区翠云街道养老服务中心为日托型,有日间照料床位30张,建筑面积约1200平方米,按日间休息室、休闲娱乐室、图书学习室、健身康复室和老人饭堂的"四室一堂"标准配备,并设有心理疏导、失智症管理室、净菜及水果配送区等场所。主要提供生活照料、医疗照顾、文化娱乐、志愿关怀等特色服务。由于环境优美,卫生状况良好,硬件设施相对齐全,服务人员态度较好,服务内容可选择性好,尤其是文化娱乐方面内容丰富,受到普遍欢迎。通过随机抽取100位50岁以上的老人对中心养老服务满意度问卷调查,满意和比较满意的比例达到60.4%。

重庆是全国中药材主产区,中医药产业基础好,利用此优势,全市打造了石柱黄水、垫江明月山、武隆仙女山、南川金佛山等一批中医健康养生养老示范基地。在运用中医药理念、方法为老年人提供连续的保养身心、预防疾病、改善体质、诊疗疾病、增进健康的中医药健康管理服务方面独具特色。九龙坡区、垫江县入选国家首批医养结合试点单位,在把中医药事业和养老产业结合起来发展方面取得良好效果。垫江县福利院与县中医院合作,投资5000万元,开设床位337张,设立了老年病理科、针灸理疗科、院前急诊等科室,开展独具特色的"中医+养老服务",将中医治未病、中医药养生保健、中医药康复医疗等融入健康养老全过程。该院与社会工作服务中心合作,为老年人提供入户养老需求调查、生活能力评估、心理关怀、个性服务等,并定期组织合唱、手工、健身、棋牌比赛等各种活动,已服务老年人2 300余人次,受到老年人的普遍欢迎。

(二)养老服务业发展存在短板,亟须改善

市场供给与需求错位,存在结构性失衡。居家、社区养老服务需求日益多元增长,但目前能提供的服务仍以简单的家政服务和护理服务为主,家庭与社区养老服务中心、医院、社会养老机构互动合作很有限,不能满足居家、社区养老服务需求。优质养老设施供不应求和部分养老设施闲置现象同时存在。一方面,部分交通便利、养老服务设施齐全、价格适中、带有康复护理服务功能的养老机构床位十分紧张;另一方面,位置偏远、设施不够完善、缺乏医护保障手段的养老机构床位大量闲置,经营亏损,十分困难。同时,社区养老服务设施以公建为主,加之配套护理服务、医疗服务基本也为公立医院,养老服务供给跟不上需求,而社会资本要进入养老服务设施、医疗服务机构投资又十分困难。

市场主体培育滞后,各类养老机构参差不齐。目前,重庆养老服务机构多为民政、卫生等政府部门设立,属于公益性的。民办养老服务机构普遍面临"前期融资难、中期运营难,招收员工难、留下骨干难"等问题,发展较慢,且多数机构为亏损状态,最多持平,难以可持续发展。政府引导基金、养老产业基金、私募股权基金、养老债券、众筹、PPP等多种市场化方式不愿进入养老服务业。养老服务行业内部发展也不够平衡。老年养护服务、老年康复护理服务发展较快,老年文化、娱乐服务、心理慰藉健康等发展相对较慢;高端养老服务机构发展较快,中低端养老机构特别是农村公益性养老服务机构发展较慢;供养型养老机构发展较快,护理型养老机构发展较慢。

　　管理条块分割掣肘,要素整合困难重重。养老服务业涉及民政、卫生、国土、规划、社保、财政、金融等诸多部门,各部门间难以统筹协调,扶持政策难以整合落地。全市养老服务缺乏统一标准,难以与老年人多元化多层次养老需求匹配。民营养老服务机构与事业单位公益性福利养老机构还没有形成公平经营、各得其所的融合互补机制。

四、发展重庆养老服务业的举措建议

(一)着力构建好重庆养老服务业基本架构

　　课题组认为,养老服务业发展的主要矛盾越来越表现为,人民日益增长的养老服务美好需求和养老服务供给不平衡不充分之间的矛盾。要以解决养老服务供需错位问题为主线,发挥政府、企业、社会组织,特别是家庭的各自优势,突出政策引导,强化工作推动,运用现代信息技术,创新多元多层次的养老服务机制,着力构建养老服务供给体系,逐步缓解养老供需结构性失衡的问题,确保"老有所养"。

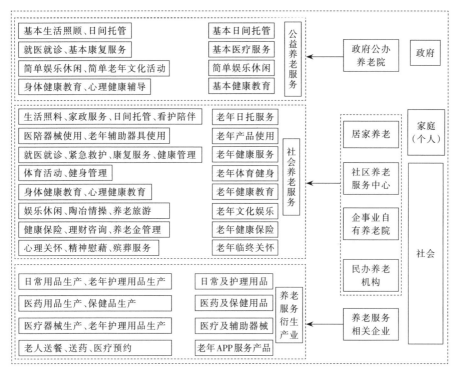

图5　重庆市养老服务业发展基本架构示意图
注:课题组结合调研和研究情况自制

(二)加快培育居家养老社区服务圈

着力构建10—20分钟居家养老社区服务圈。一是加快推进社区养老服务中心(站)建设。整合社区的公共服务设施资源,按照一批设施设备、一支服务队伍、一套服务标准、一个信息平台、一批服务项目的基本要求,建立符合老年人安全、卫生和环保要求的社区养老服务中心(站),为老年人提供助急、助餐、助洁、助医、助行、助乐等基本公共服务和市场化养老服务。为社区老年人集中开展文化娱乐、健身康复、学习交流提供活动场所。二是搭建居家养老服务网络。依托社区养老机构,搭建居家养老服务网络,推动社会组织、中介组织和志愿者上门为社区老人,特别是高龄、失能、半失能老人提供生活照料、家政服务、精神慰藉、紧急救助、康复护理等服务。三是推进社

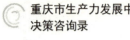
区和居家适老化改造。在已建成的住宅居住(小)区,嵌入一定比例的养老服务用房,在新建住宅居住(小)区严格依据相关规范,以每百户为标准,配套建设符合设计规范的社区养老服务用房。加快对小区座椅、楼梯、小区公共环境设施的改造,打造适老空间。鼓励社会力量投资兴建和运营城乡社区养老服务设施,实行品牌化、连锁化经营。鼓励通过政府购买服务,委托社会组织参与养老机构运营。

(三)重点抓好一批公益性和社会性养老机构建设

一是加快公办养老机构改革。重点解决供需错配带来的基层公共服务资源闲置问题,改革公办养老机构运营方式,鼓励实行服务外包,鼓励开展公建民营。支持社会力量通过独资、合资、合作、联营、参股、租赁等方式,参与公办养老机构运营。推动基层公共文化、体育、教育、社区公共服务设施整合利用,满足养老服务多元升级的需求。二是推动民办养老机构服务规范提档。创新"养老院请医院进驻""医院自建养老中心"等方式,推进医养融合。加大对民办养老的资金支持和政策扶持力度,实现社会力量创办的非营利性养老机构与政府创办的养老机构享有土地、税费等同等优惠政策。对营利性养老机构建设适当减免有关行政事业性收费,水、电、气费用按居民生活类价格执行。培育一批有影响力的集医疗康复、生活护理、精神心理、老年文化等综合功能的民办养老服务基地。三是开展养老标准化试点示范工作。在全市开展标准化养老示范企业、示范街道(乡镇)、示范基地建设,筛选一批医院、养老机构、社区服务中心和相关企业机构作为试点项目建设,探索可推广、可复制的养老服务标准。将渝北社区养老服务中心、重医青杠、铭雨、合展、中铁任之健康城等一批基础较好、有成长潜力的养老机构纳入市级首批标准化试点单位。四是创新养老产业投融资模式。采用政府直接投入、养老机构自筹、养老押金按比例入股等多种方式设立养老服务业发展专项基金。支持社会力量通过股份制、股份合作制、公司合作(PPP)等模式,发展养老服务机构。鼓励商业保险资本与养老机构合作,完善养老服务业信贷政策。

（四）推广适宜多元的养老方式

鼓励"物管与养老服务结合"。鼓励物业公司因地制宜,循序渐进,结合第三方机构,逐步为居家的老年人提供包括衣食住行、医疗保健、学习教育、健身娱乐、心理慰藉、法律咨询、生活援助、社会参与等养老服务。探索多种社区居家医养融合模式。充分利用我市已实施的"医联体""家庭医生"制度,积极探索养老机构与社区卫生机构合作开展社区居家养老医疗保健服务,包括"临终关怀"一体化养老服务等医养结合养老服务新模式。加强家庭医生式服务体系建设,增强家庭医生与患病老人的沟通联系,定期进行监测,记录用药情况。鼓励社区卫生服务机构为重病、失能、部分失能等老年人提供定期体检、上门巡诊、家庭病床、社区护理等持续性健康管理服务和医疗服务。探索实施"时间银行"养老方式。建立"养老服务时间银行",把年轻人和可作养老服务的人照料老人的时间存起来,待自己需人照顾时再取出来使用。申请者要健康,有爱心,善于沟通,每天有一定时间去照顾需要帮助的老人,服务时间存入时间银行卡。当自己需要人照顾时,可凭"时间银行卡"支取时间及时间利息,经过验证通过,时间银行安排服务机构或医院实施照顾服务。

（五）搭建养老数据平台,发展智慧养老

政府主导建设基础平台,企业挖掘应用反馈大数据,养老机构组织等养老服务供应商开发面向老人的智慧终端,整合资源、科学设计、优化集成、专业建设,形成"面向老人、智能对接、人性操作、科学管理"的智慧系统。加快制定行业数据采集、准入与交换标准和规范,建立大数据应用诚信机制和退出机制。推动养老服务数据共享开放,推进医疗机构远程医疗建设,实现养老服务与物联网融合,加快建成全市养老机构管理网络系统,实现对机构的适时监控和数据直报,全面提高机构养老服务的质量与服务效率。

（六）完善医养结合的合作机制

一是社区主动争取与医疗机构合作。社区养老服务中心联合医疗机构，提供以日间照料、上门服务、家庭医生为主的养老服务，着力增加养护型、医护型养老床位，规范开展医疗服务。二是鼓励医院为老年人提供医疗、康复等服务。推进社区养老服务中心、社会养老服务机构、综合医院（含中医医院）的合作，完善医疗结构和养老机构合作机制，鼓励执业医师到养老机构设置的医疗机构多点执业。三是积极开发个性化的医养服务产品。鼓励加大养老产品的研发投入力度，鼓励有实力的企业发展智慧养老服务新业态，重点开发老年人健康管理、紧急救援、精神慰藉、服务预约、物品代购等服务，推动养老服务供给产品由保障型向个性化、多样化、优质化转型。

（七）完善养老服务业发展的工作机制

一是构建相关部门协作机制。研究设立重庆市养老服务业发展协调会议制度，组成单位包括市民政局、市发改委、市物价局、市教育局、市公安局、市财政局、市人社局、市国土局、市环保局、市城乡建委、市卫计委、市审计局、市地税局、市质监局、市食药监局、市工商局、市统计局、市老龄办等相关部门，工会、共青团、妇联等人民团体，以及养老服务行业协会、老年人组织、公益慈善组织、志愿者服务组织等社会组织，明确各单位职责分工，定期议定政策，协调解决问题。二是推动形成养老服务跨界融合机制。构建养老服务与医疗、家政服务、保险、教育、健身、旅游、高新技术、先进制造等领域的互动发展机制，探索优质养老服务机构和文化旅游服务机构资源共享、抱团发展的合作机制。创新养老服务金融产品，结合未来养老服务的需求，面向40岁至59岁的人口开发储蓄、证券、保险、基金、信托、房地产等支撑养老需求的金融适宜产品。

（八）加强对养老服务业的分类管理

一是加强养老服务对象的分类管理。根据老人实际需求和支付能力，匹配相应的服务产品和服务机构,精准对接不同层次的养老对象的不同需求,分层次满足与不同支付能力相对应的各类养老需求。二是探索对养老服务机构的分类管理。建立相关数据库,自动生成评估结论,实现养老机构网上审批、年检。设置汇总分析功能,制定养老机构星级评定标准,构建与高中低端养老服务需求对接的服务机构体系。

(九)加强养老服务业队伍建设

提升养老服务人员的社会地位,建立养老医疗护理专业技术人员职称评定政策体系,有条件的适度提升养老服务人员薪酬待遇和福利水平。出台鼓励政策,对入职养老服务机构的大中专毕业生给予奖励补助;鼓励身体条件好、有劳动能力的退休人员、农转非人员、农村闲置人员进入养老服务机构从业。

关于推动科技成果转化的要素考量与聚合问题研究（一）*
——从科技成果转化要素考量中看重庆差距

（2018年5月14日）

科技成果转化对经济社会持续创新发展具有重要意义。国家对科技成果转化非常重视，将其列为创新驱动发展战略的重要任务之一，并在十九大报告中再次强调"促进科技成果转化，加快建设创新型国家"。

为了分析重庆科技成果转化状况，寻求促进科技成果转化的有效方式，课题组探索性构建了科技成果转化六要素模型及指标体系，运用指标体系对重庆与成都、武汉、上海的科技成果转化状况进行了横向对比，综合分析出重庆市科技成果转化存在的主要问题，剖析了中国科学院重庆绿色智能技术研究院（简称中科院重庆研究院）"石墨烯""人脸识别"两项成果转化的典型案例，从而提出了促进科技成果转化的相关建议。这是重庆首次对科技成果转化推动因素进行系统的考量分析，对于探索寻求科技成果转化的有效途径具有理论与实践的意义。

---

*精编于中国科学院重庆绿色智能技术研究院、重庆市生产力发展中心联合课题组完成的"关于推动科技成果转化的要素考量与聚合方式研究——重庆"石墨烯""人脸识别"科技成果转化的案例剖析"课题报告。

一、关于科技成果转化状况评价指标体系的构建

(一)科技成果转化要素指标和聚合方式的内涵

科技成果转化是指对具有应用价值的科研结晶进行后续实用开发、应用推广,形成新技术、工艺、材料或产品,从而提高生产力水平的活动。这一过程中,有若干要素对转化状况产生影响,大体可分为技术(团队)要素、成果(研发)要素、生产要素、需求(市场)要素、政策要素、服务要素等六个方面,其中每个方面都由相关指标构成。这些指标所反映的内容,在推动科技成果转化全过程中的不同环节发挥不同的但不能缺少的作用,在转化全过程中的不同环节对要素支撑的需求也有择重。因此,形成的成果转化与相关要素的各自匹配关系,在指标体系中就设为权重。同时,不同的成果转化需求有差异,要素就形成不同的组合方式,即科技成果转化活动中的各类要素,通过某种有效方式有机融合在一起,联合发挥作用推动成果转化。

(二)科技成果转化要素指标体系的设计

第一,要素指标的选择。科技成果转化全过程主要包括创新端、应用端和外部环境三大部分。创新端主要指科研机构及发明专利等科技成果;应用端主要指企业、技术需求及市场等;外部环境则主要指政府政策、支持力度及周边服务等。本报告按照科技成果转化过程的三部分,以"钻石模型"为理论基础,参考波特"五力模型"和"PSET模型"的思路理念,设计出包含"技术""成果""生产""需求""政策"和"服务"六项要素功用模型,共计24个指标构成。

技术(团队)要素是指科技成果转化的技术供给者,主要包括科研机构及人才队伍。该要素包含4项指标:"985"+"211"工程高校数量、国家重点实验室数量、R&D人员数量、高层次科技人才数量。

成果(研发)要素是指科技创新产生的具有一定或潜在应用价值的成

果,主要包括专利、应用性论文等。该要素包含4项指标:发明专利授权数量、有效发明专利密度、年度SCI科技论文数量、国家级科技成果奖数量。

生产要素是指具有生产能力的成果承接者,即成果转化的下游生产企业。该要素包含4项指标:规模以上工业企业数量、工业总产值、高新技术企业数量、高新技术企业工业总产值。

需求(市场)要素是指市场对成果转化的需求。该要素包含4项指标:技术合同成交数量、技术市场成交额、新产品产值占工业总产值比重、规模以上工业企业技术引进和技术改造经费支出。

政策要素是指科技成果转化中的政府行为,包括组织管理及制定各项政策机制法规等。该要素包含4项指标:科技成果转化法规与激励政策办法、R&D经费占GDP的比重、政府拨款R&D经费、年度人均R&D经费。

服务要素是指成果转化相关服务性资源。该要素包含4项指标:科技企业孵化器数量、国家级技术转移示范机构数量、国家级产业园区持续发展竞争力综合得分、全国百强国家级产业园区数量。

第二,要素指标权重指数的设定。在选择要素指标的基础上,通过专家问卷调查(从政府、企业、科研院所机构中遴选了涵盖科技决策、科技研发、科技管理和科技服务等领域的11名专家对各指标进行权重调研)、专家座谈调研、专业人员模型计算、评估复核等程序,赋予了单一指标权重指数,并由各指标权重加总形成某方面的要素权重指数,六个方面权重指数加总,就是某城市科技成果转化综合指数。

二、关于渝、蓉、汉、沪四城市科技成果转化状况的比较分析

课题组运用"科技成果转化六要素模型"和指标采样,对重庆、成都、武汉、上海四城市科技成果转化状况作了量化分析,同时吸纳了相关一线专家的咨询意见,最终确定渝、蓉、汉、沪四城市科技成果转化状况各项指数。各

项指数分值越高,转化状况越好。为了便于比较,重庆权重指数在模型计算中设为"基本权重分值",其他三城市权重指数通过模型计算得出分值,其高于重庆,就是重庆科技成果转化方面的差距。

表1　渝、蓉、汉、沪四城市科技成果转化状况分析表

要素类别	基本权重设计		具体指标	重庆(基本权重)	成都	武汉	上海
技术(团队)要素	16.16%	5.65%	"985"+"211"工程高校数量(所)	2	5	7	9
		4.30%	国家重点实验室数量(个)	5	9	18	32
		2.05%	R&D人员数量(人)	27 607	12 674	42 400	81 791
		4.16%	高层次科技人才数量(人)	4 178	7 285	5 000	7 054
四城市技术要素权重指数				16.16%	30.06%	43.38%	66.04%
成果(研发)要素	16.37%	5.85%	发明专利授权数量(个)	3 964	6 206	6 003	17 601
		5.92%	有效发明专利密度(件/万人)	4.25	13.60	18.97	28.98
		2.26%	年度SCI科技论文数量(篇)	8 006	12 825	17 710	35 900
		2.34%	国家级科技成果奖数量(篇)	13	12	26	42
四城市成果要素权重指数				16.37%	33.88%	44.96%	84.04%

续表

要素类别	基本权重设计		具体指标	重庆（基本权重）	成都	武汉	上海
生产要素	17.02%	2.16%	规模以上工业企业数量（个）	6 612	3 356	2 545	8 994
		2.14%	工业总产值（亿元）	21 400.01	11 235.93	12 374.92	31 277.19
		7.88%	高新技术企业数量（个）	947	1 681	1 656	6 071
		4.84%	高新技术企业工业总产值（亿元）	5 412.05	2 004.00	7 701.41	12 223.56
四城市生产要素权重指数				17.02%	18.00%	22.74%	67.51%
需求（市场）要素	20.23%	6.05%	技术成交合同数量（份）	2 706	17 129	13 101	22 119
		5.35%	技术市场成交额（万元）	1 457 013	4 066 900	4 053 000	6 637 838
		3.75%	新产品产值占工业总产值比重	21.80%	13.59%	11.92%	21.89%
		5.08%	规模以上工业企业技术引进和技术改造经费支出（万元）	630 284	1 837 000	1 473 200	1 220 555
四城市需求要素权重指数				20.23%	70.37%	58.10%	87.43%
政策要素	15.36%	3.71%	科技成果转化法规与激励政策办法（件）	75	70	70	85
		4.12%	R&D经费占GDP的比重	1.57%	2.38%	3.02%	3.73%
		2.88%	政府拨款R&D经费（亿元）	36.45	37.00	66.85	271.85
		4.65%	年度人均R&D经费（万元）	13.20	29.19	15.77	33.24
四城市政策要素权重指数				15.36%	22.91%	22.23%	47.18%

续表

要素类别	基本权重设计		具体指标	重庆(基本权重)	成都	武汉	上海
服务要素	14.86%	3.45%	科技企业孵化器数量(个)	33	66	217	150
		3.75%	国家级技术转移示范机构数量(个)	8	20	16	25
		4.51%	国家级产业园区持续发展竞争力综合得分(基数为1)	0.248 4	0.374 4	0.450 9	0.703 1
		3.15%	全国百强国家级产业园区数量(个)	2	3	3	3
四城市服务要素权重指数				14.86%	27.80%	43.10%	44.89%
四城市科技成果转化综合指数				100.00	203.56	234.51	397.09

注:①2015年度尚未有双一流建设高校。②对于有多个依托单位的国家重点实验室,按第一依托单位所在地进行统计。③国家级产业园区的数据源自《2016年中国产业园区持续发展蓝皮书》

从表1可以看出,重庆科技成果转化六要素权重指数全部落后于上海、武汉、成都,表明重庆当前科技成果转化状况堪忧。

在技术(团队)要素方面,重庆权重指数为16.16%,成都为30.06%,武汉为43.38%,上海为66.04%。这表明重庆技术(团队)要素分别比成都、武汉、上海约差1个、2个、3个等级。

在成果(研发)要素方面,重庆指数为16.37%,成都为33.88%,武汉为44.96%,上海为84.04%。这表明重庆成果(研发)要素分别比成都、武汉、上海约差1个、2个、4个等级。

在生产要素方面,重庆指数为17.02%,成都为18.00%,武汉为22.74%,上海为67.51%。这表明重庆在生产要素方面比较强,除与上海有3个等级的差距外,与成都、武汉差距不大。

在需求（市场）要素方面，重庆指数为 20.23%，成都为 70.37%，武汉为 58.10%，上海为 87.43%。这表明重庆成果转化需求拉动严重不足，分别比成都、武汉、上海差约 2.5 个、2 个、3.3 个等级。

在政策要素方面，重庆指数为 15.36%，成都为 22.91%，武汉为 22.23%，上海为 47.18%。这表明重庆政策力度最差，仅为上海政策力度的三分之一。

在服务要素方面，重庆指数为 14.86%，成都为 27.80%，武汉为 43.10%，上海为 44.89%。这表明科技成果转化重庆服务最差，成都、武汉、上海服务水平都高于重庆。

具体分析，重庆科技成果转化要素的短板在：

（一）从渝蓉汉沪相关指标看

第一，技术（团队）要素方面。在"985"及"211"高校数量上，重庆仅有 2 所，与上海 9 所、武汉 7 所与成都 5 所相比具有不小差距。此外，在 2017 年教育部双一流大学的数量上，重庆相比于其他三城的差距也非常大，高层次科研院校数量严重不足。同时，重庆的国家重点实验室仅有 5 个，R&D 人员 2.7 万余人，其中高层次科技人才 4 178 人，一系列数据远远落后于上海，甚至相比于武汉、成都也有不小差距，反映出重庆在高水平实验室团队及高层次科技人才方面的严重缺乏，这极大限制了重庆的科技前沿创新能力。

第二，成果（研发）要素方面。重庆市科技成果产出的数量严重不足，尤其是作为科技成果转化源头的发明专利的数量也非常少。例如，重庆有效发明专利密度为 4.25 件/万人，而上海、武汉、成都分别为 28.98 件/万人、18.97 件/万人、13.60 件/万人；重庆的发明专利授权数量为 3 964 个，上海高达 17 601 个，而武汉和成都也均超过 6 000 个。科技成果产出的不足极大制约了科技成果转化的发展。

第三，生产要素方面。重庆具有良好的传统工业基础，拥有规模以上工业企业数量 6 612 个，接近上海的 8 994 个，并且较大幅度高于武汉和成都，这在一定程度上为科技成果转化提供了应用市场基础。但是传统工业体量虽然庞大，技术水平却不高，在发展思路上比较注重规模扩张，对技术升级重视不够。而重庆该年度高新技术企业数量仅有947个,而上海有6071个,甚至武汉和成都分别有1656个和1681个。因此,虽然重庆传统工业基础较强,但是高新技术企业发展大幅落后于上海、武汉和成都三座城市,产业的技术活跃程度不高。

第四,需求(市场)要素方面。重庆市技术合同成交数量、技术市场成交额等多项指数全面偏低,基本仅为上海、武汉和成都三座城市相应数据的1/9至1/3之间。例如,重庆该年度技术合同成交数量仅为2706份,而上海为22119份,约为重庆的9倍,武汉和成都分别为13101和17129份,分别约为重庆的5倍和6倍。重庆市新技术市场需求严重不足,阻碍了科技成果转化的发展。

第五,政策要素方面。重庆因缺少"985"和"211"高校,缺少国家重点实验室,缺少国内顶尖的技术团队,难以承接国家重大科研项目,导致地区R&D经费中中央财政拨款的比重远低于其他对照城市。由于地区R&D经费主要靠企业和地方政府筹集,重庆该年度的R&D经费占GDP的比重仅为1.57%,而上海、武汉和成都分别为3.73%、3.02%和2.38%,约为重庆的2.4、1.9和1.5倍。同时,重庆科技人员的年度人均R&D经费仅有13.20万元,而上海、武汉和成都分别为33.24万元、15.77万元和29.19万元。经费不足严重制约了科技成果的生成和转化。

第六,服务要素方面。重庆市科技成果转化服务机构数量不足,重庆该年度科技企业孵化器数量为33个,远远落后于上海、武汉和成都的150个、217个和66个;重庆国家级技术转移示范机构数量为8个,也大幅低于上海、武汉和成都的25个、16个和20个。同时,产业园区的整体服务功能和可持续发展能力相对落后。上海、武汉、成都均有国家级产业园区进入全国10强,但是重庆甚至没有一家产业园区能够进入50强。

(二)从专家咨询意见看

课题组广泛听取了工作在一线的专家对重庆市科技成果转化的意见。专家来自重庆、成都、武汉、上海等地从事科技成果转化的相关政府部门、高等院校、科研院所、科技中介服务机构、产业园区、高技术企业等单位。专家意见反映出重庆科技成果转化各要素都有所不足：一是技术（团队）要素方面。高层次科研院校和高水平科技人才严重缺乏。人才引进的后续配套不够健全、执行力度不够。二是成果（研发）要素方面。发明专利等科技成果的质量堪忧。科技成果价值评估方法较为缺乏。科技成果未形成资源合力，缺乏围绕具体产业的高效集聚以促进应用发展。三是生产要素方面。重庆传统工业过度依赖规模化优势，高新技术企业数量少、规模小，缺乏良好的科技创新生产能力。四是需求（市场）要素方面。科技成果上下游需求渠道不畅通，企业不了解成果预期价值、缺乏尝试应用新技术的信心，影响了成果转化。高新技术企业尤其是初创型高新技术企业缺乏经济能力承接成果转化。产业基金大多跟投或追投成果转化后端，对亟须资金的创新前端支持很少。五是政策要素方面。政府对于科技成果转化的管理考核力度不足，科技成果转化管理的碎片化现象严重，政府相关职能部门较多，缺乏统一协调，局面较为混乱。激励机制等政策措施的执行力也不足。六是服务要素方面。高水平科技成果转化服务机构较为缺乏，服务机构鱼龙混杂、质量良莠不齐。产业园区整体服务功能不够健全，缺乏系统性。

三、重庆科技成果转化面临的问题梳理

综合四城市数据对比和专家意见，重庆市当前科技成果转化发展状况相比于上海、武汉和成都三座城市，均处于全面落后状态。本报告综合整理出16个主要问题，并按六要素归纳如下：

第一，技术（团队）要素问题。

①高水平科技人才严重不足；

②高层次、实力强的科研院校严重缺乏；

③人才引进的后续配套不健全，政策执行力较差。

第二，成果（研发）要素问题。

④有效发明专利等重要科技成果严重不足;

⑤成果质量堪忧,且不能解决产业发展升级的迫切需求;

⑥缺乏围绕产业升级的成果高效集聚,未形成系统性优势合力。

第三,生产要素问题。

⑦传统企业缺乏创新能力,高新技术企业发展缓慢,企业界不具备良好的科技创新生产能力。

第四,需求(市场)要素问题。

⑧新技术市场需求规模严重不足,多项指数全面偏低;

⑨上下游需求渠道不畅通,企业对成果价值不了解;

⑩初创型高新技术企业缺资金,限制了成果转化需求。

第五,政策要素问题。

⑪R&D经费投入严重不足;

⑫政府对科技成果转化的管理不够科学;

⑬科技成果转化服务部门碎片化现象严重。

第六,服务要素问题。

⑭高水平科技服务机构数量不足;

⑮现有机构鱼龙混杂,服务质量良莠不齐;

⑯产业园区整体服务功能不足以吸引科技成果转化项目落地。

关于推动科技成果转化的要素考量
与聚合问题研究（二）*
——"石墨烯""人脸识别"成果转化案例的
启示与相关建议

（2018年5月14日）

虽然，重庆目前在科技成果转化方面存在不少问题，转化效率不高，与蓉、汉、沪三城市差距不小。但直辖以来的20年，重庆一直在不断推进这方面的工作，出台了若干政策，整合了有效资源，引入一批国际国内科研机构，加大了工作力度，也取得了良好成绩。比较成功的是引入了中科院重庆研究院，其已成功实现了两项重要成果的转化。对这两个案例进行分析，有助于从实践角度认识提升重庆科技成果转化水平的路径方法。

一、中科院重庆研究院两个科技成果转化案例的要素分析

中科院重庆研究院自成立以来，坚持边科研、边转化的策略，通过知识产权作价成立科技企业、建设联合工程中心、共建产业园区、设立新型研发机构等多种方式开展创新科技成果转化工作。其中"石墨烯""人脸识别"就是转化的成功案例。

---

*精编于中国科学院重庆绿色智能技术研究院、重庆市生产力发展中心联合课题组完成的"关于推动科技成果转化的要素考量与聚合方式研究——重庆"石墨烯""人脸识别"科技成果转化的案例剖析"课题报告。

（一）"石墨烯"科技成果转化案例

中科院重庆研究院瞄准微纳技术领域重大需求成立团队，专注石墨烯材料与应用研发，并于2012年取得技术突破。其后引入上海南江集团，以相关专利作价占股约25%的方式，共同投资2.67亿元成立重庆墨希科技有限公司，成功实现石墨烯技术科技成果转化，成长为业界领军企业。

第一，技术（团队）要素层面。中科院重庆研究院对于石墨烯技术非常重视，通过人才团队引进与资源配套，在石墨烯技术领域构建一支来自海内外高素质人才组成的研究团队。其成员包括百千万人才工程国家级人选、国家科技部中青年科技创新领军人才等，获得多项国家及省部级成果，其"石墨烯柔性材料""规模化微纳加工方法与装备"等技术处于领先水平。

第二，成果（研发）要素层面。中科院重庆研究院申请专利200多项，50多项获得授权，率先在大面积高质量石墨烯制备方法上握有自主知识产权。

第三，生产要素层面。2012年，引入上海南江集团注资成立了全新的重庆墨希科技有限公司，正式启动了石墨烯产业化能力建设，逐步形成了当前的石墨烯产业化规模。其后，上海南江集团、波士顿投资有限公司等纷纷布局重庆石墨烯产业，未来将形成石墨烯产业链，达到年产值千亿元的石墨烯产业规模。

第四，需求（市场）要素层面。作为石墨烯下游产业，重庆聚集了惠普、宏碁、富士康、英业达、广达等一批潜在的石墨烯技术应用客户群，同时重庆新能源汽车产业也快速推进。石墨烯产业将在触摸屏、显示屏、超级电容、功能涂料等领域发力，推动下游产业发展壮大。

第五，政策要素层面。国家层面持续支持石墨烯产业发展，《中国制造2025》明确关注石墨烯发展，并进一步发布了《加快石墨烯产业创新发展的若干意见》。重庆政府也加大对石墨烯产业的投入，在园区建设、基金投资、公共服务平台等方面加强扶持力度。

第六，服务要素层面。重庆市高新区成立了重庆石墨烯产业园，围绕石墨烯显示触控屏、石墨烯晶体管、石墨烯电子仪器等方向，依托"一院（重庆石墨烯研究院）一基金（重庆石墨烯产业发展基金）"，构筑以重庆墨希科技有限公司为主体,研产相结合的产业链集群。同时,还创新建设重庆石墨烯研究院,旨在服务重庆市石墨烯产业集群发展,促进成果的转移转化。此外,大力发展石墨烯技术研发服务平台,开展石墨烯知识产权保护、公共技术服务、公共检测认证等服务工作。

(二)"人脸识别"技术科技成果转化案例

中科院重庆研究院引进美国高水平院校杰出人才,组建了人脸识别技术研发团队,经过3年积累形成了先进的核心科技成果。2015年,通过成果作价成立了重庆中科云丛科技有限公司,成功实现人脸识别技术的科技成果转化,公司成长为国内领军企业,成为我国公安系统、银行系统和机场枢纽在安检识别领域的重要合作伙伴,目前也是重庆重要的独角兽企业。

第一,技术(团队)要素层面。中科院重庆研究院联合美国伊利诺伊大学和新加坡国立大学在机器视觉与模式识别领域拥有多项核心技术,形成一系列产品。2017年11月,重庆中科云丛科技有限公司还联合中科院成立了人工智能大学。在科研人才层面,聘请了"计算机视觉之父"黄煦涛教授,新加坡国立大学颜水成教授等人,引进了周曦研究员等人脸识别技术研发核心人员。目前,中科院重庆研究院智能多媒体技术研究中心已发展壮大至300余人,在美国UIUC、硅谷均有实验室。

第二,成果(研发)要素层面。中科院重庆研究院已经形成自主知识产权的核心算法,研发出首个刷脸支付原型系统、首个商用人脸识别远程开户系统、智能图像侦查仪、人脸识别自助通关机、公安千万级人像检索机、大规模动态人群特征检测系统等重要产品,多次在国际计算机视觉算法比赛的图像/视频识别领域摘冠。

第三,生产要素层面。人脸识别行业呈现爆发式增长,仅2016年新成立的人脸识别公司就有约40家,超过原先市场公司数量的总和。在重庆,重庆中科云丛科技有限公司作为重庆人脸识别领域的领军企业,迅速发展成业界领先企业,重庆还出现了重庆凯泽科技股份有限公司、重庆米睿科技有限公司等一些人脸识别公司,逐渐开启了重庆人脸识别产业化建设。

第四,需求(市场)要素层面。当前人脸识别的应用领域逐渐增多,涉及公安、交通、金融、教育、房地产、移动支付等多个领域。到2020年,全球人脸识别市场将达到300亿元以上。此外,人脸识别支付的市场前景更被业界预估为至少是千亿级市场。

第五,政策要素层面。目前国家密集出台一系列人脸识别政策与规范,大力支持人脸识别技术与产业发展。2017年,国务院发布《新一代人工智能发展规划》,进一步明确人脸识别技术与产业的发展方向。重庆计划将"人脸识别"作为打造两江新区科技创新示范区的重要组成部分。同时,将"智能识别""生物识别"等纳入《重庆市科技创新"十三五"规划》。

第六,服务要素层面。在九龙坡设立"人脸识别与图像处理产业园项目",建设全国首家人脸识别产业园,打造重庆中小企业人脸识别及图像处理高新技术一站式服务区。中科院重庆研究院与重庆中科云丛科技有限公司联合组建了"人脸识别产业技术协同创新中心",构建人脸识别技术与产业创新综合服务平台。

二、两个科技成果转化案例的有益启示

(一)技术(团队)要素与政策要素聚合,迅速形成区域科技创新能力

石墨烯与人脸识别的成功案例都依托中科院重庆研究院,通过人才引进弥补本地创新资源不足,组建一流的科技团队,并有效实施人才引进、团队激励、成果转化等各类政策,在较短时间内形成区域性创新能力。

（二）成果（研发）要素与技术（团队）要素聚合，快速形成科技成果转化载体

两个案例的核心技术的拥有者既是科研团队，也是推进成果转化的团队，技术开发与推广应用合为一体，对成果转化过程中的技术问题持续跟踪研发，可以快速形成科技成果的集聚，在短期内突破技术应用难题，是具备科技成果转化能力的载体。

（三）成果（研发）要素与生产要素聚合，有效提升成果转化市场环境

石墨烯通过引入上海南江集团，实现了从实验室到规模生产的关键转变，构建了良好的产业环境；人脸识别则是利用自身知识产权作价吸引社会资本，成立科技企业，迅速形成产业化能力。

（四）需求（市场）要素与生产要素、政策要素聚合，形成科技成果快速转化的市场动力

石墨烯与人脸识别都选准了市场需求点，在充分把握市场需求与技术突破的基础上，结合重庆产业政策导向，通过对接企业、构建产业环境，实现成果的快速转化与市场推广。

（五）政策要素与技术（团队）要素聚合，有效激发个体创新能动性

两个案例均依托中科院重庆研究院实施，该单位决策者有力把握政策方向，充分整合各政策优势，切实落实相关激励政策，妥善处理科技成果转化中的单位与个人之间的利益关系，建立单位与个人发展的利益共同体，充分调动了成果研发团队推动成果转化的积极性、主动性。

（六）服务要素与政策要素、需求（市场）要素聚合，更好营造良好成果转化服务环境

两个案例都强调科技成果转化服务制度建设，设立了科技成果转化服务平台，结合市场需求，开展科技成果的价值评估等知识产权服务，开展法律、财务、金融等咨询服务，并通过中介服务促进了上游科研机构与下游企业的良好对接，加速成果转化进程。

（七）注意各要素在科技成果转化周期中的适时匹配

在科技成果转化的周期中，"石墨烯"与"人脸识别"成功的一个本质特征就是根据成果转化的前、中、后端的不同需求，协调配置必要的要素支撑。转化前端：主要在"需求（市场）要素"的导向下，重点匹配"技术（团队）要素"和"政策要素"，并形成支撑，引进高水平人才成立集研发与转化于一体的团队。转化中端：在"政策要素"的支持下，"技术（团队）要素"与"成果（研发）要素"相结合，引入相关"生产要素"对接"需求（市场）要素"，成立产业化公司，以法人形式推动技术成果的应用转化。转化后端：在"服务要素"主导下，其他各要素充分聚合，使成果转化逐步形成产业链条，并以新的技术和产品解决下游产业升级的痛点，扩展新技术的应用领域。总之，"政策要素""需求（市场）要素"和"技术（团队）要素"贯穿于始终，融合成为科技成果转化的核心推动力，在科技成果转化周期中始终发挥着基础性、关键性作用。

（八）注意初步成果转化之后的继续帮扶

在科技成果成功实现转化落地之后，要进一步发展壮大，因为还会面临各种挑战。

大量竞争对手涌现。初创型高新技术企业在竞争发展中压力较大。在石墨烯领域，IBM、东芝、诺基亚等国外一流企业纷纷涉足，国内的方大碳素、烯碳新材、力合股份、金路集团、乐通股份等大批公司进入，市场竞争激

烈。在人脸识别领域,自2014年识别率首次突破人眼极限后,我国人脸识别团队数量暴增,仅2016年一年时间,全国新成立近70家人脸识别公司。虽然其中大部分公司只是跟风涌入,并没有核心产品或关键技术,但是无序竞争挤占了原本不多的新兴市场资源,加大了竞争压力。

产品同质化现象日趋严重。有市场预期的技术转化容易一哄而起,很难形成多元化合理布局与差异化运营。重庆墨希科技有限公司在石墨烯领域的技术优势集中在石墨烯薄膜与触摸屏上,而对其他多元化的石墨烯器件缺乏足够的技术积累。重庆中科云丛科技有限公司的人脸识别技术集中布局在政府用户(G端)、商业用户(B端)的安防领域。这些都与竞争对手的技术方向具有较大重叠性,产品同质化现象日趋严重,市场将会由蓝海向红海转变。因此,为了保持业内竞争力,必须进行差异化运营,并实施更全面的产业布局,持续开拓具有发展前景的潜在技术方向。

产业链延伸配套环节不足。成果转化后的产品与终端市场的需求对接有待进一步加强,需进一步开拓用户群范围,释放市场潜力。石墨烯领域近期步入了一定的发展瓶颈期,主要在于终端市场的客户需求出现了障碍,导致大量石墨烯产品缺乏实质性的下游应用。因此,石墨烯产业需要进一步对接终端需求,拓展下游应用范围,丰富石墨烯应用配套技术,形成石墨烯应用特色产品,促进石墨烯产业链优化完备。人脸识别领域也需进一步完善产业链延伸配套环节,提升产业集聚程度,持续丰富产品应用环境,形成完备产业链条。

人才队伍建设有待完善。在引进优秀研发型人才的基础上,还需进一步重视优秀管理型人才与市场营销人才的引进与培养。两项典型案例在初创阶段均有过科研型人才富集,但产业型、管理型人才极为缺乏的窘况。随着"石墨烯""人脸识别"的科技成果不断得到应用,对企业经营管理人才的需求日益上升。因此,不但要引进与培养优秀的研发型领军人才,还要重视适应高新技术企业管理运营的其他类型人才的引进与培养,挖掘具有专业技术预见能力及相关产业运营能力的优秀人才来发展高新技术。

扶持政策、产业基金等支持力度不够。政府政策对于新兴技术产业的后续扶持力度不足,在"石墨烯""人脸识别"领域均缺少服务于行业的公共研发平台或产业研发基地建设。初创型高新技术企业对于持续技术领先的研发需求很高,但是受限于拮据的经费,无力全部承担创新研发平台或产业研发基地建设与运营的费用。对于技术深度创新以及持续创新有心无力,不利于技术持续领先发展。

知识产权管理与服务支撑能力不足。技术成果保护力度有待进一步加强。随着两家高新技术企业的不断发展,公司对于知识产权评估、技术运营管理、金融服务等的需求不断增加,尤其对高水平知识产权管理与服务的需求不断提升,希望能通过科技中介得到专业化的服务。

三、提升重庆科技成果转化水平的相关建议

(一)切实增强政府及其职能部门在科技成果转化全程中的要素整合力度

促进科技成果转化是实施创新驱动战略的抓手之一,要下功夫一抓到底。根据科技成果的基础期、转化期、产业期各阶段不同的特点,探索相应政策着力点,加强政府及其职能部门在科技成果转化中的要素整合力度,形成推动科技成果转化的合力。关键是实现要素资源的高效配置,以及要素主体的深度联动。在成果转化基础期,政府及其职能部门应加强对重要潜在突破技术的布局规划,支持各类资金投入,加快研发过程,引导科研机构科学组织或调整技术团队,集中优势条件产出科技成果。在成果转化期,政府及其职能部门应加强建设良好的产研互动环境,通过专项基金或引导社会资本促成科技成果转化的上下游机构的无缝对接,并为成果落地提供快速、高效的工商、税务等行政手续办理条件。在成果产业化期,政府及其职能部门应围绕重大科技成果将形成的产业链,科学、合理地规划布局产业园区,扶持高水平科技中介服务机构成长,加强对园区和中介机构运营的监管考核,为初创型高新技术企业提供良好、健康的成长空间。在实施过程中坚持围绕实质性任务目标,重点解决好要素资源科学配置与利益主体之间的关系。

（二）切实解决科技成果转化中的"成果价值评价"难题

从两项成功转化的典型案例经验中可以看出，正是顺利实施了成果价值评估，使得技术成果的经济价值得到了科学、合理的测算，才使得后续成果转化得以有效推进。准确的成果价值评估，一方面是科研团队技术创新获得经济利益的基础保障，另一方面是企业投资者有信心合作的前提条件。

建议政府及其职能部门组织科研机构、企业、金融单位及相关机构共同研讨制定科学、合理、准确与高效的科技成果价值评估方法、机制和程序，规范实施成果经济价值评估，以及与成果经济价值相关的项目技术含量评估、项目运营风险与经济风险评估等工作。重点注意成果经济价值评估中的利益方关系，加强政府及其职能部门的监管，坚决遏制倾向性评估、恶意评估等损害相关方利益的不良行为。

（三）切实解决科技成果转化中的"转化投资者引入"难题

建议充分借鉴"石墨烯""人脸识别"两项成功转化典型案例经验，精准把握市场企业需求热点。在科学评估成果价值的基础上，利用专利技术知识产权折价入股，引入优势企业或社会资本，联合成立项目公司，推进成果转化。

在通过专利技术知识产权折价入股或作价融资引入投资者的过程中，需要坚持"将技术核心价值放在首位"的基本原则，重点解决好科研团队与投资机构之间的权责关系和利益分配，并注意防范联合成立公司或融资过程中的金融风险。通过以技术换产能、以技术换资金、以技术换市场的"三换"策略吸引投资者进入，解决成果转化关键时期的资金问题。

（四）切实解决科技成果转化中的"转化金融服务"难题

重庆科技成果转化金融问题重点在于资金来源不足、行业分布不合理以及投资风险较大，政府及相关职能部门应当拓宽转化金融来源，重点解决好投资基金的引导问题和金融风险的控制或规避问题。

建议政府及相关职能部门加强对各类科技基金的监管与引导,综合运用创业投资基金、成果转化绩效奖励和贷款风险补偿等多种方式,形成"四两拨千斤"的杠杆效果,广泛吸引金融资本、民间资本等社会投资者,丰富科技成果转化金融的来源形式。要引导资金向科技成果转化前端倾斜,加大对科技创新研发及初创型高新技术企业的支持与服务。要形成政府、科研单位、企业、金融资本共同参与的科技成果转化金融风险分担机制,构筑"共同参与、共谋发展、共担风险"的科技成果转化金融服务"三共"环境。

(五)切实解决科技成果转化管理碎片化、政策难落地的难题

重庆科技成果转化管理相关职能部门较多,管理碎片化、效率较低,亟须提升科技成果管理层次,增强政策执行力度。

建议重庆市政府牵头设置科技成果转化领导小组,明确科技成果转化的主管部门的具体落实工作,并赋以政策执行中制定实施细则及最终核准的特权,避免"多龙治水"的局面,整合职能、统一管理、简化流程,增强政策的执行力。

建议充分运用两项成功转化典型案例的重要经验,充分放权给科研团队。在政策允许的范围内,鼓励创新实施积极有效的成果激励机制、人才引进机制等,解决好科技成果转化过程中多方利益的分配问题,并且保障好科技人才引进过程中安家落户、科研启动、技术转化、自主创业等一体化、系统化政策的全面落实,创造科技成果转化政策生态。

(六)发挥好高新技术产业园、国家级开发区在科技成果转化中的重要作用

高新技术产业园、国家级开发区对科技成果转化的承接作用非常重要,是高新技术企业健康发展的重要依托。但是,重庆市当前的产业园区及其配套功能建设仍有待提质升级,需要进一步明确市内各高新技术产业园区、

开发区主导产业的定位,完善产业集群公共服务等配套条件,在园区形成良好的科技成果转化要素聚集功能,充分发挥产业园区对科技成果转化的聚集作用。坚持发展高水平、高质量的主导产业,严控质量标准和产业特色,切实解决好园区建设中软环境配套服务。

(七)发挥好科技成果转化中介机构的社会化服务作用

科技中介服务对科技成果转化起着重要的桥梁作用和支撑护航功能。重庆科技成果转化中介服务体系需进一步加强建设,制定科学、合理、规范的科技中介服务标准体系,打造一批高水平、高质量的科技中介机构。需要重点解决好科技中介服务性质界定、服务内容核准、服务效果评价及经济收益之间的关系,注意保持科技中介服务机构的第三方中立特点,坚持科学化、标准化、规范化开展科技成果转化中介服务工作。

重点鼓励、扶持成果转化过程中的价值评估、知识产权保护、法律咨询、金融服务等相关中介服务公司或者学会协会等第三方组织的成长发展,激发社会组织机构参与意愿,保障其合理的经济利益,从政策、管理等多方面推动各类中介服务的发展,打造品牌化科技服务机构,提供高质量、系统化、专业化的科技服务。

(八)高度关注科技成果转化项目的持续健康成长

从两项成功转化的典型案例所面临的新挑战中可以看出,从事成果转化的初创型高新技术企业虽然发展态势较好,但是在同行竞争、技术创新、需求拓展、资金扶持和科技管理等方面仍然存在一些亟待解决的问题,需要政府及其职能部门继续予以重视与支持,科技成果转化不仅要"扶上马",还要"送一程",帮助初创型高新技术企业健康发展,持续增强竞争力。

发展重庆数据保全产业的建议*

—————●—— （2018年6月26日） ——●—————

在重庆实施"以大数据智能化为引领的创新驱动发展战略"背景下,利用重庆本土的数据保全专利技术,大力普及和推广数据保全服务,有利于实现这一发展战略。为此,重庆邮电大学和重庆市生产力发展中心组成联合课题组,基于重庆现有条件,针对数字经济下信息安全、知识产权保护、经济纠纷裁决等领域的巨大市场需求,对发展数据保全产业的前景进行了分析和研究。

一、数据保全技术及其发展趋势

（一）数据保全技术

所谓数据保全,是运用时间戳、数据加密以及其他电子数据安全技术将原始数据固定,并将随机生成的加密函数值实时传输到保全中心存储以备查验。由于任何对保全数据的修改,都会导致加密函数值的变化,因而电子数据生成的时间、原始形态等是否被修改,可以通过校验已留存的加密函数值得到准确验证。

———————————————

*精编于重庆邮电大学、重庆市生产力发展中心联合课题组完成的"重庆数据保全产业前景研究"课题报告。

数据保全技术包括电子数据的保全与验证两个方面。电子数据保全，是在电子数据生成或存储的同时进行加密固定，并发放保全证书以预防数据篡改。电子数据验证，指电子数据保全机构验证该机构在保全时得到的加密数据，辨别并确认已经保全的电子数据是否被篡改，并对没有被篡改的电子数据出具确认该数据客观真实的验证证书。

（二）数据保全技术的价值及意义

在网络空间中，人与信息相互作用、相互影响，使得网络空间安全问题更加综合、更加复杂。作为保障电子数据真实性和完整性的有效方法，数据保全技术可以固定和确保电子数据的客观真实，为追究网络侵权责任、惩罚网络犯罪从而预防和减少网络纠纷提供重要的证据。因此，数据保全技术对于网络空间安全具有极为重要的价值。

1. 数据保全对推进电子政务的积极意义

政府利用电子数据向社会提供优质、规范、透明、符合国际水准的管理与服务，使政府服务更加智能化和便利化，有利于提高行政效率或减少政府运行成本。对和电子政务有关的电子数据及时保全，确保其真实性和完整性，可以追溯行政行为是否合法有效，预防和减少电子政务中可能出现的纠纷。

2. 数据保全为电子商务交易提供安全保障

在电子商务活动中，人们通过电子数据缔结电子合同、完成电子签名、实现电子支付，极大地提高了工作效率，降低了交易成本。但如同传统商务活动纠纷不可避免一样，电子商务活动中发生的纠纷也层出不穷。在解决电子商务纠纷时，电子数据证据必不可少。数据保全可以提供真实可靠的电子数据证据，促进纠纷解决，为电子商务交易安全提供保障。

3. 数据保全可有效保护知识产权、促进文化创意产业发展

由于文艺作品以及其他知识创意广泛利用网络传播，导致剽窃、抄袭等知识产权侵权行为有机可乘，网络取证、维权相对困难。如果对电子数据形

式的创意、文艺作品事前进行数据保全,且在线登记,一旦作品受到侵权,已作保全的数据可以提供确权证据,有效保护网络智力产品的知识产权,促进文化创意产业发展。

4.数据保全与法制建设

随着互联网的迅速发展,电子数据的运用已经渗透到社会、经济、文化、政治生活的各个方面。电子数据的技术特征给传统证据规则及传统证据保全在司法运用上提出了新的挑战。2012年修正的刑事诉讼法第四十八条第八款,以及民事诉讼法第六十三条,均将电子数据列为司法证据的一种。全国人大常委会、最高人民法院、最高人民检察院、公安部也都对电子证据的收集、审查、判断及认定作出了具体的司法解释和规定。发展数据保全技术,满足数字化场景下司法实践的需要,对于依法治国、建设法制社会具有重要作用。

(三)数据保全的理论创新和实践应用

在我国电子数据保全的理论研究和技术创新方面,重庆具有一定的优势。早在2008年,重庆邮电大学利用其在计算机、通信、法律等方面的学科交叉优势,率先成立了"电子数据保全中心",组建了科研团队,对电子数据保全进行理论和应用研究,突破多项关键技术,取得系列专利成果,完成了系统开发与平台建设。

2011年6月,重庆邮电大学的技术团队完成了数据保全技术研究。经过不断完善,2014年6月,国家专利局对"一种基于电子数据在线保全的第三方认证保全系统及方法"授予发明专利。

2012年3月,基于这一技术,重庆邮电大学与重庆市版权局合作开发了重庆数字版权云端服务平台,于当年8月23日上线运行,极大地提高了重庆地区版权登记的效率,对于电子数据作品的确权和保护发挥了重要的作用。

2013年,重庆邮电大学教授熊志海出版了《网络证据收集与保全法律制度研究》《信息视野下的证据法学》等关于数据保全的证据法学学术专著,对数据保全理论和法律制度进行了系统的研究,提出了我国网络证据收集与保全法律制度的体系构想和法律制度。

2014年,重庆邮电大学与重庆博恩科技集团合作,成立了重庆马普网络有限公司(后更名为易保全),在全国率先开展"电子数据保全"服务。凡是电话录音、网页截屏、电子邮件、网上聊天记录、电子合同等电子数据均可通过该平台实时加密传至云端,经保全后成为具备法律效力的呈堂证供。目前,该公司开发出适合各种场景应用的电子数据保全整体解决方案,如合同保、原创保、日志保、取证保、语音保、邮件保、凭证保、E送达等。

2018年初,在重庆邮电大学专家的指导和参与下,带有实时拍照、实时录音、实时录像功能的"易证保"手机APP正式上线运行。2018年3月开始,与大陆云盾电子认证服务有限公司建立联系,结合银行及互联网金融等特殊领域的需求,进行符合该行业特殊标准的保全方案及系统的革新改造(结合CA与EID)。

(四)数据保全产业的兴起

近年国内已经出现了一些专门从事电子数据保全的企业,如北京的国信嘉宁、上海法链、西安时间戳、浙江安存、福建美亚柏科等等。在国外,数据保全服务已经在发达国家形成产业,美国、日本等国家广泛将数据保全技术应用于电子商务、电子医疗和其他众多公共信息服务领域。

电子数据保全技术的产生和发展,已经催生了一个全新的产业——数据保全服务产业。此类服务能够为互联网上涉及财产和其他民事权利的电子数据提供合法有效的证据,能够为所有电子数据的真实可靠性提供技术验证。这一产业覆盖了电子商务交易信息保全、电子政务信息保全、网上银行电子支付凭证保全、网上证券交易信息保全、电子文书及其签名的保全,以及其他各种类型的网络消费者权利保护、网络版权保护等众多应用领域。

当今世界,强化信息安全已经成为各国重要的国家战略,数据安全保障技术发展前景极为广阔,数据保全产业必将成为影响信息产业发展的重要支柱性行业。

（五）重庆数据保全技术的比较优势

目前，国内专门从事数据保全的科技企业主要运用 Hash 算法、非对称算法、密码传输技术、分布式存储、与国家法定时间源绑定和与 CA 合作获得经认定的数字签名等技术，对社会公众提供数据保全服务。

此外，还有少数科技公司基于区块链及人工智能技术，推出了端到端的开放式云平台，提供侵权取证、检测等服务。

与前述数据保全企业提供的数据保全技术相比较，重庆本土研发的第三方数据保全专利技术具有明显的技术优势。

其一，防止后台篡改数据的全面监督技术。重庆数据保全技术采用了动态哈希链条加密保全，不仅确保了对数据的任何改动都能够被准确发现，而且还在实时出具的保全证书载明了保全该电子数据时刻的平台数据的超级哈希值，从技术上锁定了任何人，包括后台操作人员自己都无法篡改保全数据。这一独有技术解决了对平台自身的监督问题，能够应对任何对保全数据是否客观真实的质疑，彰显了数据保全服务的技术中立原则。

其二，防止用户数据隐私泄露的数据保密技术。重庆的这一数据保全技术，充分考虑了国家机关、企事业单位对数据保密和个人用户对数据隐私保护的要求，同时提供两种数据保全技术方法。对于有数据保密要求的用户，提供一种在用户客户端加密，仅上传无法得到数据内容的加密哈希函数值的技术方案，第三方数据保全平台不接触被加密信息的内容。对于需要借助云端保存数据的用户，则在提供数据储存空间的同时对数据进行加密，予以保全。

其三，重庆数据保全技术获得国家发明专利，其独有的技术、方法已经得到国家法律保护。作为电子数据保全技术领域的基础专利，这一技术建立了第三方数据保全和验证系统的基本构造，其保全验证流程充分体现了我国立法对于证据客观真实性的程序要求。其技术构思和技术解决方案已上线应用于"易保全"和"易证保"中，是国内唯一拥有专利技术保护的数据保全在线交易平台。

二、重庆数据保全产业的现状不容乐观

重庆发展数据保全产业虽然具有技术优势,但相较于北京、深圳等地,重庆数据保全产业发展却存在明显差距。

(一)建设与发展速度相对落后

虽然有关信息证据理论、数据保全的理论都由重庆本土的信息安全、证据法学专家、教授在国内首次提出,并拥有国家授权的数据保全基础发明专利,基于专利技术的数据保全互联网平台也已上线应用多年。但是就数据保全产业发展的现状而论,重庆的数据保全服务只是初创,产业体系建设尚未得到重视,在应用上还落后于北京、上海、浙江、广东等省市。

(二)未能构建良好的产业生态

重庆的信息化发展程度较高,互联网、移动互联网都有很好的应用。党政机关、企事业单位的无纸化办公、电子监控、电子病历、电子税票、电子合同等正在得到推广。但是,重庆本土推出的数据保全线上线下服务,包括"易保全"推出的合同保、原创保和凭证保等服务,"易证保"推出的手机APP等数据保全服务,不仅没有在全国范围表现出市场优势,甚至在重庆本地也缺乏应用场景。数据保全服务技术与潜在的客户群之间存在严重的信息不对称现象,已有的数据保全服务平台未能打通电子数据保全、存证、取证、举证等需求的上下游产业链,产业生态发育不全。

(三)商业模式不能适应数据保全市场需求

目前互联网服务应用最多的微信,对用户都是免费使用,企业营利是通过与电信运营商的流量分成和广告等方式实现。由于没有政府和运营商的支持与合作,受企业自身发展条件和眼界所限,重庆本土企业推出的"易保全"和"易证保"数据保全服务都采用了收费模式,其中"易保全"以单位接入

为标准,最低收费每年五万元。因收费原因以及商业推广上的不足,导致重庆数据保全技术的商业应用推进缓慢,未能实现产业规模化发展。

三、发展重庆数据保全产业的建议

重庆是长江上游地区的经济中心、金融中心,也是国内数据保全理论和技术的发源地,具备发展数据保全产业的基础条件。依托这些技术优势,在重庆全面推进和发展数据保全产业,将会对重庆经济社会发展产生积极的作用。

(一)数据保全技术具有广阔的商业应用前景

从法律的视角看,数据保全是一种利用互联网和计算机技术对已产生的与特定事实有关的信息进行固定,使其符合法律规定的客观性要求,并可作为案件事实依据的收集和固定证据的活动。因此,数据保全具有严格的合法性导向,其一切程序和方法必须以实现电子数据在司法诉讼中能够作为合法有效的证据为目的。

数据保全的产业定位是一种适应互联网、物联网技术发展趋势,依托高科技确保技术中立原则,能够满足司法取证举证要求的高技术法律服务。随着电子数据的广泛运用和司法实践的发展,所有法人和自然人均需要通过数据保全服务来维护自身的合法权益;依法治国、依法行政也需要数据保全服务加以支撑。海量的电子数据一旦产生了加密和固定的需求,数据保全的产业前景不可限量。而重庆的数据保全专利在确保技术中立性和保护用户信息私密上独树一帜,市场竞争力尤可期待。

(二)重庆数据保全产业的重点方向

根据需求端市场的成熟度,数据保全服务可以在某些行业先行推广,这些行业一般具备三个条件：

第一，用户急需。当今企业、政府的业务处理以及公民的个人信息已高度数据化，有些数据信息关系到公民基本权利或者公私财产的流动及归属，对个人、团体以及社会利益影响重大，如知识产权确权与保护领域，金融、商品流通领域等。

第二，社会关注。建设服务型政府必须"依法行政""按章办事"。近些年来，个别地方政府职能部门行政执法不规范的事件被频频爆出，在引起舆论关注的同时也在不断地侵蚀着政府的公信力。因此，在行政执法领域使用数据保全技术对执法过程进行中立性技术监督，有利于取信于民。

第三，矛盾突出。近些年来，某些领域内发生的矛盾和纠纷对整个社会的安定产生了不良影响，例如医疗领域的医患矛盾。在这样的领域内优先使用数据保全技术，对日常业务进行规范，对某些易发纠纷的环节（如处方、手术方案等）实时固定数据有利于减少矛盾产生的概率，有利于事后调解纠纷，为构建和谐社会提供技术支撑。

基于以上条件，建议在如下领域重点推进数据保全服务，取得经验后全面推广。

1. 各类收费、票据无纸化

随着互联网渗透到社会生活的方方面面，便捷、高效的交易模式已为大众所接受，"无纸运动"在各行各业迅速发展。

不久前财政部在渝召开了"推进财政电子票据管理改革试点"座谈会，决定在重庆、北京、黑龙江等地区试点改革财政电子票据管理，重点选择网上报名考试、交通罚款、教育收费、医疗收费等业务。

根据国家税务总局办公厅下发的《关于全面推行财政票据电子化管理系统的通知》，自2018年1月1日起在国税系统全面开展财政票据电子化改革，统一部署、安装运行财政票据电子化管理系统，启用机打财政票据，停用手工财政票据。

可以预见，无纸化是未来电子政务、电子商务发展的必然趋势，也是绿色环保、高效便捷的社会进步方向。因为无纸化电子票据自身的特性，必须采用技术手段防止数据篡改。因此，数据保全产业的发展，将为无纸化的行政和商业行为提供技术和法律的支撑。

2.知识产权、文化创意的数据保全

伴随着"大数据智能化"时代的到来,互联网已经覆盖到文学、文化、创意等行业领域,用户层级上已经实现了由个人到行业的扩张。在互联网的大平台下,把对数据保全服务有需求的人群进行分类,可针对不同的用户群体,开发不同的数据保全应用场景。

对于高校而言,推广数据保全服务,能够有效地对科研人员、教师、学生的各类学术成果进行确权和保护,防范学术论文或成果被抄袭,是高校保护知识产权最为可行、有效的方法。

对于互联网企业,对在网络系统的使用中必然会遇到的信息泄露、知识创意及商业秘密侵权等问题,数据保全技术能够为企业提供信息安全保障和起诉侵权者的手段。

尤其是互联网网络文学平台,经常有大量的原创文学作品、文化创意作品的上传、发表、转载等操作,一旦产生纠纷,证据的缺失和取证的困难成了作者们的最大痛点,当下特别需要能够有效确权与维权的数据保全证据服务。

在互联网设计平台上,如广告设计、建筑工程设计、服装设计等也经常存在被抄袭和被侵权的风险,数据保全服务则可使这类互联网企业有效地维护自己的合法权益。

3.电子病历的固定与保全

目前,重庆各大医院已经采用了电子病历固定的数字签名技术。但是,由于电子病历数据都是存储于医院自身建立的数据中心,在发生医患纠纷时,患者往往对医院自己存储自己提供证明的这种方式不认可。因此,用具有技术中立性的电子数据保全服务则可以避免这类质疑,能够更好地保护患者和医院双方的合法权益。不仅可以促进医院改善内部管理,增强医务人员的责任心,也可以极大地提升患者对医院的信任感,有利于建立良好的医患关系。

4.提高行政执法公信力

目前,很多行政执法部门为监督执法过程的合法性和公正性,都对执法全程进行视频存证。但这些视频数据均保存在执法部门自建的后台,一旦产生纠纷,其真实性和公正性容易受到质疑。如果在视频数据生成的第一时间和第一现场就通过第三方数据保全平台加以保全固定,成为司法认可的电子证据,则将极大地提高行政执法公信力。

(三)建设重庆数据保全中心

美国学者史密斯和埃格斯在《网络化治理:公共部门的新形态》一书中提出了政府网络化治理理论,预测了公共部门在网络化背景下的四种基本发展趋势:一是利用私人公司和非营利性组织而不是政府雇员来提供公共服务的第三方政府;二是不断倾向于整合政府机构,有时甚至是多级政府联合提供整合化服务的协同政府;三是政府运用数字技术,与外部公共服务伙伴进行实时合作,解决公共治理难题;四是政府与非政府组织合作,提供更加多元化的服务以满足民众个性化需求。目前这种趋势已在中国出现,并得到中央政府鼓励。

利用已有的数据保全技术,采取政府资金与社会资本合作的方式建设重庆数据保全中心,在技术中立的基础之上加持政府公信力,将进一步获得公众信任,扩大数据保全服务领域,同步推进服务型政府的建设和数据保全产业的发展,创新行政管理方式和商业运行模式,在国内取得领先地位。

出于社会资本的商业敏感性,目前已有社会资本与重庆邮电大学合作,利用后者的数据保全技术开发出"易保全"和"易证保"等网络平台上线运行,提供商业化服务。

当前建设重庆数据保全中心有两种基本路径选择。一是分析"易保全""易证保"等现有平台功能,根据建设服务型政府的需要,增加若干公共服务功能;通过引入政府性投资基金或采取政府购买服务的方式,开展政府与社会资本的合作,突出市场导向的特点。二是以实现政府管理目标为前提,利用已有数据保全技术,另行设计平台功能框架,全方位提供公共服务;也不排除引入社会资本合作,但其特点是政府主导。到底选择何种路径,需要充分论证。但重庆数据保全中心的定位要立足于本地市场,面向全国提供高质量的法律技术服务,成为依法治国、依法行政、维护企业和公众合法权益、构建和谐社会的高技术平台。

(四)加强对数据保全产业的领导

对于刚刚兴起的数据保全产业,要明确主管部门,并指定其根据全市推进大数据智能化创新驱动战略的需要,制定发展数据保全产业的指导意见。进一步明确该产业在大数据智能化创新驱动战略中的地位,加大相关技术的研发投入;扩大数据保全技术应用领域,推动行政、执法、公证、仲裁、司法等部门使用电子证据,形成良好的产业生态圈。在扩大应用的实践中,研究制定行业技术标准,将数据保全技术嵌入有关部门和事业单位的业务系统,增强其涉及公共利益的相关事务的客观公正性,以技术中立提高公信力,改进服务质量,提高服务效率。

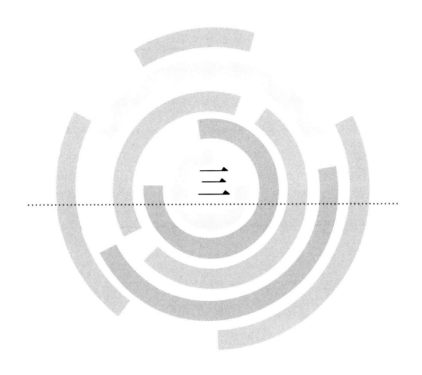

三

重庆历史文化资源"活态"保护政策研究*

（2017年8月21日）

一、"活态"保护是历史文化保护利用的重要原则

进入21世纪以来，随着工业化和城镇化进程加快，如何在发展中更好地保护传统历史文化的问题日益突出。党和国家对城乡文化保护和利用提出了新的要求，在一系列法律、条例、行政规章和发展规划中，均强调坚持传承和严格保护传统历史文化，并将历史文化的"活态"保护作为一项重要原则。习总书记也在多个场合反复强调，要让收藏在博物馆的文物、陈列在广阔大地上的遗产、书写在古籍里的文字都活起来，"让文物说话，把历史智慧告诉人们，激发我们的民族自豪感和自信心"。

2015年1月，《重庆市人民政府关于重庆市历史文化名城保护规划的批复》也明确提出，要"坚持《规划》确定的真实性、整体性、活态保护、地域特色、适度利用等保护原则"。随着《重庆市历史文化名城保护规划》的实施，各地陆续启动了一批保护利用项目，采取的开发模式各不相同。在具体工作中，如何全面贯彻市政府确定的各项保护原则，处理好保护与利用、保护与发展的关系具有普遍的挑战性。尤其是如何把"活态"保护的原则落到实处，让传统历史文化"活态"得以传承下去，更是一个难题。

---

*精编于重庆市生产力发展中心课题组完成的"重庆市历史文化资源'活态'保护政策研究"课题报告。

实际上,在真实性、整体性、活态保护、地域特色和适度利用几大原则中,活态保护这一原则最具黏合性。因为只有活态保护这个理念涵盖了人口与环境、历史与现实、自然与文化、共性与特色、经济活动与物质空间、保护与发展的全部关系,处于历史文化保护各原则的核心地位。因此,深入探讨实施"活态"保护的方法和路径,以及推进"活态"保护的政策措施,对科学实施《重庆市历史文化名城保护规划》具有重要的现实意义。

为了便于研究,本文将"重庆历史文化资源"限定于《重庆市历史文化名城保护规划》归列的七类文化资源之中的历史文化街区和传统风貌区、历史文化村镇、优秀历史建筑和保护建筑。这部分历史文化资源的保护利用在法规上可对社会资本开放。保护区域内的文物则适用文物保护的相关法规,不在本文讨论范围之内。

二、历史文化资源"活态"保护概念

"活态"保护理念是基于对历史文化资源保护对象之历史演进规律的认识而形成的。绝大多数历史文化资源保护对象,尤其是历史文化街区、传统风貌区、历史文化村镇等,都是特定社会经济和人文生活的实物载体,其形成和发展经历了漫长的演变过程,积淀了丰富的历史文化元素。在其发展的鼎盛时期,一般具有以下特征:

一是繁荣的经济活动。如依托便利的水陆交通形成的物资集散、商业贸易及相关服务业;基于当地资源形成的特色农业、林业、养殖业、手工业、采矿业等等;其经济活动与周边地区居民的生产生活密切相关,通过频繁的经济交换,持续获取经济能量,保持着旺盛的经济活力。这类经济活动是生成历史文化资源保护对象的物质基础。

二是与当地产业特征和产业规模相适应的人口职业结构。因从事特定行业的人口集聚和繁衍,形成了独特的区域性社会群落生态和行为文化,从而造就出有别于他处的人文灵魂。

三是独特的产业经济和人口群落与当地自然地理环境相融合,形成别具一格的建筑空间形态和基于特定社会经济生活的习惯传统。这些人文元素经过长时间的物化,就成为当地标志性的历史风貌符号。

现有的历史文化资源保护对象之所以在社会变迁过程中逐渐衰落,究其原因主要在于原有经济活动或者外迁转移,或者逐步消亡,致使既有的物质基础崩塌。因为原有经济活动减弱或不复存在,人口结构也随之发生重大变化,具有一定经济实力、特殊劳动技能和文化素养的居民大量流失,留在当地生活的多为社会边缘人群或弱势群体,他们既缺乏保护传统文化的意识,也无实施保护的经济能力,致使当地固有历史文化元素消失。在物质基础消失、历史文化元素消失之后,过去的繁华之地丧失了社会活力,传统风貌符号遭受自然侵蚀或人为损毁,最终沦为抢救保护的对象。

历史文化资源保护对象的兴衰演进规律给予我们的启示在于,单纯注重保护对象区域内的建筑空间(即传统风貌符号)的修缮保护,而忽略保护对象区域内经济活动和人口结构的重构,是难以实现"活态"传承历史文脉的,在经济上也是不可持续的。通过政府投入或引入开发商进行成片改造,虽然能够在整体上恢复保护对象区域内的历史建筑群落,但是过度商业化和形态同质化的现象也很严重,与历史文化的再现和延续相去甚远。因此有必要在历史文化资源保护工作中广泛引入"活态"保护的理念。

基于对历史文化资源保护对象演进规律的认识,我们将"活态"保护概念的内涵定义为:按照保护规划确定的特色和功能定位,在保护对象区域内实行人口结构、经济业态和物质空间"三位一体"的调整重构,恢复其经济社会活力,让传统风貌和传统文化在现代生活场景中得以传承和延续。

具体而言,人口结构调整是根据保护对象区域的实际情况进行人口减载或人口置换的,目的在于实现人口与环境的协调,以具备保护意识和保护能力的新居民置换部分缺乏保护意识和不具备保护能力的原有居民。人口结构的调整既为经济形态和物质空间重构创造了条件,也是当地经济复苏和物质空间整治同步演进的结果。

经济形态重构是在充分挖掘所保护的建筑物的文化和商业价值基础之上,在保护的前提下加以适度利用,引入对环境友好、适应现代生活需要、有利于当地物质和非物质文化遗产资源得到开发的新的经济业态,恢复当地经济活力,形成可持续保护利用的物质基础。

物质空间的重构,是指在保护规划指导下,对当地历史脉络和空间格局进行梳理,保持当地传统风貌的整体性。对历史建筑按照真实性原则加以外观修缮和内部改造,合理调整使用功能,为引入新的经济业态提供空间。对保护区域的基础设施及周边环境进行改造,改善居住环境,提升商业价值。

实施"活态"保护不是全面复古,除了在物质空间上尽最大可能保持原真性,在经济业态和社会生活方面则既要注重历史文化的传承,也要适应现代社会的物质和精神需要,必须将保护和发展有机统一起来。

"活态"保护概念的外延涉及以下几个方面:

一是所有保护措施都要以历史"原真性"为前提。对保护区域内的历史建筑、人工环境、自然环境等物质领域以及非物质文化领域均要以原真性加以覆盖;保留老旧建筑物的材料结构、工艺技术、比例尺度、空间组织以及地段整体风貌的原真性;保留市井民俗、民间艺术、节庆风俗、民间传说等方面的信息原真性;保留解读历史地段形成、发展途径与方式的原真性。

二是提倡最小干预过程。历史文化资源保护修缮的最小干预过程主要体现为小规模"渐进式"更新,即有机更新,是指在充分认识保护区内历史地段现状的物质空间结构、经济结构、社会结构等基础上,依据真实性、可识别性、可持续性原则,由政府主导,社区组织及居民内部协商、设计人员提供技术支持,渐次采用适当规模和合适尺度的整治,以小规模的资金逐渐投入,逐步加以完善的保护方式。这种方式与大拆大建不同,它不打断保护区域的正常生活,既关注历史文化物质载体的保护以及非物质文化的传承,也注重保留当地社会生活的多样性,以一种整体、连续、动态的视野来解读和表达保护对象的原真性,从而温和、渐进地将历史地段的资源禀赋与现代社会生活融为一体。渐进式有机更新,不仅可以将人为的干预控制在最小的程度,也可以通过逐次的更新来加深对保护对象的认识和理解,随时纠正主观臆断行为。

三是正确处理利益相关者的动态博弈。"活态"保护的参与者包括政府、原住民、建筑物业主、政府平台公司、开发商以及众多社会资本投资人等等,其利益诉求各不相同,纠纷和冲突时有发生。尤其在渐进式有机更新过程中,不同利益方的博弈持续不断。因此需要协调兼顾各方利益,寻求最大公约数,建立起政府主导、社会资本积极进入、当地居民主动参与的保护利用机制,形成互利共赢的局面。

三、历史文化资源"活态"保护利用案例借鉴

(一)浙江省杭州市中心城区历史建筑——居民结构、物质空间的重构与投资多元化

1.居民结构调整

当地政府对杭州市中心城区历史建筑区域内的原有居民主要采取异地房源安置和货币安置相结合的方式,让部分居民迁出保护区;也有部分居民自主选择留在当地或原地回迁安置。当地政府通过居民人口调整,降低了保护区内的人口密度,改善了居民的居住条件,也大大优化了发展环境,为引入和培育新的经济业态腾出了足够的空间。

2.物质空间的调整利用

根据保护规划的要求,对部分历史建筑的原有使用功能重新定位。如将产业类历史建筑置换为创意产业园,在物质形态上将城市历史记忆以"活的标本"保存下去,同时为引入新的产业经济提供场地,实现旧工业区的改造升级,增添当地经济活力和创造力;在博物馆类建筑内增设中药、刀剪剑、扇、伞等专业博物馆,传承当地特色文化;将沿京杭运河布局的产业性用地改为城市开放展示空间,将原部分工业企业的厂房、车间等构筑物保留改造,置入特色餐饮、影视娱乐、艺术画廊、出版社、演出公司、艺术工作室、设计公司等,形成约6万平方米的城市综合体。物质空间的功能置换,为引入新的经济业态创造了条件,最终重构了当地经济。

3.保护利用的投资多元化

通过必要的政策引导,形成主要包括政府投入、民间非营利性和营利性资本投入的混合模式。其中,民间非营利性资本包括地区保护组织、基金会和各方面捐赠,主要投入教育和公益类保护项目,极大地改善了当地环境。民间营利性资本的进入带动了当地经济业态的更新,是繁荣经济的主要力量。

4.政府的政策引导

政府为参与历史建筑保护的企业和团体提供资金补助或通过优惠贷款予以支持,按照规定对建筑进行保护、修复的建筑物产权人给予一定的资金补助;对于承担历史文化资源保护工程的开发商,允许其在另外区域投资时享受提高容积率、获得土地租用优先权等优惠政策;对用于历史建筑保护和利用的资金给予所得税、营业税、财产税和印花税减免等优惠政策,鼓励民间资本加大保护性投入。

(二)上海田子坊文化街区——在政府扶持下,以原住民为主体,推进人口结构、物质空间与产业经济的重构

1.演进式的居民结构调整

上海田子坊文化街区的保护利用采取自下而上的民间资本运作模式,政府不组织原居民搬迁,而是专门出台"居改非"政策,鼓励原有居民改变住房用途,自主进行房屋租赁,从而吸引投资人和新的从业者到当地发展。这种方式温和而逐步地改善了当地人口结构,避免了大拆大建,体现了以人为本的精神。

2.物质空间的功能活化

居民住宅变成各种购物、餐饮店面,老厂房改造成工作室、创意作坊,形成艺术区、购物区、西餐区等不同的特色群落,在功能上互为补充。超过30多个国家的不同创意行业以休闲作坊、工作室等极具休闲观光特质的形态开店作业,实现了对历史建筑的活态利用。

3.形成新的产业经济

在政府引导下,充分发挥民间资本的作用,促进新产业形成集聚效应。前期,政府将空置厂房的使用权转租给文化发展商,由发展商进行市场化运作,通过招徕著名艺术家入驻,逐渐打造了田子坊创意工场的品牌。后期,政府出台"居改非"政策,鼓励居民将自己的房屋物业投入市场,吸引不同种类的商业业态入驻,使得田子坊经济业态呈现多元化的发展趋势。

4.通过规划和政策引导

政府通过规划对田子坊地区的功能加以定位,委托设计部门编制《田子坊综合发展规划》,对片区发展加以控制;制定了《田子坊内工商注册登记流程》,规范田子坊市场经营行为;颁布了《田子坊创新产业集聚区产业导向目录》,建立了行业准入机制,明确了鼓励、限制和禁止类产业的标准;出台"居改非"政策,土地产权不变,业主享有使用权和租赁权,通过出租住房用于经营,扩大了民间资本的投资空间。

(三)江苏省南京颐和路地区民国建筑——对共同保护机制的探索

针对当地民国建筑产权关系复杂的现实状况,当地政府在清理并确定产权的基础上,以产权为核心,确定政府和不同利益主体的保护责任,动员社会力量共同保护利用历史文化资源。

1.产权与保护责任划分

根据私有产权、集体产权、代管产权等不同情况,分别划定相应的保护责任。私有产权由所有人承担主要的维护、修缮费用,政府给予一定补助;对确有困难无法承担修缮费用的所有人,政府主动扩大支持比例,或通过其他途径帮助解决资金问题。集体产权由政府、集体、住户共担维护责任,若以公共服务为目的,由政府和集体按比例共同解决维护资金;以居住功能为主的,由政府适当资助,集体和住户按相关约定主要承担维修所需资金。代管产权,由政府相关部门暂时代为行使管理,用作公共服务的由政府和相关利益团体共同筹集维护资金;用作商业或其他营利目的的以受益单位为主、政府支持为辅筹集维护资金;保留居住性质的由政府和住户按比例共同筹集维护资金,并可通过其他方式,如改变部分沿街建筑的使用性质,获取相应收益用作补贴。对于现有居民中确实没有能力承担维护资金的,今后考虑以逐步置换的方式,将其迁出,同时通过建筑物功能置换引入新业者,实现人口结构转换。

2.国有公司经营

对于产权关系特别复杂的建筑,由政府平台公司对建筑进行整体回购改造后,或者由平台公司自持物业经营,或者将其产权推向市场交易,通过引入民间投资来回收成本。出让产权的建筑物,其维护责任在产权转移的同时予以确认。

(四)浙江省桐乡市乌镇——慢功夫打造出的精品

乌镇从一个老街颓损、民居破旧、人气萧条的千年古镇华丽转身为国家5A级风景区、世界互联网大会永久性会址,经历了十年时间。其间产生过不同思路的碰撞,也有过长时间的困惑。但当地党委政府在寻求古镇新生的"动力源"和"生长点"的过程中,始终坚持"在保护的前提下合理开发",在人口结构、经济业态、物质空间的重构上下足了功夫。

1.古镇的再造急不得

乌镇的再造缘起于1997年,当时将"文化遗产""怀旧寻根""旅游休闲"作为乌镇发展的"动力源"和"生长点",依托同济大学历史文化名城研究中心开展论证规划。前期工作持续了两年多,主要是为了统一认识,形成科学合理的保护与开发思路。

1999年9月,乌镇保护与旅游开发一期工程(东栅)启动搬迁,经过一年多时间的整治改造,东栅景区于2001年1月正式对外开放。在东栅景区取得成功后,二期工程(西栅)于2002年初启动,但西栅的再造却持续了五年之久。这不仅是因为西栅的保护面积比东栅大,更主要的原因在于当时的决策者审时度势作出了新的选择,要求重新定位西栅的特色与功能,与东栅景区形成错位互补关系。这一决定虽然增加了二期保护与开发的难度,引发出不同思路的交锋,延缓了项目工期,但经过时间的磨砺,西栅景区的保护与开发比东栅景区更加完善,人与环境、自然、建筑之间更加和谐。在2007年2月西栅景区正式开放时,它与一期东栅的"观光型"景区实现了错位发展,成为全新的"观光加休闲体验型"古镇景区,这也为后期吸引世界互联网大会入驻创造了条件。乌镇的实践证明,对于名镇的保护利用不能追求一时之快,久久为功才能产生出精品。

2.按"五字法"处理人与物质空间的关系

乌镇的保护与开发坚持"整旧如故、以存其真"。在具体做法上归纳为"迁、拆、修、补、饰"五个字。

"迁"就是搬迁保护区域内的工厂、大型商业设施和部分居民,对原有人口结构和经济业态进行必要的调整。东栅景区经过调整后,留下来二百余户原住居民;西栅景区在整治工作完成之后,又选择性地让已外迁的部分居民回租其原旧居。在景区内保留部分居民(具有保护意识的和具备保护能力的居民)有利于延续古镇原有生活形态及文化传统,是防止过度商业化和"博物馆"化的必要措施。

"拆"就是对保护区域内与历史原貌不协调的建筑物进行拆除,而不是简单地对不协调的后期建筑物进行外观改造,使景区内出现不伦不类的仿古建筑,真正做到"以存其真"。

"修"即严格使用旧材料和传统工艺修缮破损的街道、旧屋、河岸、桥梁等,恢复其原貌。如古镇上的老街原来已被改成水泥路面,在整治过程中从邻近地区收购老屋基石和驳岸老石头,按照传统工艺将老街全部恢复成明清风格的石板路。

"补"就是对保护区域内成片的断缺空白处,一律按旧制用旧料补建旧建筑,以保护整体风貌。如中市片区因拆除几幢20世纪80年代的建筑之后留下空白,后将附近农村的几座古宅大院迁移过来填补空白,既保护了分散濒危的古建筑,又丰富了景区景观。

"饰"是指保护区域内所有管线全部下地,空调等现代设施一律遮掩。沿街铺面、老店、老房、旧墙等哪里坏了修饰哪里,尽量保持原貌,而且材料和工艺与旧物一致，做到"修旧如故"。

3.培育新经济业态重在防止过度商业化

没有新的经济活动古镇就没有活力，而过度商业化又破坏了古镇的原真风貌。乌镇采取疏堵结合的措施，一方面防止居民破墙开店，或随意转租门面等；另一方面由政府平台公司为老街居民提供各种工作岗位，低价提供部分铺面或旅游设施供老街居民经营，对无劳动能力者发放生活补贴。既让当地居民享受了发展成果，又有效遏制了过度商业化。政府平台公司还大力发掘当地非物质文化遗产，发展传统手工艺、传统戏曲表演、土特产品制作等，既为当地居民创造了更多的发展机会，又丰富了古镇的经济业态。

4.独特的保护开发模式

乌镇景区内的建筑80%属于政府直管公房，一直低价出租给居民居住。基于这个历史条件，政府平台公司——乌镇旅游开发公司，将景区内其他非公有产权的房屋统一收购之后再进行整体规划改造。这一做法在二期工程即西栅的改造中尤为明显。为了延续古镇原有的生活状态，西栅改造完成后，政府平台公司又根据条件选择了部分已迁出的原居民回租其旧居。但此时产权已经易手，回租居民不能将住房改作其他用途。改造后的其他建筑，则由政府平台公司按规划用于商业或旅游。这种保护开发模式使政府平台公司承受较大的融资压力，因此乌镇旅游开发公司于2009年引入国际战略投资者进行股份制改造，形成了混合所有制的保护开发模式。

（五）案例总结

以上案例虽然各具特色，但都在历史文化资源保护利用方面进行了大量的探索，形成了经过实践检验的成功经验，对重庆完善历史文化资源"活态"保护相关政策具有借鉴价值。

1.案例的主要经验

不搞大拆大建，使历史文化资源的原真性得到最大程度的保护。所有案例的共同特点都是坚持原真性原则，在保护的前提下对保护对象加以改造、更新和利用。适度拆迁在很多案例中都出现过,但其目的仅限于以下两方面:一是减载人口,调整居民结构,为物质空间调整创造条件;二是为恢复保护对象原有整体风貌而拆除部分不协调建筑,以提升历史文化资源的潜在价值。

实行渐进式的保护利用方式。历史文化资源的"活态"保护难在历史文脉的清理、文化价值的发掘、特色功能的定位以及对保护利用方式的选择上。要达成共识,进而形成科学合理的保护利用思路需要反复论证,权衡利弊,比较选择,甚至需要通过实践和探索不断加以修正完善。采用大会战的方式不符合历史文化资源保护的规律,可能造成不可逆转的损失。乌镇西栅的改造更新最能说明打造精品工程不在于快,而在于总体思路的长期酝酿和具体项目的精雕细琢。

充分发挥市场配置资源的决定性作用。历史文化资源的保护利用需要大量资金投入,不可能由政府单独承担,通过市场化的方式吸引社会资本介入是普遍的做法。当下比较常见的模式是政府通过总体规划之后,或者交由开发商,或者交由政府平台公司运用社会融资统一打造。但是这种由大资本主导的模式受开发商或平台公司追求投入产出效益的影响,往往导致项目过度商业化,或者项目形态同质化。像乌镇旅游开发公司那样能合理处理公司效益与防止项目过度商业化之间关系的企业并不多见。上海田子坊文化街区另辟蹊径,通过允许居民"居改非",将自有物业投入市场,吸引大量分散的小资本进入,在市场的选择下形成独具特色的产业聚落,经济业态呈多元化发展趋势。这个案例尤其珍贵,证明了小资本分散介入历史文化资源保护利用的可行性及其明显的效果。

人口结构、经济业态、空间形态的"三位一体"重构是历史文化资源"活态"保护的主要着力点。所有案例中具体抓手各不相同,但无一例外的都在人口结构调整、经济业态培育、空间形态修缮改造和功能置换等方面下足了功夫,相关政策也是围绕这些问题来制定和实施的。因为只有人口、经济和物质空间经过重构并在新的条件下和谐统一,历史文化资源才能恢复活力,最终以"活态"的形式得以延续。

2.案例中的政策创新

保护区域内居住用房"居改非"。该政策的着眼点在于,依据一定条件允许居民改变其拥有产权的住房的用途,可用作经营或出租,从而引入资本投入,达到保护历史建筑的目的。同时,新的使用者进入,对当地人口结构调整和新兴经济业态的发展均产生了一定的积极影响。这种方式对引入小型分散的社会资本参与保护利用,发展多元化经济业态,尤其是文创类业态比较有利,是推进渐进式保护利用的有效途径。

历史建筑资产化,可交易,可转让。历史建筑物是一种稀缺资源,具有与一般建筑物同等的使用价值和一般建筑物不具备的文化价值。只有将其资产化,进入市场交易,才能充分体现和实现其潜在的文化价值。这个政策的突破,能为社会资本参与历史文化资源保护利用开辟新的通道,使有保护意识和能力的企业、社会团体和个人得以在保护利用工作中发挥自身优势,形成多元化的"活态"保护主体。政府平台公司可利用这种政策对保护区内的房产进行收购,再将资产化的历史建筑用于抵押融资,并在后期的交易中实现保值增值。历史建筑物实现资产化之后,也为保护区内人口结构和经济业态的调整提供了更大的腾挪空间。

对新经济业态的培育实行负面清单管理。保护区域内的社会活力在很大程度上取决于当地经济的繁荣程度,但发展经济与保护历史风貌原真性存在冲突。为将这种冲突控制在合理范围之内,就必须对保护区域内的经济业态进行一定限制。各地的做法是根据保护规划制定经营活动的负面清单,对不适合在当地发展的业态加以禁止,使经济活动活而不乱,与历史风貌的保护相得益彰。

用政策法规明确历史建筑物的保护修缮责任。一般而言,产权所有者是第一责任人,负有保护的主要责任。但是在产权所有者和实际使用者分离的情况下,在主要保护责任人缺乏保护能力的情况下,在历史建筑物产权转移从而导致保护责任相应转移的情况下,均需要有具体的规定来明确和落实保护责任,并实行有效监督和对失责者进行追究处罚。各地在这些方面均有所探索,并形成了一些可行的办法。

四、重庆市历史文化资源"活态"保护政策建议

重庆历史文化资源"活态"保护政策应立足既有政策基础,通过补充加以完善。借鉴外地经验,着重在保护对象区域内的人口置换或减载、产业培育、空间形态保护修缮、建筑物产权交易、保护责任划分、产业发展负面清单、鼓励投资主体多元化、保护区内监督管理及适用的技术标准等方面作出相关规定,在现有政策基础上进一步体现活态保护利用理念。

(一)人口置换政策

该项政策的目的是实现保护区域人口减载,优化人口结构,尽可能使居民群落的职业结构与保护区的特色功能定位相吻合,提高居民保护历史文化资源的意识和能力。现有政策中的外迁安置、货币化安置、原地保留、原地回迁等方式均可实现这一目标,需要做的是根据不同保护区域的具体情况,允许其综合运用既有政策,形成有针对性的政策组合,有效解决人口结构调整问题。在乌镇西栅改造中,政府平台公司统一收购保护区域内房产,经集中改造之后有选择性地让部分原居民回租其旧居以营造传统生活方式的政策值得借鉴。

(二)"居改非"政策

上海田子坊是居民自发出租房屋给文创工作者而逐渐形成的历史特色街区。2004年居民这种自发行为就形成气候,但与上海市关于"居改非"要经过政府相关部门严格审批的既有政策相抵触。当时上海市对田子坊居民自发出租住宅的行为没有简单地予以否定,而是因势利导,为其专门开了政策口子,从而形成了历史文化资源保护利用的田子坊模式。实践虽然已证明田子坊"居改非"是成功的,但目前上海在全市范围内仍对"居改非"实行严格控制。在"双创"大潮中,上海"居改非"政策实际上垫高了小微企业的注册门槛,因而引发众多争议。但目前要求放宽"居改非"政策的呼声仍未

得到政府响应。

重庆对"居改非"的控制不及上海严格,在商事制度改革中已经允许小微企业以居民住房作为注册地,因此在历史文化保护区内推进"居改非"并无重大障碍。尽管"居改非"可以保护历史文化区域内当地居民的利益,从而调动其参与保护利用工作的积极性,但对"居改非"之后的房屋用途仍应予以一定限制,使其与保护区域的特色功能定位相一致。这可以通过产业负面清单加以规范。

(三)历史建筑物的资产化政策

历史建筑物具有使用和文化双重价值,作为一种稀缺资源,其文化价值远高于使用价值。当前,政府保护历史建筑物苦于资金短缺,而一些社会资本已经认识到历史建筑物的文化增值潜力,开始以各种方式进入这一领域。只要将历史建筑物资产化,形成可分割组合、可交易抵押的资产包,政府平台公司就可以顺利进入这个领域,通过收购产权、集中改造,然后进入市场交易或自持物业经营,将历史建筑物的文化增值转化为红利收益,缓解资金不足的窘境。历史建筑物的资产化涉及物权、土地、房屋用途、保护责任等问题,目前管理交叉、政策不统一,需要加强协调,集中研究制定相关政策。

(四)历史建筑物的交易政策

历史建筑物不同于一般建筑物,前者在建筑物的形体之上承载着超过建筑物本身使用价值的历史文化价值,而历史文化价值的市场估价会随着时间的推移越来越高,是建筑物本体的主要增值部分。同时,按照现行规定,在历史建筑物之上还附加有保护修缮的责任,其权益人与保护人为同一法律主体。由于这些特点,历史建筑物的权属交易有别于一般建筑物,需要制定专门的交易规则。

首先要设立历史建筑物的专用交易平台,将其交易置于政府的监管之下,杜绝场外私下交易。这个交易平台可设在重庆联交所。

其次要研究交易标的物的评估作价、权属确认、必备证书、监管部门、交易流程等等,形成专有的交易流程和规则。

再次要规范交易契约文本,明确随权属转移的保护修缮责任,以及实现保护修缮所需遵循的技术标准(如外观形态、使用材料及工艺等)。

(五)产业培育政策

恢复历史文化保护区域内的经济活力,是实施"活态"保护利用的必要措施。但发展经济必须做到不与保护区域的特色功能定位相冲突,防止过度商业化和产业同质化现象。为此,每一个保护区域都要根据自身情况和条件制定产业规划,突出特色,差异化发展。制定产业发展负面清单,严格加强事中事后管理,将不适合在当地发展的产业拒之门外。尤其要注意发掘和激活当地的传统手工业、特色产品生产销售、非物质文化遗产的传承和利用,形成具有地方特色的新业态。乌镇管委会对当地特色工艺、产品和非物质文化遗产的经营给予一定补贴,成都锦里也实行类似办法,都是以此来增强整个景区的地方特色,用以提升人气。在抑制过度商业化方面,上海田子坊明确规定文创类业态占70%,餐饮类业态不超过20%;浙江乌镇则对居民经商活动予以引导规范,杜绝破墙开店。这些做法值得学习借鉴。

(六)落实保护责任的政策

历史建筑物的保护修缮责任在理论上是明确的,即谁拥有谁保护。但在实际工作中情况千差万别,十分复杂,需要通过具体细则将保护责任落到实处。根据外地经验,重点在以下几个方面。

一是历史建筑物的所有人和使用人相分离。在这种情况下,所有人与使用人的属性十分复杂:有自然人、有法人;有全民所有、集体所有、民营经济、个体工商户,甚至进城务工人员;有企业、事业单位、社会团体;有营利性单位、非营利性单位、公益性单位等等。如何分清各个相关方的保护修缮责任,如何分摊相关费用,均需要细则加以规范。

二是产权所有人或实际使用人确实不具备保护修缮能力。在此情况下，要么由政府对保护修缮行为提供一定的资助补贴，要么由政府组织搬迁安置，进行人口结构调整。这也需要政策引导。

三是同一建筑物的所有人或使用人不止一个，相互的身份属性各不相同，保护责任划分、修缮费用分摊更为复杂，制定政策的难度极大。

四是建筑物产权不明晰，或者使用权经过多次转手形成多种民事责任关系。其中形成的法律纠纷，用行政规章难以处理。

五是如何统一制定保护修缮的技术标准，由谁来监管技术标准的执行。

六是如何将分散在政府不同部门的监管权力协调起来，共同监督保护责任的落实，防止政出多门，相互扯皮。

上述问题的解决均非易事，南京颐和路民国建筑群的管理进行了一些探索，可资借鉴。

（七）其他可供参考的政策

在外地案例中，还有些政策在当地取得良好的效果，值得重庆参考。

一是对历史建筑物承担保护修缮责任的个人、团体或企业由政府提供一定的资金补助、优惠贷款或税收减免抵扣，以鼓励保护行为。

二是对承担历史文化建筑保护工程的开发商给予提高容积率或开发权转移（即在另外地块优先给予开发权）的政策支持。

三是建立优秀历史建筑物保护基金，吸引社会资本或公益性机构组织参与保护工作。

重庆市贯彻促进民间投资相关政策的
评估报告*

● （2017年11月9日） ●

受重庆市发改委的委托,重庆市生产力发展中心按照国家发改委办公厅《关于对部分重要政策开展评估工作的通知》(发改电〔2017〕624号)的要求,就重庆市贯彻执行国家促进民间投资相关政策的工作及其效果进行了评估。由于完成评估只有两周时间,我们采取调阅相关资料和与相关部门、企业座谈的方式,并结合重庆市工商联、重庆市企业联合会、重庆市生产力发展中心的相关调研成果,对全市促进民间投资的工作情况、政策执行的效果、企业的感受,以及当前存在的主要问题进行了分析和归纳,并就下一步工作提出建议意见,综合形成报告如下。

一、近几年重庆市民间投资基本情况

重庆市委、市政府历来重视民间投资的积极作用,近几年按照国务院颁布的前后两个"36条"和一个"39条",以及国务院各部门下发的一系列促进民营经济健康发展的相关文件,结合重庆实际制定了贯彻意见。重点围绕简政放权、优化政府服务、改进审批流程、探索放管结合工作机制;在市场准入、资源要素配置、公共服务提供等各个领域营造无所有制差别的竞争环境;缓解民营经济融资的痛点难点;切实降低企业经营的成本负担等,不断深化改革,大胆进行体制和制度创新,在工作中取得了一定成效。

---

*精编于重庆市生产力发展中心课题组完成的"重庆市贯彻促进民间投资相关政策的评估报告"课题报告。

2016年,国务院对促进民间投资政策落实情况开展专项督查,并于7月下发《国务院办公厅关于进一步做好民间投资有关工作的通知》(国办发明电〔2016〕12号)。随即,国家发改委印发了促进民间投资健康发展的26条政策措施。重庆市委、市政府认真贯彻国办发明电〔2016〕12号文件精神,在全市范围内对以往制定的鼓励和促进民间投资的各项政策执行情况进行全面清理检查,查找存在的问题,分析产生问题的原因,继续深化相关领域的改革。在国务院专项检查组、国家发改委专项督查组、财政部专项检查组和国家工商联调研评估组的指导下,按照国务院促进民间投资的工作要求,逐条对照国家发改委提出的26条意见,针对检查发现的问题采取整改措施,进一步优化了民间资本的投资环境,提升了民间资本的投资信心,使全市民间投资持续回稳向好,对稳增长、调结构、保就业产生了积极作用。

近几年重庆市民间投资回稳向好,主要呈现出以下几个特点。

1.在经济下行压力之下,自2013年前后,重庆全地区固定资产投资和民间投资的增速也开始进入下滑通道

相较于全国总体情况,重庆的投资下滑曲线相对平缓,下滑的深度相对较浅。尤其是在近几年,重庆市民间投资的增速均高于同期全社会投资增速,表现出较强的抗下滑能力,对稳定全地区固定资产投资起到了支撑作用(见表1)。

表1　重庆与全国投资增速比较

年度	全社会固定资产投资增速		民间投资增速	
	全国	重庆市	全国	重庆市
2013年	19.1%	19.5%	23.1%	27.7%
2014年	14.7%	18.0%	18.1%	27.1%
2015年	9.8%	17.1%	10.1%	17.9%
2016年	8.1%	12.1%	3.2%	11.0%
2017年1—6月	8.6%	12.3%	7.2%	18.2%

2.民间投资在全社会投资总额中的比重逐年提高

分年度看,2013年、2014年、2015年、2016年以及2017年上半年,重庆市民间投资占全社会投资总额的比重分别为46.06%、49.59%、49.94%、51.02%和54.47%,呈逐年提高的趋势。民间投资总量的持续扩大,对于全地区经济增长、结构调整、对外开放、居民就业的促进作用也日益增强,已成为推动重庆经济社会发展、加快经济转型升级的重要力量。当然,就民间投资占全社会投资的份额而言,重庆不仅远远低于经济发达地区,也低于全国平均水平,这表明重庆市进一步扩大民间投资还有巨大的市场空间。

3.近几年重庆民间投资的总量不断增长,但民间投资在几大投资领域的分布情况变化不大

全部民间投资的4成投向工业,3成投入房地产业,1成投入基础设施,其余2成分散投向科技、教育、卫生、文化、金融等领域。以上比例在各年度之间有轻微变动,但大体稳定。这与重庆的经济结构高度相关,随着经济结构调整不断深化,民间投资的行业偏好也会相应发生变化。

4.在制造业、房地产业和商贸流通等领域,民间投资具有举足轻重的作用

目前,重庆完成的工业投资总额中,民间投资超过70%;商贸、物流、旅游等服务行业的民间投资占到80%左右;房地产开发中的民间投资占比接近70%。随着PPP投资模式的逐渐成熟,民间投资在基础设施领域的比重也逐步提升,目前已达到12%左右。民间投资的繁荣,对于发展实体经济、推进供给侧结构性改革、培育经济新动能正在发挥着不可替代的积极作用。

二、重庆市促进民间投资的主要做法

促进民间投资涉及众多工作领域,重庆市根据国务院的要求,结合当地实际情况,选择问题比较集中和企业反映强烈的环节入手,突出解决主要矛

盾,着力营造公平竞争的营商环境,通过稳定和改善商业预期来提振社会资本的投资信心,促进民间投资稳步增长。

1. 设立一视同仁的市场准入条件,拓宽民间投资领域

重庆市政府发布了《重庆市人民政府关于创新重点领域投融资机制鼓励社会投资的实施意见》(渝府发〔2015〕27号),制定了《重庆市开展市场准入负面清单制度改革总体方案》,按照"非禁即入、非限即许"的原则对不同投资领域分类制定实施细则和配套的保障措施,鼓励引导民间资本进入国民经济急需的投资领域,既扩大了民间资本的投资渠道,又为补短板、调结构引入了有生力量。

在一些市场化程度不高或垄断性因素较多的领域(如农林水利、能源交通基础设施、市政公用事业、文化卫生教育、金融服务等),设计无所有制差别的准入标准,均按同等条件对民间资本开放,对民间投资者进入这些领域实行与国有企业相同标准的资源要素配置。

目前已有7个社会投资者介入城市桥梁、隧道和轨道交通重大项目;全市港口经营主体的64%为民营企业;大量民间资本进入城市棚户区改造、安置房建设和城区公共停车场建设营运;工业园区污水集中处理、垃圾无害化处理及资源化利用试点已有4家民营企业进入;全市民办学校4 455所,占各类学校总数的45%;民营医院已占各类医院总量的64%;2016年,以医院、养老公寓项目为主的民间投资增长78.8%;小型农田水利、山坪塘整治、高效节水工程等引入民间资本10余亿元;一批社会资本进入配售电业务、热电联产项目、生物质发电、风电建设、城市燃气供应和LNG加气站项目;全市民营小贷公司204家,占小贷公司总数的76%;全市融资担保公司注册资本金361亿元,其中民营资本180亿元,约占一半;在市政府实行向社会力量购买公共文化服务政策之后,新注册的文化企业90%为民间资本。

实践证明,只要实行无差别的投资准入政策,民间资本对国民经济各领域的渗透能力可能超过我们的预期。

2. 发挥财政资金的引导作用,增强民间资本投资的信心

民间资本规避风险的意识较强,对于某些领域,如战略性新兴产业、高新技术产业等虽有强烈的投资欲望,但实施投资的行为却比较谨慎。重庆

市改革政府产业扶持资金的使用方法：通过设立各类基金，以市场化的方式在产业成长的不同阶段与民间资本形成股权合作，共同分担市场风险；在产业成熟时择机退出，实现国有资本的保值增值，以此引导民间资本进行结构调整和产业升级。目前，重庆市政府性投资基金已初步形成针对不同产业类型和产业不同发展阶段的三套体系。

一是组建产业引导股权投资专项基金，以股权投资为纽带，聚焦产业发展的关键环节，引导社会资金投入新兴产业和有市场前景的重点产业。该基金采取市场化母基金方式发起设立24支专项基金，总规模约240亿元，其中母基金认缴约56亿元，撬动社会资本的比例约1∶3；累计投资132个项目，投资总金额约84亿元。其中在重庆投资项目58个，民营企业占95%；投资金额51亿元，民营企业占91%。

二是设立800亿元规模的战略性新兴产业股权投资基金，用于培育发展集成电路、液晶面板等新兴产业，通过股权投资引进重大产业项目落户重庆。目前该基金已在11个项目上实际投入115.4亿元，预计可撬动项目总投资594.8亿元，其中民间资本455.8亿元。

三是组建规模各为10亿元的创业种子投资、天使投资、风险投资基金，用于扶持初创期中小企业，形成覆盖初创企业各个发展阶段的多层次股权投资体系。这三支基金以参股方式设立60支子基金，规模达到174亿元。目前已投资344个创新型项目（主要是民营企业），投入基金40亿元。

此外，为激活民间创业创新，促进民营经济发展，重庆市政府专门设立了若干专项资金。比如，设立10亿元民营企业发展专项资金和2亿元微型企业专项资金，主要用于中小微企业创业补助，帮助其渡过"出生"难关；并配套跟进后续扶持政策，通过租金补贴、贷款贴息、代账补助、服务支持等，解决其"存活难"问题。又如，设立产业技术创新专项资金，推行企业研发准备金奖励、重大新产品研发成本补助、首台（套）技术装备保险补助等政策，引导企业加大技术投入，2017年安排资金5亿元，目前已有390个项目受益。

由于有政府性股权投资基金的及时介入，或者能够从政府专项资金中获得资助，这在一定程度上降低了民间投资的风险，提高了民间投资的成功率，改善了项目的商业预期，从而增强了民间投资者的市场信心，有利于激发他们的投资积极性。

3. 坚持综合施策, 切实减轻企业负担

针对企业融资难融资贵、用工成本上升、税费负担重、生产要素成本升高等普遍性问题,《重庆市人民政府办公厅关于进一步落实涉企政策促进经济平稳发展的意见》《重庆市助推工业企业融资专项行动计划》(2016—2018)等文件相继出台, 明确了相关部门的主辅责任, 通过部门之间的联动形成合力, 推进各项涉企政策落实到位, 取得了较好的效果。

一是降低企业融资成本。引导金融机构改进信贷服务, 稳定信贷投放。截至2017年6月, 全市银行小微企业贷款余额6 131.42亿元, 同比增长13.62%;5月, 全市人民币贷款加权平均利率5.48%, 处于2011年以来的低位水平。通过推出"助保贷""云税贷"等产品, 简化信贷流程, 全市小微企业首次贷款平均用时19.7个工作日, 转贷平均用时7.5个工作日, 与2016年9月相比, 分别缩短50%和71%。规范金融服务收费。自2016年以来, 全市银行业免收或取消收费198项, 整合精简74项, 降低收费标准22项。充分发挥政府性融资担保机构的增信作用, 为中小微企业贷款提供便利。截至2016年6月底, 政府性融资担保机构在保余额占全市的75.2%。

此外, 还由地方财政提供支持, 推动金融机构帮助企业降低融资成本。如设立8.3亿元中小微企业转贷应急周转资金, 帮助出现暂时性资金周转困难的企业渡过续贷难关, 2016年累计为760户企业转贷57亿元, 日息仅为同期社会融资成本的2%;由市级专项资金对有市场、有回款、有效益的企业的流动资金贷款给予不超过基准利率50%的贴息;鼓励担保机构降低中小微企业担保费率, 凡是担保费率不超过2%的由市财政补贴0.5个百分点;等等。鼓励中小微企业进入直接融资市场, 对在区域性场外市场挂牌的企业, 由财政给予5万—25万元补贴。目前已有113家民营企业在全国中小企业股份转让系统挂牌, 405家民营企业在重庆OTC挂牌。

二是降低企业用工成本。目前企业职工工资基本由市场调节, 政府帮助企业控制用工成本过快增长的政策工具主要是依法阶段性调整社会保险缴费基数和费率。重庆自2016年5月起, 以两年为期, 将企业养老、医疗、失业保险缴费比例累计降低2个百分点, 职工个人失业保险缴费比例降低0.5

个百分点,住房公积金最低缴存比例降低2个百分点。2016年上述措施共为民营企业减负86.3亿元;2017年前三个季度,上述措施为全市企业减负106亿元。

三是降低生产要素成本。2016年,重庆市大力推进售电侧改革,成立了售电公司和电力交易中心,通过大用户直接交易、专项直供电、申请用电减容、跨区域组织低价电源等方式,全年为企业降低用电成本16.5亿元;2017年上半年进一步降低企业用电成本4.3亿元。对化工企业直供天然气实行优惠气价,2016年为企业降低用气成本2.4亿元;预计2017年降低企业用气成本4.4亿元。

为降低全社会物流成本,重庆市政府大力发展现代物流业,完善港口和物流场站设施,持续组织实施交通畅通工程,鼓励发展多试联运。在东、西、南三个方向上形成了长江黄金水道、中欧班列(重庆)国际班列、"渝深"(重庆至深圳)班列等具有市场竞争优势的物流大通道,以铁公水联运、陆海江海联运的方式提高物流效率,降低物流成本,不仅让本地企业受益,也为西南西北地区的企业提供日益多样化的物流服务。

四是降低企业税费负担。重庆市通过贯彻国办发明电〔2016〕12号文件,进一步推动落实有关"营改增"、西部大开发、小微企业、高新技术、软件产品、鼓励出口等方面的税收优惠政策,尽量让税收优惠覆盖到政策规定的全部领域和对象。全市2016年为企业减免税金610亿元,其中约60%惠及民营企业。2017年,进一步落实增值税由四档改为三档、扩大小微企业所得税优惠范围、中小企业研发费提高加计扣除比例等政策,预计为企业新增减税20亿元。

据税务部门统计,截至2017年6月,全市营改增试点纳税人45.18万户,净减税143.26亿元,其中2017年上半年减税76.63亿元,实现行业税负只减不增目标。全市1.21万户小微企业享受所得税优惠政策,在2017年上半年减免税8 900万元,同比增长47.46%,户均减免7 200元。

对于行政事业性收费,凡属国家明文规定并有收费标准的,执行国家规定标准的下限;属于本地政府定价、政府指导价管理的收费项目,按照方便企业、公开透明、强化监督的原则进行清理、简化、整合,并向社会公布涉企行政事业性收费和政府性基金等目录清单,接受社会监督。据市财政局统计,2017年取消暂停36项行政事业性收费,可为企业减负24亿元。

在促进民间投资的各项政策之中,减轻企业负担政策的涉及面最广。因此我们在评估工作中所接触到的企业对减负问题尤其敏感,它们往往根据自身的感受来评价政府的作为。大多数中小微企业在现实经营活动中离所谓的准入门槛很远,也很难得到各类基金的青睐,获取政府补贴的机会不多,它们的"获得感"主要取决于税费负担和融资成本的降低。因此,减税降费政策涉及的广度和深度以及其落实到位的程度,对于广大中小微企业实际负担的减轻尤为重要。

4. 简政放权,改进政府服务

重庆市着眼于营造亲商安商的政务环境,不断推进简政放权,把简化行政审批事项、优化行政审批流程、缩短行政审批周期作为改进政府服务的重点。先后分12批次清理取消行政审批事项317项,下放364项。取消80多项中介服务,并对215项工商登记后置审批目录实行动态管理。放开62项商品和服务的价格,使需要审批的价格大类目录和子项目录分别减少57%和55%。简化企业投资项目核准流程,将项目招标方案审查、节能评估、社会风险评估等合并到项目核准环节一步完成。除涉及公共安全、生命健康、建筑质量、环境保护、金融安全之外的一般性行政审批,其他一般性行政审批在法定时限内提速三分之一以上。

为方便企业办事,重庆建立了全市网上行政审批服务大厅和投资服务监管平台,除涉密以及国家部委系统暂未开放的行政审批事项以外,所有投资审批事项全部网上运行。全市行政审批"一张网",有效提升了投资项目及其他涉企项目的审批效率,提高了政府服务的公开性和透明度,目前网上办件已超过400万件。

重庆市政府还改进了政府协调重大建设项目的工作制度,把符合条件的民间投资项目纳入政府重大建设项目月度调度会,及时精准地协调解决这些民间投资项目在建设过程中遇到的困难和问题,保证建设进度和建设质量。

对民营企业反映的"卡点""难点"问题,市政府实行专项督查,查找产生问题的根源,加强追责问责,及时消除阻碍民营经济发展的障碍。

三、来自企业的评价

从国务院到各级地方政府,为促进民间投资动用了大量政策资源,其效果一方面需要通过经济运行的各项宏观指标的变动趋势来分析判断,另一方面也可以通过企业的实际感受来加以评价。

重庆市工商联为此对 1 280 家民营企业进行了专项问卷调查,从受访企业的反映来看,相关政策实施后的效果还是非常明显的。

一是融资贵的状况有所缓解。多数企业认为,对民营企业流动资金贷款贴息、设立中小微企业转贷应急周转金、担保费率补贴等政策有效拉低了企业的融资成本,金融机构不合理收费明显减少。有 72.7% 的受调查企业的融资成本已从 2014 年的 13%~15% 降至 2016 年的 8%~9%,普遍下降了 5 到 6 个百分点;在受调查企业中有 23.5% 的企业享受了贷款贴息政策,有 10.1% 的企业享受了转贷应急周转金政策,对其渡过资金难关起到了重要作用。

二是用工成本有所下降。阶段性调低企业社会保险缴费基数和费率的政策受益面比较广,有 73.6% 的受调查企业表示享受到了这个政策包。据 5 家受调查的企业测算,2016 年其为参保职工实际缴纳的各项社会保险人均金额比上年降低了 40%~60%,负担下降明显。但此项政策为期两年,一旦政策红利结束,企业担心负担反弹。

三是税费负担有所减轻。在主观评价中,有 41.0% 的受调查企业认为税费优惠政策的实施效果好,有 53.6% 的受调查企业认为税费优惠政策实施效果比较好,二者相加,占受调查企业总数的 94.6%。由此可见减税降费政策受欢迎的程度。在客观评价中,有 57.3% 的受调查企业是减税降费政策的实际受益者,它们在 2016 年的实际税费负担比上一年都有不同程度的降低。

为了印证重庆市工商联的企业调查结果,我们进一步引用了重庆市企业联合会与重庆市生产力发展中心联合发布的《重庆市企业发展环境指数报告》的相关内容。该报告自 2014 年开始编制发布,调查样本企业 1 200 余户,涵盖一二三产业的大中小微企业,其中 80% 为非国有及其控股企业。

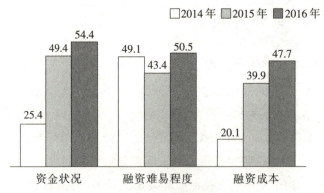

图1　金融服务指数

图1中的数值越大,表示企业的满意度越高。指数以50为临界点,低于50的,总体上属于负面评价;高于50的,总体上属于正面评价。

以"融资成本"一项为例,2014年的指数为20.1,说明企业对融资成本的满意度处于负面评价的下限。2015年的指数上升到39.9,说明企业的满意度有较大提高,反映的是融资成本下降的现实。2016年,该指数进一步上升为47.7,表明企业融资成本还在继续降低。同时,2016年的该指数还给出另外一个信息,即47.7仍然处于临界点(50)的下方,说明企业对融资成本的满意度虽然持续上升,但总体评价还是停留在负面区间,反映出调查当期(2016年)的实际融资成本仍然高于企业的预期。

从图1中解读出的信息是:2016年企业对于自身资金状况、融资难易程度、融资成本的满意度均处于近三年的高点。其中,对资金状况和融资难易程度的评价已突破临界点(50),总体上进入总体正面的区间。与前述重庆市工商联所做的企业调查相互印证,说明国务院为缓解企业融资难、融资贵所采取的一系列政策是正确的,切中了问题的要害,而这些政策在重庆市落地之后,已经产生了明显的效果。

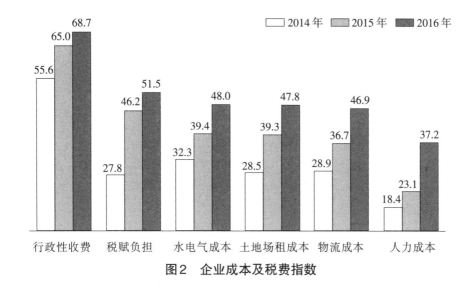

图2 企业成本及税费指数

图2各指数的解读方法与图1相同。从图2中读取的主要信息如下：

2016年，企业对行政性收费、税赋负担以及水电气、土地场租、物流、人力等生产要素成本的满意度均达到近三年的高点，说明企业整体经营环境正在持续改善。

企业对行政性收费和税赋负担的评价已总体上进入正面区间，尤其是对行政性收费的评价较高。这从一个侧面反映出政府自身改革已取得进展，清理取消不合理的行政性收费得到企业的高度认可。企业对税赋负担的评价在2014年的基础上有了大幅度的提高，这表明国务院推行的"营改增"以及出台的一系列减税让利措施已经收到明显的成效。

企业对各项生产要素成本的评价虽然已达到近年的高点，但总体上仍处于负面区间，其反映的现实是，各项生产要素的实际成本与企业的价格预期还存在较大差距，而且企业对生产要素成本的消化能力仍然不足，始终处于生产要素成本上升的压力之下。

在各项生产要素成本当中,企业对人力成本的满意度最低,说明企业面临的人力成本压力较大。随着人口红利的消退,人力成本上升是一个不可逆的长期过程,直接影响中国企业的国际竞争力。当前政府帮助企业控制人力成本主要是通过阶段性降低社会保险缴费基数和费率,该项政策近期效果明显,但远期不可持续。应该及时研究可替代的政策工具,防止该项政策到期后企业用工成本出现大面积反弹。

从图2读取的信息与重庆市工商联通过企业调查获得的信息具有高度的一致性,两者都从企业的角度对各级政府实施的减税降费、控制生产要素成本上升等政策措施给出了肯定的评价。

总之,随着国务院促进民间投资各项政策的落实到位并逐步产生实效,民营企业的整体经营环境持续改善,企业经营状况逐渐回稳向好,有利于恢复和提升企业转型升级、扩大再生产的信心,对于促进民间投资的回升是基础性的利好。

四、问题和建议

在开展评估期间,我们也发现了现有工作中还存在一些问题。我们对这些问题进行了初步归纳,并提出不尽成熟的建议。

1. 企业投资意愿依然低迷,需要持续施加政策影响

根据《重庆市企业发展环境指数报告》,企业投资意愿在近三年持续走低(见图3)。

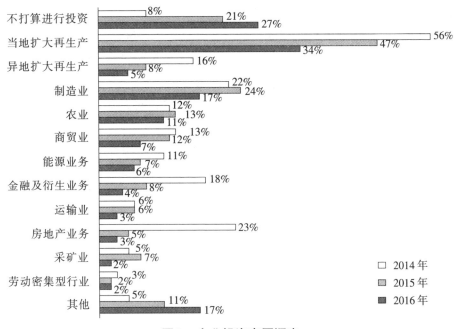

图3　企业投资意愿调查

图3标出的各个数字,分别表示在全部受调查企业中对图左侧所列各问题选择肯定回答的企业所占的百分比。据此,可从图3中读取以下信息:

从总体上观察,近三年内企业的投资意愿呈持续走低的态势。例如,不打算进行投资的企业从2014年的8%逐步上升到2016年的27%;有意愿在当地扩大再生产的企业从2014年的56%下降到2015年的47%,到2016年进一步下降至34%。在几乎所有的产业部门(除"其他"行业之外),企业投资意愿都表现低迷,看不到投资回暖的迹象。

在房地产和金融及衍生业务这两个领域,企业投资意愿下降速度最快,因为这两个行业的风险在迅速积累,市场预期不振,中小企业大量退出。

企业对农业的投资意愿虽有下降,但降幅小大,相对比较稳定。

唯独在"其他"行业,企业的投资意愿持续增长。这是因为其他行业包括网络经济、创意经济、研发设计、软件、外包等非传统业态,市场预期好于传统行业。

图3给出的提示是,就构成国民经济主体的传统行业而言,大面积出现企业投资意愿不足的情况,可能与我国宏观经济周期有关。在去产能、去库存、去杠杆、调结构的任务取得重大进展之前,在新旧动能转换出现拐点之前,企业投资意愿不足的现象恐怕难以完全消失。因此,促进民间投资不可能指望毕其功于一役,需要持续不断地施加政策影响,尤其需要有长周期的结构性引导政策。

推进供给侧结构性改革,客观上需要更多的民间投资进入补短板的行业。但现实的情况是,民间投资进入基础设施领域的不多,进入高新技术领域的也是少数精华部分,进入公共服务领域还面临许多困惑,因此绝大多数的民间资本仍然广泛分布游走于传统行业。尤其需要引起重视的是,目前民间资本在制造业的投资上面临新的问题。据重庆市经信委反映,随着技术的进步,制造行业的资金门槛、技术门槛和环保门槛不断升高,对中小企业形成了新的技术性壁垒;很多基础性产品逐步被大型企业或集团垄断,对中小企业形成市场排斥。在这种情况下,民间资本脱离制造业的趋势有可能持续发展。中小企业转型升级的过程比大型企业更加艰难,也需要更多的政策扶持。

目前,既有的政策组合着眼于消除阻滞民间投资的显性障碍,很有必要,也确有成效;但在引导、鼓励、帮助民间资本进入国民经济和社会发展的短板行业,扶持中小企业转型升级等方面,还显得力度不够,办法不多,吸引力不强。建议进一步研究长周期的结构性引导政策,着眼于破除抑制民间投资的体制性、制度性障碍,着眼于推进经济结构调整,着眼于引导和支持中小企业转型升级,着眼于依法保护公民财产性权益,形成新的政策组合,激励民间投资在国民经济和社会发展最急需的领域活跃起来。

2. 提高政策的可操作性和政策着力的精准度

促进民间投资的政策种类很多,企业对其中有些政策的实际效果评价不高,譬如中小微企业申请银行贷款。尽管各级政府在促进民间投资的政策组合中都包括了限制银行抽贷、压贷、断贷和随意提高抵押担保条件等条款,但在实际执行中并无可以遵循的衡量尺度,话语权往往由银行掌握,企业很无奈,觉得这类政策形同虚设,画饼难以充饥。

中小企业融资是一个世界性难题,因为银行业的某些规则在本质上是排斥中小企业的。政府(尤其是地方政府)的行政规章对银行业的行规影响微弱,况且政府还不能越权行政,因此地方政府制定的政策但凡涉及银行业,一般都属倡导性质,不具可操作性。这是企业对此类政策评价不高的原因所在。最近人民银行总行制定了对普惠金融实施定向降准的政策,通过激活银行内部的利益动力机制来扩大对中小企业的贷款。这样的政策就具有发力精准的特征,因而有较强的可操作性,其效果可以期待。

又如,重庆市发改委在推行PPP投资模式时,虽然为民营企业设计了一视同仁的准入标准和运作规则,但首批项目发布后民营企业参与的积极性并不高,项目基本上都由央企和省级国企中标。经过分析,原因在于这些项目投资大、投资收益率偏低、投资回报期长,与民营企业的实际投资能力不相匹配。第二年,重庆市发改委改进了方法,专门针对民营资本的能力和偏好推出一批公共停车场、城市智能交通、医院、中小型水库等项目,并将单个项目的投资额控制在10亿元以内。这类项目一经发布就受到民间资本的欢迎,当年民间投资签约的项目数量明显增加。其中,公共停车场项目因其投资量小、技术难度低、现金流比较充足,全部由民营资本中标。

国务院要求对民间投资要做到权利平等、机会平等、规则平等。权利和规则的平等可以通过文件和契约来实现,机会的平等就不能仅仅停留在纸面上,而是需要针对民间资本的实际情况精准施策,量身定制匹配条件。实践证明,只要精准解决了民间资本自身存在的难点和痛点,就会激发出民间投资的巨大热情。

3. 防止政策碎片化

国务院发布国办发明电〔2016〕12号文件之后,各级各部门迅速行动,结合自身工作制定了促进民间投资的诸多政策性文件。重庆市发改委为方便企业掌握相关政策,将重庆市政府及市级部门发布的有关文件汇编成册。这批文件共计53件,汇编成上、下两册,厚达560多页。有的企业家反映,自己没有功夫来消化这么多的文件,也弄不清楚哪些应该享受的政策还没有享受到,或者还没有足额享受。企业管理团队要从浩如烟海的政府文件当中去寻找自己适用的政策规定,相当于面对一堆碎片做拼图,也是一件劳神费力的工作。有时候,政府部门的人员埋怨企业对当前政策研究不够,没能把政策用够用活。从实际情况看,与其指责企业,不如切实改进政府工作。

我们在评估中花费了大量精力对照国务院的精神来解读这些文件,也感觉到由于管理部门太多,分工太细,同一个问题或相似的问题在不同的文件中多次出现,表述的方式又不尽一致,反而造成理解和诠释上的歧义。重庆市工商联的调查也反映出,有的企业到不同的部门办事会遇到不同的政策解释。企业往往认为是某些部门经办人员的自由裁量权过大。这其中固然有部分政策条文规定笼统,给经办人员留下自由裁量空间的问题,也确实存在政策碎片化导致的不同理解和解释冲突。

因此,对于地方政府而言,协调好各部门关系,防止政出多门,消除政策碎片化,统一政策口径,是保证政策实施效果的必要之举。

4. 加强政府诚信建设

重庆市工商联在调研中了解到,不少民营企业对基层政府的诚信问题颇多抱怨。尤其是每当政府换届之后,往往会提出新的规划和口号,这就使得企业突然面临规划调整、土地用途改变、招商条件变化等困惑;有时直接导致建设项目进度延缓,项目成本大幅增加,投资营利预期的不确定性加大。对于"新官不理旧账"所引发的政府失信,民营企业一般不会对簿公堂,它们或者是选择规避,或者是重新建立人际关系。其结果,既可能严重挫伤民间投资的信心,又可能出现权力寻租的灰色地带。

在去产能和严格环保监督工作中,对于以前经过合法合规审批的民营企业实行关停并转,要与非法违规设立的企业区别对待,注重依法保护企业的合法权益。不加区别的"一刀切",对民间投资积极性的挫伤也是极其严重的。企业在政策高压之下,往往只能偃旗息鼓,黯然疗伤。

地方政府的诚实守信是政府权威的重要基石,也是营造吸引民间投资洼地的关键条件。要把诚信问题作为建设服务型政府的重要内容之一,在人民群众和企业的监督下持之以恒地抓紧抓好。这不仅是一个经济问题,也是一个政治问题,应该予以高度重视。

重庆"产业引导股权投资专项基金"
绩效解析*

（2018年3月23日）

2014年,重庆设立了"产业引导股权投资专项基金"。至2017年,基金运行怎样,发挥的作用如何,下一步该怎样完善,是值得研究评估的问题。鉴于此,课题组受托展开了这次评估研究。

这次评估的基本思路是,以市政府产业引导股权投资专项基金的政策取向为依据,借鉴国内外关于产业引导股权投资基金管理评估的理论与实践,探索构建股权投资基金管理评估的指标体系,再运用这套指标体系,对市政府产业引导股权投资母基金牵引合作的24支专项基金进行总体评估打分,分析取得的绩效和存在的问题,提出进一步完善发展的举措建议。

一、关于产业引导股权投资专项基金评估指标体系的构建

（一）重庆产业引导股权投资专项基金的设立

产业投资基金,国外称为风险投资基金或私募股权投资基金,一般是指向具有高增长潜力的未上市企业进行股权或准股权投资,并参与被投资企

---

*精编于重庆智创企业管理咨询有限公司、重庆市生产力发展中心联合课题组完成的"重庆产业引导股权投资基金绩效评估报告"课题报告。

业的经营管理,以期所投资企业发育成熟后通过股权转让实现资本增值。

美国是产业投资基金的发源地,也是目前产业投资基金最发达的国家之一,其产业投资基金在资产总量上成为最大的金融产品,取代了商业银行资产总量第一的地位。近年来产业投资基金在全世界快速发展,已经成为与银行业、保险业、证券业并称的全球四大金融支柱。1985年9月,中国新技术创业投资公司的成立,标志着产业投资基金在中国的产生。近年,随着一系列国家利好政策的出台,中国产业投资基金已呈井喷式发展。

2014年4月,重庆市政府出台《重庆市产业引导股权投资基金管理暂行办法》(渝府办发〔2014〕39号)。2014年5月13日,经重庆市政府批准,重庆产业引导股权投资基金有限责任公司正式注册成立。重庆市政府设立的产业引导股权投资基金原则上不直接投资项目,而是作为母基金采取牵引投向、股权合作的方式,与社会资本融合,形成专业性的股权投资基金。到2017年底,已设立包括工业、农业、科技、现代服务业、文化产业、旅游业等6个方面共计24支股权投资专项基金。其中,有21支专项基金开始了投资,合计投资84亿元,投资进度较快的前三名是重庆盛影影视文化产业股权投资基金、重庆金浦医疗健康服务产业股权投资基金、重庆德瀚新应用材料创业投资基金。

表1 重庆产业引导股权投资专项基金概况表

行业	序号	专项基金名称	基金规模(亿元)	政府基金认缴(亿元)	投资项目个数	实际已投资金额(万元)	投资额进度(排序)
工业	1	重庆和信汇智工业产业股权投资基金	12	3	10	37 070	30.89% (13)
	2	重庆西证渝富成长股权投资基金	15	4	3	40 678.40	27.12% (17)

续表

行业	序号	专项基金名称	基金规模(亿元)	政府基金认缴(亿元)	投资项目个数	实际已投资金额(万元)	投资额进度(排序)
工业	3	重庆洹杉创业投资基金	2.53	1		未开始投资	
	4	重庆振渝九鼎股权投资合伙企业	24	8	6	70 160	29.23% (15)
	5	重庆华融渝富长青股权投资基金	12	3	3	39 200	32.67% (12)
	6	重庆德茂股权投资基金	20	5		未开始投资	
农业	7	重庆逸百年现代农业股权投资基金	6.08	3	5	9 576.56	15.75% (20)
	8	重庆中以农业股权投资基金	4.07	2	5	15 625	38.39% (9)
	9	重庆恒惠农业股权投资基金	6	2.94	4	25 400	42.33% (8)
科技产业	10	重庆贝信电子信息创业投资基金	2.53	0.5	4	7 726.87	30.54% (14)
	11	重庆和亚化医创业投资合伙企业	2.5	0.5	6	13 243	52.97% (4)
	12	重庆德瀚新应用材料创业投资基金	2.5	0.5	7	13 583.50	54.33% (3)

续表

行业	序号	专项基金名称	基金规模(亿元)	政府基金认缴(亿元)	投资项目个数	实际已投资金额(万元)	投资额进度(排序)
科技产业	13	重庆高新创投两江品牌汽车产业投资中心	12	3	7	43 652	36.38%(10)
	14	重庆星耀安捷股权投资基金	1	0.29		未开始投资	
	15	重庆清研华业股权投资基金	7	1.2	23	23 579.18 235	33.68%(11)
现代服务业	16	重庆渤溢新天股权投资基金	10.9	1	12	56 280	51.63%(5)
	17	重庆慧林股权投资基金	23.32	3	13	98 916	42.42%(7)
	18	重庆利农农产品流通发展股权投资基金	4.01	2	1	20 000	49.88%(6)
	19	重庆金浦医疗健康服务产业股权投资基金	13.86	2	11	76 635	55.29%(2)
	20	重庆业如红土创新股权投资基金	8.08	2	3	6 300	7.80%(21)
文化产业	21	重庆首控文投股权投资基金	6.01	1	2	11 180.54	18.60%(19)
	22	重庆盛影影视文化产业股权投资基金	20	2.5	5	172 150	86.08%(1)

行业	序号	专项基金名称	基金规模(亿元)	政府基金认缴(亿元)	投资项目个数	实际已投资金额(万元)	投资额进度(排序)
旅游业	23	重庆中非信银旅游股权投资基金	10	2	1	29 140	29.14%（16）
	24	重庆航投旅游发展股权投资基金	15	3.	1	30 000	20.00%（18）

（二）重庆产业引导股权投资专项基金评估指标体系的设计

重庆产业引导股权投资专项基金评估指标体系,充分考虑重庆经济社会发展的实际,依据《重庆市产业引导股权投资基金管理办法》(渝府办发〔2017〕32号)(以下简称《管理办法》),借鉴国内外案例及评估体系,吸取有关专家意见,坚持综合反映,突出产业导向和规范运作,强调基金效益的原则而设计。

重庆产业引导股权投资专项基金绩效评估指标,分为基金运营管理合规状态,分值15分;基金引导效率状态,分值25分;基金监管状态,分值10分;基金效益状态,分值50分。共设有24个具体指标,设计总分值为100分。评估指标的"基金运营管理合规状态""基金监管状态"方面的指标依据《重庆市产业引导股权投资基金管理办法》;"基金引导效率状态""基金效益状态"方面的指标依据引导基金的政策取向;其他评估指标吸纳了有关专家的意见。

表2　重庆产业引导股权投资专项基金绩效评估指标体系

指标分类（4）	具体指标（24）	权重分值（100分）
基金运营管理合规状态	1.社会资金募集来源合规	2
	2.基金管理人招募的合规性	2
	3.资金投向合规	4
	4.投资额度及比例	3
	5.专项基金存续期限合规	2
	6.利益分配机制是否合理	2
基金引导效率状态	7.引导基金杠杆率	5
	8.基金投资于重庆本地的比例	8
	9."五大关键时期"投资项目在总投资项目中的占比	5
	10.基金投资进度	7
基金监管状态	11.引导基金对专项基金资金风险管控	4
	12.引导基金对专项基金的出资监管	2
	13.专项基金对引导基金的满意度评估	4
基金效益状态	14.投资项目毛利率	4
	15.投资项目营业收入增长	4
	16.退出项目收益率	6
	17.引导基金的保值/增值	4
	18.被投企业对引导基金的满意度评估	4
	19.基金引入重大项目的能力	9
	20.培育上市/挂牌企业数量	5
	21.被投企业新增税收	3
	22.被投企业新增就业数量	3
	23.六大产业产值同比增长	6
	24.投资项目失败率	2

基于政府产业引导基金的特征及政策取向,评估的结果可分为"不合格
(60分以下)""合格(60—70分)""良好(70—80分)""优秀(80—90分)""卓
越"(90—100分)五个等级。

(三)重庆产业引导股权投资专项基金评估周期与流程

评估周期:基金管理评估按年度进行,每年1次,基准日为上一年的
12月31日。考虑到被投资企业会计预决算工作的时间要求,评估工作期为
每年2月1日—3月31日,评估结果于每年4月1日公布。

评估信息来源:管理评估的基础是信息,评估的有效性和信息来源的可
靠性密切相关。基金管理评估的指标体系设计已充分考虑了评估操作对信
息可靠性的要求。评估所需信息主要来源于以下几个方面:①基金信息管
理系统(目前还在建设中);②专项基金管理人的定期报告(运行报告、资产
负债表、利润表、现金流量表、所有者权益变动表)和重大事项报告、投资记
录等;③基金资产银行托管报告;④专项基金投资项目企业年度审计报告、
纳税记录等;⑤其他渠道信息。

评估组织与流程:鉴于基金管理评估的专业性、评估立场的中立性以及
评估标准一致性的要求,原则上,应由引导基金主管部门招标认定一家独立
于引导基金管理机构和专项基金的第三方专业机构来完成。

评估第一步,由专项基金自评,并提供相关可靠信息;第二步,由第三方
专业机构采取分析性复核、抽样验证等方法做出独立评估;第三步,将评估
结果提交引导基金管理机构进行复核;第四步,报主管部门备案,并作为其
监管、鼓励、调整、惩戒的重要依据之一。

二、重庆产业引导股权投资专项基金评估的总体状况

本次评估采集的材料,来源于重庆产业引导股权投资母基金运营报告,专项基金运行报告,专项基金审计报告,专项基金项目投资后管理报告,基金资产银行托管报告,专项基金已投项目年度情况报告,专项基金合伙协议,部分上市、挂牌企业公开信息等,并对专项基金及部分被投资企业进行了满意度问卷调查(鉴于资料和时间有限,只对总体状态评估打分,没有对24支专项基金分别评估打分)。

(一)重庆产业引导股权投资专项基金绩效总体评估良好

课题组通过查阅、分析、验证上述材料,运用《重庆产业引导股权投资专项基金绩效评估指标体系》分别评判、打分,最终导出的评估结果是:重庆产业引导股权投资专项基金总体评估综合得分77.47分,等级为良好。其中,基金监管状态是好的,得分接近满分;基金效益状态良好,得分约为权重分值的86%;基金运营管理合规状态较好,得分为权重分值的80%;相对较差的是基金引导效率状态,其得分约为权重分值的50.7%,问题集中在基金投资进度缓慢和基金投资于重庆本地的比例较低两方面。

表3 重庆产业引导基金绩效评估结果表

指标分类	具体指标	权重分值	指标得分
基金运营管理合规状态	社会资金募集来源合规	2分	2分
	基金管理人招募的合规性	2分	2分
	资金投向合规	4分	4分
	投资额度及比例	3分	0分
	专项基金存续期限合规	2分	2分
	利益分配机制是否合理	2分	2分
	小计	15分	12分

指标分类	具体指标	权重分值	指标得分
基金引导效率状态	引导基金杠杆率	5分	5分
	基金投资于重庆本地的比例	8分	2.8分
	"五大关键时期"投资项目在总投资项目中的占比	5分	4.09分
	基金投资进度	7分	0.78分
	小计	25分	12.67分
基金监管状态	引导基金对专项基金资金风险管控	4分	4分
	引导基金对专项基金的出资监管	2分	2分
	专项基金对引导基金的满意度评估	4分	3.82分
	小计	10分	9.82分
基金效益状态	投资项目毛利率	4分	2.62分
	投资项目营业收入增长	4分	3.08分
	退出项目收益率	6分	3.6分
	引导基金的保值/增值	4分	4分
	被投企业对引导基金的满意度评估	4分	3.68分
	基金引入重大项目的能力	9分	7分
	培育上市/挂牌企业数量	5分	5分
	被投企业新增税收	3分	3分
	被投企业新增就业数量	3分	3分
	六大产业产值同比增长	6分	6分
	投资项目失败率	2分	2分
	小计	50分	42.98分
综合得分		100分	77.47分

(二)重庆产业引导股权投资专项基金的绩效分析

截至 2017 年 9 月底,重庆政府产业引导股权投资母基金累计引导合作设立专项基金 24 支,基金总规模 240 亿元,累计投资 132 个项目,投资总金额 84 亿元,总体绩效较好。

第一,取得较好的资金放大效应。截至 2017 年 9 月底,重庆政府产业引导股权投资母基金认缴约 56 亿元,引入社会资本约 184 亿元,设立的 24 支专项基金规模约 240 亿元。分行业看:工业方面 6 支,基金规模 85.53 亿元,政府母基金认缴 24 亿元。农业方面 3 支,基金规模 16.15 亿元,政府母基金认缴 7.94 亿元。现代服务业方面 5 支,基金规模 60.17 亿元,政府母基金认缴 10 亿元。科技方面 6 支,基金规模 27.53 亿元,政府母基金认缴 5.99 亿元。文化方面 2 支,基金规模 26.01 亿元,政府母基金认缴 3.5 亿元。旅游方面 2 支,基金规模 25 亿元,政府母基金认缴 5 亿元。专项基金的规模分布,依次为工业 85.53 亿元、现代服务业 60.17 亿元、科技产业 27.53 亿元、文化产业 26.01 亿元、旅游业 25 亿元、农业 16.15 亿元。

从实际投资分布看,投资金额大小依次为现代服务业 25.81 亿元、工业 18.71 亿元、文化产业 18.33 亿元、科技产业 10.18 亿元、旅游业 5.91 亿元、农业 5.06 亿元,投资共计 84 亿元,六大行业投资情况如图 1 所示。

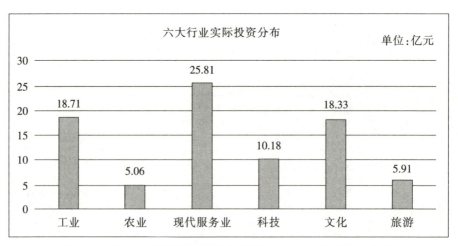

图1　重庆产业引导股权投资专项基金六大行业投资分布图

重庆市产业引导股权投资专项基金已投资的84亿元,带动了其他社会资本对项目投资113.16亿元,形成了约197亿的项目投资,实现了产业引导股权投资基金的投资放大,发挥出产业投资的引导作用。

第二,成功推动一批企业上市。重庆产业引导股权投资专项基金从2014年引导设立,到2017年大约三年,24支专项基金累计投资132个项目。这批项目,目前已分别由12支专项基金推动37个项目成功在香港、内地,包括主板、新三板、创业板上市,上市项目约为全部投资项目的28%。其中,和信汇智专项基金成功推动7个项目上市。高新创投专项基金、和亚化医专项基金、慧林专项基金分别成功推动5家上市。

表4 重庆产业引导股权投资专项资金投资成功上市项目表

专项基金名称	项目序号	项目名称	项目行业分类	项目所在地	专项基金投资金额（万元）	专项基金所占股份	是否属于"五大关键期"投资	已经上市
和信汇智	1	威创视讯	电子设备制造业	广东	9 200	1.38%	否	主板
	2	森馥科技	科技	北京	1 920	9.06%	否	新三板
	3	新安洁	市政环保	重庆	2 250	3.18%	否	新三板
	4	差旅天下	互联网+	吉林—重庆	3 400	5.45%	否	新三板
	5	和君商学	职业培训	北京	6 000	1.65%	否	新三板
	6	普罗格	供应链物流	北京	1 500	9.09%	是	新三板
	7	冠昊生物	医疗工业	广东—重庆	4 000	0.41%	否	创业板

续表

专项基金名称	项目序号	项目名称	项目行业分类	项目所在地	专项基金投资金额（万元）	专项基金所占股份	是否属于"五大关键期"投资	已经上市
华融渝富	8	浙江东方	互联网+	浙江	7 900		否	主板
	9	东方网力	信息技术	北京—重庆	11 300	1.08%	否	创业板
	10	卫士通	信息安全	四川	20 000	1.38%	否	主板
振渝九鼎	11	双英股份	汽车零部件	重庆	1 880	2.20%	否	新三板
	12	神州能源	天然气服务	重庆	7 000	14.29%	否	新三板
贝信电子	13	美丽生态	园林工程	江苏	3 500	2.11%	否	主板
	14	灵狐科技	数字营销	重庆	500	2.27%	否	新三板
	15	麦广互娱	移动互联网营销	上海	1 326.87	4.77%	否	新三板
高新创投	16	均胜电子	汽车电子	浙江	12 000	1.23%	否	主板
	17	睿安特	专用设备租赁	重庆	2 000	15.69%	否	新三板
	18	科通芯城	电商平台	深圳	6 652	0.44%	否	香港

续表

专项基金名称	项目序号	项目名称	项目行业分类	项目所在地	专项基金投资金额（万元）	专项基金所占股份	是否属于"五大关键期"投资	已经上市
高新创投	19	双英股份	汽车零部件	重庆	8 000	9.59%	否	新三板
	20	友信宏科	电机控制器	北京—重庆	2 000	15.38%	是	新三板
和亚化医	21	澳凯龙	医疗器械	重庆	2 000	8.34%	是	新三板
	22	科美华	整形美容	广东	1 500	7.50%	是	新三板
	23	泉源堂	医药电商	四川	2 007	4.39%	否	新三板
	24	爱科凯能	医疗器械	北京	3 016	17.33%	否	新三板
	25	千叶药包	药品包装	贵州—重庆	1 000	2.50%	否	新三板
清研华业	26	斯莱克	设备制造	苏州	3 199.18	0.59%	否	创业板
逸百年现代农业	27	湘村黑猪	生猪养殖及销售	湖南	2 576.555	2.42%	是	新三板
中以农业	28	唯鸿生物	香菇种植	四川—重庆	2 925	13.27%	否	新三板
	29	大境环境	海洋治理	烟台—重庆	4 000	6.67%	否	新三板

续表

专项基金名称	项目序号	项目名称	项目行业分类	项目所在地	专项基金投资金额（万元）	专项基金所占股份	是否属于"五大关键期"投资	已经上市
渤溢新天	30	皇封参业	药材种植	吉林	5 000	12.78%	是	新三板
	31	三力制药	医药制药	贵州	3 000	1.87%	否	新三板
慧林	32	中国再保险	保险	北京	12 872	0.13%	是	香港
	33	华录百纳	文化传媒	北京	10 003	0.58%	否	创业板
	34	（太阳能）	太阳能电站	重庆	10 000	0.77%	否	主板
	35	新创未来	互联网文档分享	北京	2 000	2.86%	是	新三板
	36	皖新传媒	文化传媒	安徽	4 024	0.17%	否	主板
业如红土	37	新大正	物业服务	重庆	1 500	1.49%	否	新三板

第三，吸引了一批优秀的基金管理团队。重庆产业引导股权投资专项基金设立之时，市政府母基金已经到位，引导作用明显，并有规范的管理流程，加之相比西部其他省设立较早，吸引了一批国内外优秀的基金管理团队，对基金的成功运行起到了重要作用。

来渝管理运作的专项基金团队，已有深圳创新投资集团、昆吾九鼎、招商局资本、和君资本、高新创投集团、重庆化医控股集团、华融资产管理、英菲尼迪投资集团、中信逸百年、南方工业资产管理公司、北京惠农资本管理有限公司、西南证券、完美世界影视等，其具有较强的管理能力，并有强大的股东背景，是优秀的基金管理团队。

第四，实现了较好的市场化管理。重庆产业引导股权投资专项基金凭借市场化的运作模式和专业、规范的管理，获得了市场和业界的认可。具有三个鲜明特点：

其一，重庆产业引导股权投资专项基金管理制度和体制设计上严格市场化，实行决策与管理相分离的体制，按照"政府引导、市场运作、科学决策、防范风险"的原则运行。政府不过多干预母基金管理公司和专项基金公司的运作，基金投资具体到什么项目上，由专项基金公司按市场原则筛选、评估、操作。

其二，基金管理人选择上设有门槛。《管理办法》明确，面向社会公开征集或以招标方式选择基金管理人，参选人必须具备规定的基金管理资质、从业经历和良好的社会信誉。这种进入门槛的设定，在一定程度上保证了基金管理团队的专业性，有效降低了基金运行潜在的"技术"风险。

其三，专项基金注册注资要求明确。《管理办法》明确，专项基金应在重庆市注册。原则上投资于重庆市行政区域内的资金不低于专项基金投资总额的80%。引导基金与其他出资人的资金应当同步到位，共享收益，共担风险。

第五，引进了一批外地项目来渝发展。重庆产业引导股权投资专项基金通过股权投资的纽带作用，促成了一批异地企业落地重庆，带动了相关产业发展。政府母基金通过设立盛影影视文化产业股权投资基金，在重庆带动成立7家子公司，引入20多亿元影视文化投资。专项基金投资再生医学冠昊生物项目，促成其在重庆两江新区设立基因检测研发试验中心；投资国内安防系统龙头东方网力项目，带动其将人工智能全国总部基地落户重庆；投资港股互联网龙头、IC电子元器件交易商科通芯城项目，促成其将国内最大的智能硬件创新创业平台"硬蛋"空间落户重庆两江新区；投资线上文创服务公司艺点意创，促成其将农产品文创设计业务整体注入重庆子公司。

（三）重庆产业引导股权投资专项基金存在的主要问题

第一，投资本地项目资金占比严重不足。目前，重庆产业引导股权投资专项基金投资重庆本地项目共58个，投资金额28.70亿元，占基金投资总额的34.16%，与原设要求80%差距很大。究其原因：

在重庆专项基金对应的6个行业领域中，相对于上海、北京、深圳等发达地区，重庆本地的优质可投项目明显不足，投资价值相对偏低；为规避风险，专项基金一般采取先外地、再本地的策略，先投资比较可靠的外地项目，然后再寻找机会投资重庆本地项目。预计随着重庆经济社会的发展，本地优质项目资源增多，对重庆本地的投资比例将会有所上升，但要达到80%的比例是比较困难的。

第二，投资本地项目早期孵化比例偏小。各专项基金投资重庆项目的58个项目中，21个为微型、小型企业，占比约为36%，且只有投资金额的13.71%投入到这类早期孵化项目之中，大部分投资于成长期、成熟期项目。这与政府设立引导基金的初衷是不吻合的，根本原因是政策意图与基金的逐利本质存在冲突。政府产业引导基金作为政策性基金，投资早期项目，扶植有创新能力的中小企业是必要的。但这种意图与社会资本的趋利避险的特征不能融合，基金由专业管理团队运营，必然更愿意选择风险较小、投资周期短、回收快的项目。怎样把政府产业引导基金的政策性与市场化运营的规则有机结合起来，实现政策目标与市场目标共生一直是一个需要解决的难题。

第三，投资进度普遍较慢。24支重庆产业引导股权投资专项基金中，有3支专项基金签约超过一年仍未有实际投资项目。引导基金发起设立的专项基金总规模约240亿元，目前实际投资约84亿元，实际投资仅占总规模的35%。以"基金投资金额/基金总规模"与"基金运行时间/基金总投资期"比较，大部分专项基金投资进度晚于预期，只有约10%达到了投资进度。

第四，社会资本募集较难。国际经验表明，养老基金、金融保险机构是私募股权资本的主要来源，而我国地方私募股权市场对这些资金的限制并没有放开。且私有资本投资者十分看重投资回报率，受资产价格波动影响较大,对股权投资基金一次长达5—7年的回报周期缺乏耐心,不愿轻易投入。加之重庆地处西部,收入偏低,高收益项目偏少,致使重庆私募股权投资行业募集社会资本更加困难。

三、重庆产业引导股权投资专项基金进一步完善发展的建议

如何发挥政府对创业投资的推动作用,已成为我国产业创新、转型升级的重要课题。为此,国务院办公厅转发发展改革委等部门的《关于创业投资引导基金规范设立与运作的指导意见》(国办发〔2008〕116号)强调,政府资金以引导基金形式发挥作用,要形成由政府设立、按市场化方式运作、通过引导社会资金进入创新型企业以扶持其发展的政策性基金。国内深圳、北京、上海、厦门等地在这方面已取得良好效果。

重庆正处在产业转型升级的关键期,运用好产业引导股权投资专项基金的孵化、引导、加强作用,有助于新兴产业、创新型企业、创业型企业的设立、发展、壮大,对于优化产业结构,实现经济高质量发展有非常重要的作用。为此,要在已有的基础上,加强管理、扶持,使重庆产业引导股权投资专项基金走上健康发展之路。具体建议如下:

1.坚持发展好产业引导股权投资专项基金

重庆产业引导股权投资专项基金运行三年以来,尽管存在一些不足与问题,但总体运行良好。实践表明,其有利于财政资金使用方式的改革,促进重庆产业的发展与转型升级;有利于鼓励创新创业,解决中小企业融资难问题;有利于规范企业内部的经营管理,帮助企业做大做强;有利于带动重庆私募股权投资行业发展,增强重庆金融中心的功能。因此,应该坚持发展好已经建立起来的产业引导股权投资专项基金。本次评估研究分析了绩效,指出了存在的问题,期待能助力于这方面工作的改善。

2.合理控制政府引导基金的数量

截至 2016 年末,各层级政府引导基金约 1 201 支,基金总规模达 43 707.68 亿元,可以说经历了一个快速增长阶段。当前,有必要合理控制基金的规模和数量,对财政状况、产业特征、相对优势、企业情况、实际需求等诸多方面进行分析评判,从严审批。对已经设立的各级政府产业基金可根据职能分类、运行状态、政策目标等采取撤销、合并、运行期满结束运行等方式加以调整。

3.多举措拓宽项目来源

足够的项目储备是政府产业基金设立及运行的基础。本地优质项目不足是重庆产业基金发展的一个痛点,要下功夫解决。包括建立自身的产业投资项目库,按行业分类梳理本地企业项目源;利用在渝银行业的投资项目库,与之加强合作;相关政府职能部门加强向专项基金推荐项目。同时,大力推动我市创新创业工作,培育出更多的成长型项目。

4.适当确定投资本地项目的比例

鉴于重庆目前经济发展的实际情况,在充分考虑专项基金成长性的情况下,建议将重庆产业引导股权投资基金与专项基金约定的投资于重庆本地项目的比例由 80% 下调到 60%,并对专项基金管理团队以股权投资方式从外地引入优质项目制定相应的奖励办法。

5.丰富投资方式

当前我国政府引导基金运营方式主要以股权投资为主,较少涉及债权投资、债转股、信用担保等其他运营方式,单一的运营方式不利于分散引导基金运营风险,也会限制引导基金功能的全面、有效发挥。建议重庆产业引导股权投资专项基金借鉴国内外经验,在控制风险的基础上,进一步丰富投资方式。

6.搭建基金交流合作平台

重庆产业引导股权投资母基金,可发挥自身的政府背景和多支专项基金合伙人身份的优势,搭建重庆市产业引导股权投资专项基金交流合作平

台,推动相关基金、企业在联合投资、项目产业协同、供应链管理、业务合作
及并购重组等方面加强资源聚合和对接。

7.研究对基金管理团队的约束激励机制

相对于普通私募基金,政府引导基金的募资难度、风险程度略低一些,
但仍需激励,其绩效奖励可低于市场平均水平。同时,要优化风险管控,加
强高素质复合型人才的引入和培养。对此,有关管理部门应加强调研。

运用影像传播助推重庆旅游发展的建议[*]

（2018 年 4 月 28 日）

近年来，重庆旅游业加快发展，全域旅游战略正在推进。随着信息技术、移动互联网加速普及，以图片、视频为代表的影像传播以其大众化、高逼真、扩散快的特点，不断增强影响力。利用影像传播力量，助推重庆旅游发展具有现实意义。

一、运用影像传播助推旅游业发展是智慧选择

作为一种以影像符号为信息载体的传播方式，影像传播的逼真性、可视性、扩散性的特点是以往文字、广播等传播形式所无法比拟的，被誉为"全世界通用的语言"。

摄影艺术、影视艺术、新媒体艺术在旅游品牌推广、旅游体验发布等领域频繁运用，影像传播媒介构筑的视听平台多样化的发展，为全球多姿多彩的地貌景观、悠远璀璨的历史人文提供了更加有效的传播途径。影像传播已成为旅游经济发展的助推器。

1.影像传播应用广泛，是旅游业提档升级的现实需要

一是消费升级背景下旅游需求更为多样化。旅游已经成为人们消费结构升级、提升生活品质的重要选择，呈现出更加个性化、特色化、多样化的特

---

*精编于重庆市生产力发展中心、重庆市摄影家协会、重庆市综合经济研究院联合课题组完成的"综合运用影像传播 助推重庆旅游发展研究"课题报告。

征。随着全域旅游深入推进,旅游产业呈井喷式和多触角融合式发展。二是信息技术的升级对旅游信息传递提出新要求。无线网络共享、虚拟地图、电子支付等现代信息技术正在加速智慧旅游的升级改造,客观上要求旅游信息以更为便捷和快速的方式传递交流。三是重庆独特的旅游资源客观上需要影像传播支持。要提升国内外对"山水之都·美丽重庆"重庆旅游品牌和产品的认知度,特别是创新型旅游业态和运营模式,也越来越需要借助影像传播技术提供更加直观、清晰的宣传和展示,扩大市场影响力。

2.影像传播是打造旅游目的地的强大推手

影像传播带给人的强大视觉冲击力和心灵震撼力对旅游目的地美誉度的提高和知名度的扩大起着举足轻重的作用。1987年《红楼梦》热播后,使该片的拍摄地河北省正定县声名远扬,当年就有130多万人次游客到荣国府参观游览。云南东川红土地、元阳梯田等绝美图片也吸引了无数游客慕名前往。近年来,平遥国际摄影大展、平遥国际电影节、又见系列等活动品牌,已成为汇聚人气、助推平遥经济发展、促进转型跨越的重要途径。借助影像传播的无局限性、直观性,能够有效规避传播噪音,让受传者顺利解码信息,更多面地了解旅游景点、旅游产品、城市风貌以及地区乡土人情风貌等。影像传播已成为全球各地扩大旅游目的地知名度、美誉度的必然选择。

二、运用影像传播发展重庆旅游经济具有良好基础

(一)重庆旅游资源极具影像传播优势

作为历史文化名城,重庆拥有许多具有丰厚历史人文积淀且非常独特的人文、社会与自然旅游资源,开发潜力很大。重庆目前已经形成长江三峡风光、山水都市风光、历史人文、养生休闲、乡土人文、武陵民族风情、工业旅游这七大旅游品牌。重庆旅游七大品牌的美学形态和审美特征是构建美丽

重庆的基本要素,并集中体现出以下传播特征。

长江三峡、乌江画廊就是形态美中最具代表性的自然景观。自然界在不同的时空背景中呈现出多姿多态的色彩形态之美,奔腾的长江巨流,灵动的乌江画廊等具有变幻无穷的动态之美。巴渝历史文化街区的传统建筑、各类风情文化古镇故居、大足石刻千手观音等均体现出独特的人文和工艺之美。重庆的巴渝文化、抗战历史文化、红岩文化、三线建设文化不仅具有重要的研究价值,也会激发起游人的思旧怀古之情,呈现出历史的沧桑之美。重庆铜梁龙灯表演、涪陵榨菜、重庆火锅等地方特色风俗文化构成了风土人情之美。这些美学特征,比较适合通过影像手段来捕捉和表达,形成独特的宣传效果。

表1 重庆旅游资源的传播优势

传播特征	传播优势	代表景点
形态美	在运用影像传播手段进行传播的过程中,可加强受众对于立体生动的景观的感官体验	长江三峡、奉节天坑地缝、云阳龙缸等
色彩美	借助现代影像所营造的美轮美奂的图片效果,使景区在宣传中更具吸引力	潼南油菜花、巫山红叶节、金佛山冰雪节、山城夜景等
动态美	不仅可以通过图片、影视作品等手段使人们获得直观的视觉体验,更可以通过漂流等形式使游客获得更加真实的游览体验	长江、乌江、阿蓬江等
工艺美	工艺美的深厚内涵对于影像传播效果的达成更具有画龙点睛、引人入胜的作用	大足石刻、民国街等

传播特征	传播优势	代表景点
人文价值美	重庆悠久丰富的历史文化体现出更多的人文价值之美。这种美通过影像传播被赋予更多的文化痕迹和历史意味,使得人文景观具有反复观赏和科学研究的价值	重庆红岩革命历史博物馆
风土人情美	利用影像技术对传统礼仪和民俗风情进行传播,会有效地丰富人文景观,吸引各方游客	铜梁龙灯、江津中山千米长宴等

(二)影像传播助力重庆旅游品牌影响力日渐扩大

近年来,由于多种影像传播手段的广泛运用,重庆旅游品牌的知名度和美誉度大幅提升,有效地促进了旅游经济的发展。2017年,全市接待游客达到5.4亿人次,实现旅游总收入约3 300亿元,同比分别增长20%和25%;接待入境游客358万人次,实现旅游外汇收入19.4亿美元,同比分别增长13%和15%。中商情报网发布的2017中国最热门的50个旅游城市排行榜中,重庆排名第一;据世界旅游及旅行理事会(WTTC)2017年10月发布的城市旅游影响数据显示,重庆位列全球发展最快的10个旅游城市榜首。

1.旅游影像宣传素材日益丰富

以"山水之都·美丽重庆"为旅游主题宣传口号,成功推出纸质宣传册、宣传片等一系列旅游宣传品。重庆市与美国ABC电视台合作拍摄播出《重庆,中国机会之城》《重庆,全球旅游目的地》《山水之都·魅力之城——中国重庆》等旅游文化宣传片,在美国ABC电视台全媒体黄金时段播出。重庆广电集团搭建起山城影像视频素材库,汇集重庆20世纪80年代至今的珍贵影像资料。

2.各类旅游影视植入作品不断涌现

《变形金刚4》《十面埋伏》《1942》《疯狂的石头》等诸多大片均在重庆取景拍摄。2016年，专门为重庆文化旅游宣传推介量身打造的电影《火锅英雄》《从你的全世界路过》上映，后者票房超过8亿元。罗汉寺、长江索道、菜园坝长江大桥等电影场景成为观众津津乐道的旅游景点。《棒棒来了》《山城故事》《爱在重庆》等微电影以故事情节发展为主线，成功实现了旅游景点的间接推广。

3.各项影像赛事营销活动相继举办

"美丽重庆·热辣巴渝"2016重庆摄影拉力赛、重庆市首届航拍摄影大赛等摄影赛事活动相继举办，《故城》老重庆画册、《黔江·黔江》画册等反映重庆历史文化风景的摄影作品陆续出版。一批摄影家和优秀摄影作品脱颖而出，如王耘农等摄影家的作品被刊登在《中国摄影报》头版，受到广泛关注。旅游影像营销活动更加多样，2018年我市在纽约时报广场举办新年倒计时庆典重庆旅游推广活动，引起全球网友的关注。

4."旅游+"促进影像体验更加多样化

2016世界旅游城市峰会期间，我市正式上线"山水之都·美丽重庆"旅游云名片，运用VR技术、大数据、地图导航等，拍摄重庆的城市风貌、标志性建筑、文化古迹及美丽的自然风光并进行360度的全景展示。同时，我市大型实景演出文化旅游演艺项目相继开发落地，如《印象·武隆》《烽烟三国》《川军血战到底》《重庆三千年》等有效地丰富了全市文旅融合形态，助力景区文化内涵提升。

三、运用影像传播聚焦打造重庆旅游七大品牌

以提高人民生活品质，满足人民美好生活需要，打造"山水之都·美丽重庆"旅游品牌为根本出发点，按照精致化、特色化、可识别的原则，结合重庆

旅游七大品牌的不同特性,以摄影为基础,以互联网为延伸,加快融合现代影像传播技术,有效拓展宣传渠道,通过全方位、多样态影像传播方式,不断增强特色旅游品牌的人文感知度、视觉识别度和心灵冲击度,加快提升重庆旅游品牌整体知名度和综合影响力。

(一)围绕"长江三峡"旅游品牌打造世界旅游目的地

依据长江三峡风光呈现的形态美、奇幻美,重点突出综合影视作品宣传。加快制作发展纪录性影视作品。顺承《大三峡》《中国三峡》等大型纪录片叙述脉络,以"中国复兴梦、长江三峡情"为主题,抓紧筹划拍摄《新时代新三峡》纪录片,力争利用国家级传媒平台展播宣传。助推商业性影视文化作品拍摄。以《三峡好人》为典范,加强与国内外知名导演、影视集团合作,支持影片取景,鼓励以三峡人文为背景的剧本创作。建立政策和资金保障机制,引进市场力量主导运作,策划打造三峡沿线摄影基地。稳步探索利用舞台剧演绎好独特的三峡故事。

(二)围绕"山水都市"旅游品牌打造现代都市名片

依据山城江城风光呈现的色彩美、时尚美,重点突出网络影像制作宣传。加快制作微视频宣传影集。借鉴《爱,在四川》的成功经验,积极寻求与知名旅游杂志、旅行策划公司合作,围绕重庆"之都"[①]、重庆"之最"[②]系列名片和特色景点,突出动漫等新潮元素,制作适应移动终端的微视频宣传作品。加快制作特效网络宣传画册。围绕"五方十泉""重庆味道"等主题,加快制作接地气和便于网络化传播的画册或者地图。筹划举办山水都市系列摄影大赛。以山水都市不同季节、不同时空为主题,策划《拍重庆》系列摄影大赛,积极支持区县举办特色摄影大赛和专业性论坛。

---

① 包括山水之都、不夜之都、美食之都、时尚之都、会展之都、购物之都、桥梁之都、温泉之都等。

② 包括最奇葩的轻轨、最复杂的立交桥、最美丽的索道、最长的电梯、最深的地铁等。

（三）围绕"人文巴渝"旅游品牌深度挖掘历史文化

依据巴渝人文风光呈现的人文美、风情美，重点突出文化名片①的多样化宣传。策划制作抗战及红色影视作品。深入挖掘创作主题，精心组织剧本撰写，以市场化机制加快推进红岩情怀、民国重庆等影视作品投资，并举办相关图片展览。策划制作玄幻微型影视作品。以地域传说和历史轶事②为题材，鼓励制作微电影、微视频等投入小、宣传效应大的微型影视作品。引入专业团队，打造主题性旅游影视基地。联动推介开发特色古镇旅游。结合巴渝特色小镇建设和古镇旅游开发，抓住乡土风情、饮食文化等要点筹划拍摄《玩耍古镇》专题宣传片，加大网络渠道营销力度。

（四）围绕"康养都市"旅游品牌突出养生休闲特色

依据康养都市呈现的依山傍水之美，重点突出影像嵌入式宣传。鼓励重点景区采取嵌入式宣传策略。以武隆景区与《变形金刚》合作为经验，依托武陵仙乡、世外桃源、大足石刻等丰富的自然景观和人文资源，加快打造影视作品采景基地，大力引进国内外知名剧组采风采景。制作"大健康"专题科普影视作品。结合观光、休闲度假、乡土田园、康养娱乐、商务休闲等，以健康科普为核心，针对重要景点、重点区域，加快筹划制作有重庆特色的宣传片。

（五）围绕"巴渝人家"旅游品牌推介乡土风情资源

依据大山区大库区"巴渝人家"山水生态和农耕休闲之美，重点突出乡土采风摄影。评选最美乡村摄影作品。举办特色镇、特色村、特色景区摄影作品评选活动，突出采摘、节庆、生活体验等特色，推动乡土农耕与影像作品

---

① 包括世界文化遗产、二战及陪都文化、红色文化、民俗文化、现代文化等文化名片。

② 例如丰都名山鬼城、巫山猿人大遗址公园、巫山神女文化园、彭水蚩尤九黎城等。

融合。将挖掘摄影体验与民俗工艺相结合,将农事活动与舞台表演相结合,将乡土故事与影视创作相结合,形成扩大宣传的话题性材料。策划乡村旅游摄影专题活动。结合乡村旅游特色,策划开展不同主题的摄影节、摄影展、摄影论坛等专题活动,推动开展摄影创作交流、摄影教学展示、摄影科普课堂等系列项目。

(六)围绕"武陵风情"旅游品牌推动民族民俗旅游

依据生态民俗旅游目的地的民族风情和地域人文之美,重点突出舞台表演艺术。开发特色舞台表演产品。进一步挖掘和利用土家族、苗族民俗文化资源,提升各地舞台实景演艺精品的市场吸引力,增强舞台表演活动中观众的体验性与参与性。加快民族民俗风情旅游影像制作。瞄准土家族苗族民俗风情,以渝东南、渝东北主题旅游区为重点,加快策划制作民族民俗宣传影像。策划旅游文化节庆活动专题摄影。结合各种旅游节活动①,配套策划开展不同主题的摄影活动,吸引不同层次不同风格的摄影爱好者。

(七)围绕"百年工业"旅游品牌构筑工业旅游新元素

依据重庆老工业基地百年传承、历史变革的沧桑雄壮之美,重点突出历史再现的影像感知与新奇体验。提升"三线建设"人文影像感知度。在重点工业旅游景区②,加快推进声光电和数字影像的改造升级,提升游客对"三线建设"的历史回溯感和年代感知度。提升工业博物馆数字影像体验水平。重点选取大渡口重庆工业博物馆、涪陵816军工洞体作为试点单位,加快运用AR、VR等数字媒体技术进行历史事件还原,增强游客的体验感。创新

---

① 武陵山国际民俗文化旅游节、仙女山露营音乐节、武隆国际户外运动公开赛、黄水旅游消夏季、千野草场露营狂欢节、彭水乌江苗族踩花山节、黔江土家摸秋节等。

② 如南川汽车小镇、巴南通航主题综合产业园、大渡口重庆工业博物馆、垫江长安汽车试验场、南川三线建设博物馆、涪陵816军工洞体、周君记火锅食品工业旅游体验园等。

"工业旅游"影像展播传播方式。深度挖掘工业遗迹资源，以"三线建设"历史故事为原型打造特色舞台表演项目，加快创作影视剧本和影视作品。

四、相关举措建议

（一）充分发挥职能部门在影像传播中的统筹作用

一是建立市领导牵头、市旅游发展委员会主要负责的协调联动机制，将运用影像传播助推发展作为全市旅游领导小组的重要议题，协调相关方面共同推进。二是打通内部旅游信息传播共享渠道，由市旅游发展委员会组织区县旅游部门建立内部影像信息化管理系统。三是建立定期评估工作机制，由市旅游发展委员会牵头制定旅游宣传效果的区县评估体系，推动促进区县提升旅游影像宣传的积极性。

（二）集中力量打造一批精品影像传播作品

一是开展各类有奖活动，挖掘一批精品民间摄影作品。二是扶持创作一批反映重庆特色的精良影视作品，并争取在央视等主流媒体播放。三是推出一批新颖独特的新媒体艺术作品。重点以重庆非物质文化遗产、民族民俗风情、工业遗址为依托，策划一批精品新颖展览、高雅文化演艺以及互联网娱乐产品等。

（三）适当布局搭建影像拍摄（游览）基地

一是合理布局一批影视外景基地，为各类影视、综艺剧组来渝取景拍摄提供条件。二是建议市级、区县级相关部门与重庆市摄影家协会一道在全市范围内评选一批"重庆市旅游摄影创作基地"。鼓励支持黔江、奉节等区县打造中国民俗及风光摄影基地。三是完善旅游摄影支持措施,编制全市旅游摄影导览图以及摄影指南,在主要旅游景区加设旅游摄影指示标识及摄影气象预报等。四是探索"影视文化+"模式,盘活村落、旧厂房等资源,加强"影视片场+旅游体验"的特效影视基地建设。

(四)强化影像传播的智能化应用

一是提高公共景区智能网络覆盖率,鼓励公众借助手里的移动终端设备拍摄景区风景图和旅游项目活动视频,并通过互联网等多种渠道进行传播。二是完善旅游公共信息发布及资讯平台、壮大自媒体平台,为市民提供旅游资讯服务。三是加强与《重庆日报》等传统媒体的合作,共同搭建智慧化宣传推广体系,促进全民参与影像传播。

(五)创新活动策划,增强宣传效果

一是立足本土山水风光特色,策划更多具有影响力的体育赛事、节会活动,探索全球同步直播等方式,第一时间向世界展示重庆魅力。二是通过举办具有全球、全国影响力的各种层次的主题摄影展、摄影比赛,打造旅游摄影精品。如支持黔江承办"乡土中国"摄影展、奉节举办"三峡之巅"等主题摄影展。三是统一策划使用"山水之都·美丽重庆"的旅游形象标识和宣传口号,在主要口岸、人流集聚等场所加大旅游形象宣传展示力度,积极拓展海外媒体、主流媒体、新媒体和移动客户端等宣传渠道。

(六)营造大众化参与的传播环境

一是鼓励大众随时随地随拍随发重庆美景美图,形成人人都是摄影家、人人都是宣传员的良好氛围。对年度微信、微博等媒体转发量较高的重庆旅游美图创作者给予一定的奖励。二是在街道社区老年大学、群众艺术馆、图书馆等公共文化场所开设免费摄影、影视等影像传播课程。鼓励有条件的中小学开设摄影课程,倡导成立摄影兴趣小组,营造全社会广泛参与旅游影像传播的环境。三是积极宣传有关著作权保护的知识,增强群众对旅游影像作品知识产权保护的意识。

(七)不断充实影像传播人才队伍

一是积极发挥各类影像传播人士的宣传带动效应。引进知名摄影家、国际知名摄影团队、媒体从业者、学者、网络红人等入渝拍摄精彩旅游影像并广泛传播。二是推动建立影像传播人才的市场化服务机构,全社会网罗优秀影像创作人才。三是加强旅游影像各层次人才的培养培训,鼓励旅游影像传播的企业和高等院校共建实践教育基地,培养摄影旅游专业人才及导游队伍。四是鼓励各区县设立通讯员队伍,及时反映区域内旅游工作动态。每年对优秀旅游摄影个人进行评比、表彰。

(八)加大旅游影像宣传的资金投入

一是健全旅游影像产业资金支撑体系,鼓励有需求的区(县)政府设立旅游影像产业发展基金。设立重庆旅游传播奖,对在国家级、省级主要媒体上刊发的图片给予一定奖励。二是制订鼓励旅游影像宣传的办法,用于在中央媒体、重点网站和重点客源地开展城市旅游形象宣传和营销工作。三是鼓励旅游影像产业以微电影、原创文学、摄影等为载体,进行创新创意发展。

(九)充分发挥专业协会的纽带作用

一是进一步强化重庆市摄影家协会与文化旅游部门的沟通与合作,争取市级和区县级旅游推广宣传工作,更多地采用摄影宣传方式。二是建立定期国内外交流与合作机制,创造条件邀请世界级、国家级摄影媒体到重庆举办摄影或联谊活动,与湖北、四川、云南、贵州等周边省市协会开展活动合作。三是积极组织开展区县旅游摄影服务专项活动,用相机生动记录各地旅游发展的步伐,更好地宣传推广重庆旅游资源。

重庆市存量资产项目PPP研究*

（2018年6月5日）

近年来，地方政府在投资体制改革中大量使用PPP模式，取得了显著的成效。在实践中对新建项目实施PPP运作模式，虽积累了较为丰富的改革经验，但对存量项目如何采用PPP模式改造的探索不够，未能充分发挥PPP投融资模式在化解地方政府债务、筹集建设资金、提高基础设施和公共服务供给效率等方面的作用。自2015年以来，国家发改委公开推介各地PPP项目3 764个，总投资6.4万亿元。其中存量项目只有138个，总投资2 019亿元，约分别占项目总量的3.7%和3.2%。其主要原因一是地方政府对存量项目实施PPP的优势和作用认识得还不够，二是存量项目实施PPP也确实存在某些特殊问题，相较于新建项目PPP有更多的困难需要解决。

中央政府已经注意到存量项目PPP模式进展滞后，并开始推动这项工作。《国务院关于创新重点领域投融资机制鼓励社会投资的指导意见》（国发〔2014〕60号）就明确提出"鼓励通过PPP方式盘活存量资源，变现资金要用于重点领域建设"。《国务院办公厅转发财政部、发展改革委、人民银行关于在公共服务领域推广政府和社会资本合作模式指导意见的通知》（国办发〔2015〕42号）进一步提出"着力化解地方政府性债务风险，积极引进社会资本参与地方融资平台公司存量项目改造"；"探索通过以奖代补等措施，引导和鼓励地方融资平台存量项目转型为政府和社会资本合作项目"。财政部、发改委、住建部出台的一系列文件均提出存量资产项目PPP与新建项目PPP并重，尤其是《国家发展改革委关于加快运用PPP模式盘活基础设施存量资

---

*精编于重庆市生产力发展中心、重庆大学联合课题组完成的"PPP项目难点及风险控制研究——实务案例解析暨重庆的探索"课题报告。

产有关工作的通知》（发改投资〔2017〕1266号）专门就存量资产项目PPP工作进行了安排。

鉴于上述背景，课题组通过收集国内存量资产实施PPP合作的典型案例，从项目实施的全过程入手，总结分析存量资产PPP项目的运作程序、方法和各种成熟模式，识别和解析存量资产PPP相对于新建项目PPP的特殊困难，结合重庆实际，对推进存量资产项目运用PPP方式进行改造提出政策建议。

一、存量资产项目实施PPP改造的主要做法

"存量资产项目"在本文中特指已经建成并投入营运的国有公益性资产或项目，其主要用途是提供社会公共服务，通常包括市政工程、交通、运输、水利设施、环境保护项目等等。

对存量资产项目实施PPP改造，就是引入社会资本，将国有平台公司自建自营的公共服务类项目进行转让、合资或委托经营，以达到盘活国有存量资产、转变企业机制、提高运营效率、改善服务质量的目的。

（一）存量资产项目PPP改造的主要方式

根据存量项目实施周期所处阶段、存量资产特点、收费定价机制、预期投资收益水平、风险分配基本框架和政府财力等多种因素，存量资产可以选择多种方式进行PPP改造。目前比较成熟的方式有：改建—运营—移交（ROT）、转让—运营—移交（TOT）、转让—拥有—运营（TOO）、委托运营（O&M）、管理合同（MC）、股权合作等。不同方式的特点和作用见表1。

表1 存量资产项目PPP改造的主要方式

模 式	特 点	合作期限	备 注
委托运营（O&M）	政府将存量资产的运营维护职责委托给社会资本或项目公司,社会资本或项目公司不负责用户服务	一般不超过8年	政府保留资产所有权,只向社会资本或项目公司支付委托运营费用
管理合同（MC）	政府将存量资产的运营、维护及用户服务职责授权委托给社会资本或项目公司的项目运作方式	一般不超过3年	政府保留资产所有权,只向社会资本或项目公司支付管理费。管理合同通常作为转让—运营—移交方式的前期过渡
作业外包（SC）	政府平台公司通过签订外包合同方式,将某些作业性、辅助性工作委托给社会资本承担和完成,以期达到集中资源、强化核心事务的目的		一般由政府平台公司给作业承担方付费
转让—运营—移交（TOT）	政府将存量资产所有权有偿转让给社会资本或项目公司,并由其负责运营、维护和用户服务,合同期满后资产及其所有权等移交给政府	一般为20—30年	
改建—运营—移交（ROT）	政府在TOT模式的基础上,增加改扩建内容的项目运作方式	一般为20—30年	
转让—拥有—运营（TOO）	由投资者收购已建成的项目并承担项目的运行、维护、服务、改造等工作,资产产权归投资者长期持有。TOO实际上是一种私有化模式,在西方使用较多,国内少见	长期	由TOT方式演变而来

续表

模 式	特 点	合作期限	备 注
股权合作	政府以国有企业的资产与民营机构(通常以现金方式出资)共同组建合资公司,负责原国有独资企业的经营。政府授予新合资公司特许权,许可其在一定范围和期限内经营特定业务	特许经营期内	

(二)存量资产项目PPP的主要优势及意义

相较于新建项目PPP,存量项目PPP具有五大明显优势。

一是市场风险相对较小。存量资产项目实施PPP运作的对象为已建成的项目,前期投入大都已经完成且已投入运营。这类项目在风险的可辨识性、操作过程的简易性、现金流结构的清晰性和现金流流量的可持续性等方面,相对新建PPP项目都具有明显的优势,对社会资本的吸引力更强。

二是融资成本相对较低。存量资产项目实施PPP运作,无论是项目正常经营现金流收入还是项目补贴现金流,其历年数据都可以核实查证,未来收益预期较为可靠,项目运营风险小,在融资市场上较新建PPP项目可获得较高的信用评级和较低的融资成本。

三是能更快实现项目收益。存量资产项目实施PPP运作,前期调研、设计、审批等时间较短,没有建设过程中的长期资金投入。对于社会资本而言,当期投入即可产生比较稳定的现金流,符合社会资本较快实现投资回报的预期。

四是便于推进资产证券化。稳定的现金流和合理的资产负债结构是资产证券化不可或缺的基础条件。经PPP方式改造后的存量资产项目不仅具有稳定的现金流,而且因为引入新的投资者而实现了资产负债结构的优化,因此更有利于将项目资产进一步证券化,获得新的投资手段。

五是政府监管有一定基础。与新建PPP项目的“摸着石头过河”不同,政府对存量资产项目拥有一定的管理、监督、考核体系,对项目PPP改造后的监管拥有更多的主动权和话语权。政府长期积累的监管经验有利于明确经PPP改造后的项目经营者的绩效要求,厘清项目经营者与政府各自的权利义务边界;有利于发现风险点,构建合理的风险共担机制;有利于健全完善利益分配机制,既满足私人资本对投资回报的要求,又可以最大程度维护公共利益。

(三)国内存量资产项目PPP改造的主要经验

课题组收集了重庆市主城北部片区供水项目、南京市城东仙林污水处理项目、福州国有燃气部分股权转让项目、青岛威立雅污水处理项目、合肥王小郢污水处理项目、深圳大运中心项目、天津市北水业公司股权合作项目、香港大学深圳医院委托营运等典型案例,逐一进行分析比对,从中寻求可以借鉴的经验。归纳起来,主要有以下几点:

第一,适宜采取PPP方式改造的存量资产虽然均具有公益性质,但都是消费者付费的城市公用项目,需求长期稳定,商业模式清晰,具备市场化的基本条件。这些项目在扩大经营规模时均面临政府投入不足的问题,有引入社会资本补足资金缺口的动因,政府提高公共服务水平的意图和持有存量资产的国有企业的扩张意愿能够达成统一。

第二,政府出于最大程度盘活国有资产的目的,往往倾向于将高收益资产与较低收益资产进行组合,或者将关联资产与核心资产打包、将存量项目与新建项目打包。而社会投资者希望获得最大的投资收益,会与政府提出的资产组合方案进行博弈。因此,找到各方的利益平衡点至关重要。

第三,公益性项目的服务价格对于社会公众、项目经营公司和政府都高度敏感,而在市场化条件下锁定价格又几乎不可能。因此,在政府主导之下就服务价格的确定、未来调价机制的设计和可行性缺口补助方式与各利益相关方达成一致,是保证项目成功和可持续运行的重要因素。

第四,存量资产PPP改造之后,社会资本进入项目,公司按市场化方式运作。这就需要加强监管,使独立经营的项目公司在更好地服务于社会公众的基础之上获得适度的收益。因此,必须建立一套科学的考核评价体系,对绩效目标、运营管理质量、资金使用效率、公众满意程度等进行持续的监测评价,配以必要的奖惩,以确保公共服务的效率和质量,也有利于企业的可持续发展。

二、存量资产项目实施PPP改造面临的主要困难

通过对国内存量资产项目PPP改造的典型案例的分析,并多次听取重庆市级政府平台公司的意见,课题组了解到,目前推进存量项目运作PPP方式进行改造还面临若干困难。只有消除了这些障碍,存量资产项目PPP进程才能够加快步伐。

(一)政府意图和资产持有者的现实考量不一致

对于政府而言,将存量资产进行PPP改造,可以盘活存量,引入新的投资,实现减债或增加建设资金来源;还可以推进国有企业混合所有制改革,转变经营机制,提高原有项目的营运效率,降低营运成本,改善公共服务水平,是一件利大于弊的事情。

但对于持有存量资产的国有平台公司而言,一旦将存量资产剥离出去与他人合作,则会对企业既有的经营活动造成巨大冲击。首先是改变了企业的资产负债表,破坏了原有的资产负债平衡;其次,被剥离的存量资产往往具有较好的现金流,一旦剥离,企业原有的营利模式将不复存在;再次,由于原有的资产负债状况和营利模式的改变,企业信用等级下降,再融资能力减弱,融资成本上升。正因为如此,国有平台公司一般不具有将存量项目进行PPP改造的积极性和主动性。这也是存量资产项目PPP进程迟缓的主要原因。

因此,是否对存量资产实行PPP改造,以及拿出哪些资产进行PPP改造,在本质上是一种政府决策。其追求的目标是盘活存量、降低政府性负债、增加建设资金、推动国企改革、提升公用事业营运效率和公共服务水平。但实

施PPP改造的对象又是国有平台公司资产负债表中的重要组成部分,对资产持有者的经营活动至关重要。因此,只能由政府主导、统筹协调、妥善处理资产持有者的利益,在做好顶层设计的前提下,一企一策地加以推进。

(二)资源整合

对存量资产项目进行PPP改造,往往需要对高收益资产与低收益资产、核心资产与关联资产、存量项目与新建项目以及其他对价资产进行不同的组合,以增强对社会资本的吸引力。由于涉及利益主体众多、程序复杂,协调难度很大。

各种资源的整合也需要政府主导,统一认识和目标,制订可行的方案,处理好各方利益关系,并确保整合程序合法、流程规范,不为项目后续工作留下合规性隐患。

(三)国有资产交易

对存量资产项目实施PPP改造,必然涉及国有资产交易行为。由于国有资产类别繁多、形态各异,既有企业国有资产,又有行政事业单位国有资产,还有自然资源类国有资产。每类国有资产都要遵循特定的交易规则和程序,工作量很大,还会产生一定的交易成本。

为化繁为简,一方面,可积极推动国有资产形态转换,通过改革探索,将部分经营性国有资产由实物形态转变为资本形态,将部分闲置的非经营性国有资产转为经营性国有资产,在一定程度上减少存量资产PPP改造所涉及的国有资产类型和形态,为国有资产交易提供便利。另一方面,可在程序设计上将国有资产交易与PPP运作协同起来,对于存量资产出售、出让、转让、变卖等权属变更,按国有资产管理相关规定处理;需要通过市场竞价方式公开处置或通过产权市场公开交易的,可通过招标或邀标选择存量资产项目PPP社会资本合作方同步进行,减少项目实施程序,简化项目审批流程,提高办事效率。

(四)原有人员安置

通过PPP方式引入社会资本后,新的项目公司为提高效率、降低成本,可能会对原国有企业机构和人员进行精简,需要安置富余人员。

虽然《中华人民共和国劳动合同法》为富余人员安置提供了法律依据,但在具体项目实施过程中,分流安置富余人员往往会对社会构成稳定风险,成为实施PPP改造的一大难题。为了充分兼顾员工的利益,也需要在当地政府统一协调之下制订合理的方案,做好思想政治工作,争取新的项目公司支持,落实补偿资金和相关扶助政策,妥善安置富余人员,理顺劳动关系,保障项目在合作期内平稳运行和健康发展。

(五)交易结构设计

PPP项目的交易结构是项目合作各方以合同条款的形式所确定的、协调与实现交易各方最终利益关系的一系列安排,是PPP项目运作的核心。

一般而言,存量资产项目PPP在交易结构设计上与新建项目PPP没有实质性的差别。但存量资产项目PPP改造所涉及的交易内容更为复杂,需要关注的风险点更多,控制交易成本的难度更大。

一是存量资产的资产形态多样,其股价、交易、变现受不同政策和法规的约束,审批环节和程序比较复杂,确保交易全过程合规性的工作量很大。

二是存量资产交易涉及各种税费,如何利用相关政策降低交易成本,需要各级政府在事权范围内发挥作用。

三是存量资产PPP项目的融资结构灵活性较大,由于有实物资产和项目现金流设置抵质押担保,项目公司不仅可以采用银行贷款、企业债券、项目收益债券等方式进行举债,也可用资产证券化方式融资。因此需要在融资交易结构中明确项目全生命周期内相关资产和权益的归属,以及项目公司有无权利以相关资产和权益设定抵质押担保获得融资,并在许可的融资过程中加强政府监管,防范企业债务向政府转移。

四是存量资产项目PPP改造的投资回报机制设计具有多样性。其复杂程度与项目资产组合的状况相关,可能涉及消费者付费、政府付费、可行性缺口补助、对价资源配置等多种方式，或者是上述方式的某种组合。这需要根据每一个项目的具体情况进行精确测算，并在项目合作各方之间达成利益平衡。尤其是在价格变动的情况下，合作各方的利益平衡关系是动态的，要有付费价格调整的原则和机制来规范和平衡各方利益关系。

五是风险控制与分担。任何投资都有风险，一般商业性项目的股东是以其进入该项目的投资来分担项目风险的有限责任。但存量资产PPP项目都具有公共服务性质，在遭遇人力不可抗拒的风险时（既包括市场风险也包括自然或其他社会风险），不可能按照一般商业性项目常用的办法来处理。比如，一旦遭遇风险，公共服务项目不可能采取缩减经营规模和营业时间等常规办法来控制项目财务损失，政府必须承担特殊时期正常提供公共服务的义务。在此种情况下增加的财务成本如何分担，需要做出某些特殊安排。

（六）引入合格供应商

存量资产项目PPP改造不仅是为了盘活存量资产，以实现减债或筹集新的建设资金，还有一个重要目的是引入具备专业能力的优质企业来从事项目的营运，以转换企业机制，提高项目运行效率和降低运行成本，更好地为公众服务。通过PPP方式引入的专业化公司即合格供应商。

我国经过多年的市场化改革和实践，已成长起来一批专业化的城市运营服务商，覆盖供水及污水处理、垃圾处理、轨道交通、铁路枢纽、高速公路、旅游景区、天然气、医疗卫生等多个行业领域。但是与市场经济发达的国家相比，我国专业化的公共项目营运商仍处于发展的初期阶段，在资金实力、营运管理水平、经营体量等方面还远不能适应市场发展的需要。这也是当前推进存量资产项目PPP改造所面临的一个现实困难。

因此，在存量资产项目实施PPP改造之前就要进行市场调研，广泛收集信息，形成合格供应商清单供决策者比较选择或组织招标（邀标），以确定最佳合格供应商。在国内供应商不足的情况下，也可考虑从国外（境外）引入合格供应商。重庆主城北部片区供水项目PPP改造从境外引入中法水务公司作为合格供应商，就是一个成功的例子。

三、推进我市存量资产项目实施PPP改造的建议

（一）重庆国有平台公司存量资产庞大，有实施PPP改造的潜力

据重庆市国资委2017年上半年统计，市级投融资平台公司中的机场集团、地产集团、交开投集团、城投集团、高速公路集团、旅投集团、水投集团等七家公司拥有经营性资产2 530亿元，非经营性资产1 913亿元；分别对应的债务余额为2 353亿元和1 566亿元；资产负债率处于较高的水平。

这些资产形成的在建和建成项目296个，其中经营性项目145个，非经营性项目156个。按照国家发改委倡导的存量资产PPP改造主要适用于政府负有责任而又适宜市场化运作的公共服务和基础设施类项目，以及财政部提倡的项目具有价格调整机制相对灵活、市场化程度较高、投资规模较大、市场需求长期稳定等原则，市级有关部门已将轨道交通三号线、九龙坡清洁工程、高新区人民医院、梁平乡镇污水处理、城口任河旅游景观改造、丰都乡镇污水处理等存量资产项目列入财政部PPP中心项目库，拟引入社会资本进行合作。课题组也在市属国有平台公司现有的296个项目中筛选出17个条件相对成熟的存量资产项目，建议对其实施PPP改造。

（二）制定存量资产项目实施PPP改造的专项工作意见

为了在现有基础上加快推进存量资产PPP改造工作，要进一步围绕贯彻落实党的十九大关于完善各类国有资产管理体制，改革国有资本授权经营体制，发展混合所有制经济，深化投融资体制改革的精神，结合国家发改委、财政部等部门和重庆市委、市政府关于全面深化财税体制改革，推广运用PPP模式的有关要求，研究制定《重庆市关于推进国有存量资产项目实施PPP改造的实施意见》，对这项工作作出全面部署，提出工作要求，提供政策支持。

为了规范推进存量资产项目PPP改造,控制可能出现的风险,可先从市属国有平台公司的存量资产入手,集中力量突破若干难点,取得规范运作的经验,为区县平台公司存量资产的PPP改造提供示范。

(三)建立协同推进机制

建立国有存量资产项目PPP改造协同推进机制,强化组织领导和统筹协调。根据部门职责和分工,结合项目实际情况,分别明确不同类型的存量资产项目实施PPP运作的牵头部门。牵头部门要按照政府统一部署,主动与持有存量资产和负责营运存量资产的国有平台公司、国有资产管理、财政、发改、国土、环保、人力资源社会保障等部门加强衔接,形成合力,共同推进征集遴选项目,提出项目整体策划,组织编制项目实施方案,以及项目报批、招商、采购、执行监督、绩效评价和项目移交等工作。财政、金融监管部门要加强对政府性债务融资的监管、控制,防范风险。同时,协调相关金融机构为PPP项目融资提供切实的支持。

(四)建立统一的项目库供决策参考

一是全面部署辖区内国有存量资产清产核资工作。由财政或发改部门会同国资部门作为存量资产清理核实的牵头部门,通过与有关行业部门沟通交流,对辖区范围内基础设施和公共服务领域存量资产项目进行清理核实,摸清底数和资产类型结构,以及相对应的负债情况和债务性质,形成资产整合和遴选项目的完整资料。

二是各牵头部门从清产核资汇总表中优先选择由政府承担债务和有债务的存量资产或资产组合,按照价格调整机制灵活、市场化程度较高、投资规模较大、需求长期稳定、可能产生一定现金流(以公用事业类项目为重点)等条件进行评估,形成PPP改造备选项目清单和初步工作建议,报送市政府指定部门汇总。

三是财政或发改等部门对各牵头部门报送的备选项目进行甄别,提出存量资产项目实施PPP的建议清单,报政府集中研究和决策,形成存量资产项目PPP改造项目库。

在政府作出决策之后,即可按PPP项目规范操作流程,推进各项后续工作。

(五)制订滚动实施计划

根据形成的存量资产PPP改造项目库,结合各项目实施条件、项目特点、预期效益等因素,由市政府指定部门会同各牵头部门共同制订项目滚动实施计划,有序推进存量资产项目PPP改造和化解政府性债务工作。各区县国有平台公司存量资产PPP改造工作在市政府统一部署下进行。

(六)建立动态评估机制

注重项目事中和事后评估,运用评估结果强化优化项目后续管理。建立完善的项目绩效评估体系,由项目监管机构定期进行评估,及时发现和处理项目运行中出现的问题和风险,实施动态调整和管理,确保项目运行规范有效,努力实现预期目标。

专家学者就规范发展重庆特色小镇
聚智谋策*

● （2018年6月26日）●

特色小镇建设作为完善城镇体系、促进产业发展、推动创新创业的重要抓手和推进新型城镇化的重要载体和平台，是深入推进供给侧结构性改革、推动区域经济转型升级的重要举措。2015年特色小镇发端于浙江，党中央、国务院高度重视，提出了系列要求，引导我国特色小镇规范、有序、高质量发展。

为了推动重庆特色小镇规范发展，发挥其在新时期重庆建设城乡统筹国家中心城市中的重要作用，2018年5月25日，重庆市生产力发展中心牵头召开了主题"经济圆桌会"，与会专家、学者、有关小镇负责人围绕规范发展重庆特色小镇路径问题，进行了热烈研讨。会上，市发改委、市城乡建委、市经信委、市旅发委、市综合经济研究院作了专题演讲，渝北仙桃小镇、九龙金凤小镇、大足龙水小镇、荣昌夏布小镇、荣昌安陶小镇、沙坪坝富硒小镇、万盛关坝小镇、武隆仙女山小镇、城口东安小镇、奉节兴隆小镇、合川涞滩小镇、沙坪坝磁器口街区、两江新区民国街区共13个特色小镇（街区）提供了书面发言，其中6个代表在大会上进行了交流。综合研讨的基本观点如下。

一、必须准确把握特色小镇的科学内涵

"特色小镇"最早于2014年在浙江云栖小镇被公开提及。2015年4月，

---

*精编于重庆市生产力发展中心、重庆市发展和改革委员会、重庆社会科学院、重庆市综合经济研究院联合课题组完成的"规范发展重庆特色小镇路径研究"课题报告。

浙江省政府出台《浙江省人民政府关于加快特色小镇规划建设的指导意见》,首次提出特色小镇是相对独立于市区,具有明确产业定位、文化内涵、旅游和一定社区功能的发展空间平台,区别于行政区划单元和产业园区。此后,浙江省特色小镇快速发展、日臻成熟,获得中央和各地政府的认可。2016年起,国家层面对特色小镇发展进行了系列部署。同年7月,住建部、发改委、财政部发布《关于开展特色小镇培育工作的通知》,正式向全国推广特色小镇模式。之后,全国特色小镇加快发展,在新时期城乡统筹发展中具有独特作用,涌现出一批产业特色鲜明、功能完善、宜居宜业、富有活力的特色小镇。

但是,特色小镇推进过程中也出现了概念不清、定位不准、急于求成、盲目发展以及市场化不足等突出问题。2017年12月,国家发展改革委、国土资源部、环境保护部、住房和城乡建设部联合发布《关于规范推进特色小镇和特色小城镇建设的若干意见》(以下简称《意见》),进一步明确了特色小镇的科学内涵。《意见》明确提出,特色小镇是在几平方公里土地上集聚特色产业、生产生活生态空间相融合、不同于行政建制镇和产业园区的创新创业平台。强调特色小镇应立足产业"特而强"、功能"聚而合"、形态"小而美"、机制"新而活",推动创新性供给与个性化需求有效对接,打造创新创业发展平台和新型城镇化重要载体。

当前,发展特色小镇,首要的是准确把握特色小镇的科学内涵。结合国家层面对特色小镇的定义,对特色小镇内涵特质的理解,应把握以下几个核心要义。一是从行政区划来看,特色小镇"非镇非区"。特色小镇规划面积在3平方公里左右,远低于一般城镇几十平方公里的土地面积。特色小镇是汇集特定生产要素和资源的创新创业平台,区别于传统意义上的行政建制镇以及特色小城镇,也不同于工业开发区、旅游景区等单一功能的区域范围概念。二是从产业导向来看,特色小镇坚持产业建镇。特色小镇立足资源禀赋、产业积淀和比较优势,挖掘并培育最有基础、最具潜力、最能成长的特色优势产业,不同于经济开发区和产业园区追求制造业的规模化发展。三是从功能定位来看,特色小镇坚持功能融合。特色小镇立足统筹生产生活生态空间,促进产城融合发展,旨在通过产业集聚促进人口就业、居住、旅游、消费等,而非摊大饼式的规模扩张。四是从运作机制来看,特色小镇坚持市场化运作。企业是特色小镇建设的主力军,政府仅负责特色小镇的功能规划、制度设计和审批服务,引导企业建设特色小镇。因而特色小镇建设不是单纯的行政行为,区别于地方政府主导的城镇建设或管委会主导的开发区建设。

二、应该高度关注重庆特色小镇发展面临的突出问题

近几年,重庆也出现了一批特色小城镇、特色小镇。有的是国家职能部门命名,有的是地方政府命名。大体有全国特色小镇13个,全国旅游名镇13个,中国文化名镇18个,市级特色小城镇36个。特别是在2016年,按照党中央、国务院规范发展特色小镇的总体要求,市政府办公厅印发《关于做好特色小镇(街区)示范点创建工作的通知》,确定39个特色小镇和11个特色街区。在2017年进一步明确了建设特色小镇的20个任务。在政府积极引导和市场主体作用的双重驱动下,我市特色小镇建设稳步推进,小镇产业经济、功能设施、风貌环境等方面均有明显改善和提升,培育出一批旅游休闲型、文化民俗型、特色制造型等特色小镇,初步形成了多种类型的特色小镇发展格局。

与此同时,与规范发展特色小镇要求相比,我市特色小镇在建设过程中依然存在一些问题,主要表现为:一是缺乏产业特色。我市多数特色小镇主导产业特色不鲜明,普遍存在与周边区域产业定位趋同、产品服务同质的现象,产品供给缺乏独特性和优质性,产业核心竞争力不强,特色产业支撑能力不足。二是缺乏人本关怀。部分特色小镇在建设过程中,以人为本的理念体现得不完全不充分,只注重物质建设和外观美化,忽视人居环境营造和教育医疗、购物娱乐等生活配套设施,生产生活生态"三生空间"融合不紧,形态不优,缺乏吸引力。三是缺乏政策合力。我市发展改革委、城乡建委、

旅发委、经信委等多个职能部门相继出台了支持政策,由于不同部门的扶持主体不同、多个政策之间缺乏有机对接,资金和重点项目等资源脱节分散,且不同程度地存在着"撒胡椒面"的平均主义倾向,政策合力尚未形成。四是出现盲目举债倾向,积累财政风险。一些地方忽视市场配置资源的作用,小镇建设资金来源过多依赖政府,盲目举债建设,成为地方政府隐性债务新源头。

三、探索创新重庆特色小镇多元发展的有效路径

新时期,规范发展特色小镇,要遵循"四化"融合发展的基本规律和总体趋势,认清重庆现有的发展水平和开发潜力,立足要素禀赋、比较优势和不同功能定位找准产业突破口,加快探索因地制宜的多元化发展路径。

第一,注重与城市品质提升相结合,着力打造"城中镇"。

围绕统筹城乡发展的国家中心城市综合定位,主城区加快建设一批"高技术""高价值""高颜值"的小镇。一是打造集聚高端要素的创新创业新平台,立足要素禀赋和比较优势,做精做强特色产业,有效延伸产业链、提升价值链、创新供应链,吸引人才、技术、资金等高端要素叠加共振。二是打造新兴特色产业集群,瞄准物联网、大数据、软件开发、生产性服务等新兴产业,以创新生态圈建设为核心,以完善公共创新平台为重点,形成具有核心竞争力和可持续发展特征的独特产业生态。三是打造国家中心城市形象展示窗口,融合巴渝文化和山水特色,注重传统历史风貌保护,实现地貌特色、建筑特色和生态特色的有机统一,深度促进文商旅城融合发展,充分彰显历史文化名城和美丽山水城市的特色风貌。

第二,注重与乡村振兴战略相结合,着力打造"乡中镇"。

围绕城乡联动的重要纽带、统筹城乡发展的重要平台和脱贫攻坚的重要载体的新定位,在城乡融合发展和乡村振兴战略引领下发展一批乡村"环抱"的特色小镇。一是充分发挥城乡联动作用,依托特色创新创业平台整合汇聚资金、信息、人才等乡村发展的稀缺资源和关键要素,把特色小镇作为

乡村振兴的要素联结点。二是以乡村特色产业集聚发展为突破口,瞄准生态旅游、养老养生、特色农牧、民俗文化等多样性产业形态,把特色小镇作为乡村产业兴旺的支撑点。三是加快优化城乡生产生活生态空间布局,统筹考虑地形地貌、功能分区、路网体系、街区村落模式、地下空间等因素,进一步优化产业发展、人口布局、公共服务、土地利用、生态保护等,把特色小镇打造成为聚得起人气、办得好产业、记得住乡愁的样板。

第三,注重与产业转型升级相结合,着力打造"园中镇"。

围绕新型工业化战略和特色产业集群发展需求,推动建设一批极具鲜明个性、产业集群发展、经济支撑力强、充满生机活力的工业园区特色小镇。一是结合新型工业化和信息化融合发展新趋势,做特做强优势产业,依循绿色工业、循环经济、智能化发展的新要求,打造功能形态适宜、建筑风貌独特的产业集聚区。二是按照制造业与生产性服务业融合发展、工业与旅游文化跨界融合的新思路,紧跟"互联网+""大数据+"引领产业变革和生产模式变革的发展潮流,大力发展服务型制造业,打造集研发设计、展示体验、市场交易、个性定制、售后服务等于一体的产业生态集成区。三是按照"以产兴城、以城促产、产城融合"发展的新要求,以产业布局为核心加快居住、生活、娱乐、交通等公共基础设施的配套完善,打造宜居、宜业、宜游的现代产业新城风貌展示区。

第四,注重与全域旅游相结合,着力打造"文旅镇"。

培育发展一批历史文化传承、民俗风情展示、健康养老养生、休闲度假、观光体验类的特色文化旅游小镇。依据旅游业与其他产业协同发展的定位差异,采取不同的发展战略。一是实施全域旅游战略,加快发展旅游主导型特色小镇,加快推动从景点旅游向区域旅游、从城镇旅游向全域旅游的转变升级,重点构建和延伸旅游产业链,拓展旅游文化空间,丰富旅游产品体系。二是实施主题旅游战略,把优势产业转化为旅游资源,推动优势产业关键要素旅游化、主题化,促进产业链向高附加值的文创、文娱等功能延展。三是实施城旅共融战略,以本地休闲和商务旅游市场为切入点,深入挖掘地域特色产业和特色文化,综合改善旅游设施和服务环境,加快形成大众旅游吸引力。

四、引导规范发展一批特色鲜明的重庆小镇

当前，要以党的十九大报告精神为指引，贯彻落实国家发改委、国土资源部、环境保护部、住房和城乡建设部联合发布的《关于规范推进特色小镇和特色小城镇建设的若干意见》，按照重庆市发改委《关于规范推进特色小镇健康发展的通知》相关要求，结合城市品质提升、乡村振兴、传统产业转型升级、全域旅游等发展战略，"改问题，防风险"，整合各个职能部门的政策、资金和项目，规范化、高质量发展一批特色鲜明、成长潜力大、示范作用强的特色小镇，培育经济转型发展新动能。

第一，大力发展科技文创类小镇。

我市主城区有条件打造科技文创特色小镇（街区）。针对目前我市相应目标小镇存在着科创主体和要素集聚能力不强、创新文化氛围不浓、综合功能配套不足、产镇融合不够等突出问题，在高校和科研院所，以及人才集中、科创文创载体平台相对丰富的主城片区，重点培育和发展以大数据、人工智能、物联网等为主的新一代信息技术、文化创意等新经济产业为特色主导产业的特色小镇（街区），使之成为我市集聚科技文创要素的创新创业新平台和国家中心城市风貌展示的窗口。一是加快培育创新文化氛围。塑造"务实、包容、创新"的创客文化，鼓励冒险，包容失败，提倡共享精神，助推创客创新创业。二是推动优质生产要素和市场主体集聚。培育集聚高品质创新团队、人才、资金、专业性服务（如数据共享平台）等发展要素。三是深度推进"产城融合"。加快推动以交通为核心的基础设施建设，加强教育、医疗、文化、体育等公共服务配套和休闲娱乐等生活服务功能，满足创客丰富多元的创业与生活需求。

第二，大力发展精致工匠类小镇。

培育建设工匠小镇是促进传统产业转型升级的重要路径。针对我市该类目标特色小镇普遍缺乏高素质匠人队伍，工匠精神、工匠文化严重不足，尤其是缺少具有全国知名度的匠人大师的状况，要坚持精致精品化发展思路，在传统工艺产业发展具有明显比较优势的渝西片区，打造一批工艺精湛、品质优良的小微企业或手工作坊，延续传统工艺，传承匠人文化，使传统

产业焕发新的生机。一是强化工匠制度建设,重塑精益求精的工匠精神和文化。建立科学合理的工匠薪酬激励制度,改善匠人收入待遇。建立产品溯源和匠人责任追究制度,强化工匠责任意识。肯定和崇尚工匠技师的贡献,提高匠师的社会地位。二是大力发展匠心匠品。发挥匠人匠心,注重精工细磨和产品创新,鼓励企业开展个性化定制、柔性化生产,推动产品从日常消费品向工艺收藏品、纪念艺术品等高品质、高价值产品转型升级。三是强化产业职业教育。重视"匠人"的培养,发展完善职业教育、现代学徒等各类技师教育培训。

第三,大力发展休闲旅游类小镇。

特色旅游小镇是我市较为常见的特色小镇类型,在培育和发展过程中,旅游特色风貌不突出,业态单一低端,配套服务不完善,同质化现象依然较为普遍,无法满足不同年龄、不同层次、不同类型旅游者的旅游消费需求。因此,要按照打造重庆旅游业发展升级版,建设世界知名旅游目的地总体要求,依托市内丰富的历史文化资源和良好的自然生态景观,培育发展一批历史文化传承、民俗风情展示、自然生态观光体验、健康养老养生等特色旅游小镇。把打造品质化特色旅游小镇,作为打造重庆旅游业发展升级版的重要支撑。一是强化对历史文化、自然生态等旅游本底元素的保护提升。加强对优秀历史建筑物的修缮保护,切实做好水体山体等自然环境保护,避免过度商业化,在保护中实现发展。二是丰富业态形式,提升业态层次。创新丰富业态,推动我市文化旅游、生态旅游等特色小镇从浅度观光游向深度体验游转型。三是完善并推动基础设施和服务设施的智慧化、人性化升级,强化智慧管理、精致管理服务。加快完善道路、环卫等基础设施,充分考虑老人、儿童、残障人士等弱势群体的需求,配置体贴便利、无障碍的多样化智慧型公共服务设施,强化智慧管理、精致管理。

第四,探索特色小镇市场化发展方式。

特色小镇建设不能由政府大包大揽,要坚持以企业为主体、政府引导和市场化运作。坚持实行宽进严定、动态调整的创建制,遵循市场经济基本规律,按照"以企业为主体、政府引导、市场化运作"模式,厘清政府和市场的关系。政府担当服务者、监督者角色,重点做好搭建平台、提供服务等工作,充分发挥市场在资源配置中的决定性作用,调动市场主体的积极性,充分发挥企业在资本融通、产业招商和经营管理方面的优势,实现政府管理服务、企业专业化经营、市场主体价值创造的有机统一。创新融资模式,积极探索债券融资、融资租赁、基金、资产证券化、收益信托、PPP融资等融资路径,加大引入社会资本的力度,以市场化机制推动特色小镇建设。引入第三方机构,为入驻企业提供融资、市场推广、技术孵化、供应链整合等专业化服务,使特色小镇成为新型众创平台。

第五,创新政府引导特色小镇发展机制。

坚持质量导向,推行动态管理机制。可以三年为一个考核周期,动态调整特色小镇扶持范围,形成"重谋划、轻申报,重实效、轻牌子","落后者出、优胜者进"的竞争淘汰机制。试行"事后补助"的政策扶持方式,对于验收合格的特色小镇给予财政返还奖励。实施"事后惩治"制度,对验收未通过或两次年度考核为不合格的特色小镇,实行土地指标倒扣,防止盲目"挂牌戴帽",确保小镇建设质量。坚持规划先行、多规融合,结合当地特色资源禀赋,推动小镇发展规划、城乡规划、土地利用规划"多规合一",统筹协调特色产业、文化传承、旅游度假等功能规划,推动生产、生活、生态"三生融合",实现项目、资金、人才"三项集聚"。加快制定出台《重庆市特色小镇城镇建设导则》,明确特色小镇相关标准,进一步规范产业、风貌、生态等发展导则。

第六,强化发展特色小镇综合协调机制。

统筹发改、经信、旅发、城乡建设、国土、财政等多部门资源,建立和完善特色小镇发展多部门协调联动机制。系统梳理不同职能部门出台的和即将出台的支持政策,对存在上下交叉、前后不一的支持政策进行重新归整,形成多部门统一的系统化支持政策,促进各职能部门安排的资金和项目等资源聚焦同一目标,形成发展特色小镇的政策合力。彻底摒弃在特色小镇发展过程中"搞平衡""撒胡椒面""广种薄收"的帮扶做法,对产业基础好的成长型小镇,生态优良、吸引力强的潜力型小镇等,集中各部门有效资源,形成三年建成行动方案,明确牵头责任部门,纳入政府年度考核工作中,扎扎实实加以推进。通过三五年的努力,培育出一批特色鲜明的重庆小镇。

重庆企业发展环境总指数四年持续上升 "企业负担、金融服务、人力资源 供应"仍是短板*

（2017 年 12 月 15 日）

一、基本结论

通过对 1 212 份企业调查问卷的监测分析，2017 年重庆市企业发展环境总指数 68.1，比上年提升 1.9，四年持续上升（2014 年 58.7、2015 年 63.3、2016 年 66.2）。

推动 2017 年总指数改善的主要因素是"社会环境"和"基础设施"两项二级指数，其中"基础设施"指数为 74.1，相比上年提升 4.2，改善程度为七项二级指标之首；"社会环境"指数为 72.9，相较上年提升 3.5，在上年稳步增长的基础上，实现大幅提升。两项指数的提升，反映出重庆市在互联互通及社会服务等方面的进步加速推进了企业营商环境的改善。

二级指数中，"法制环境""行政管理"指数分别为 87.2 和 84.5，连续四年运行在正面、积极区间；"企业负担""金融服务"和"人力资源供应"分别为 57.4、51.7 和 49.7，指标在 2016 年大幅提升之后，缓中趋稳；其中，"人力资源供应"指数实现小幅提升，但仍未突破 50 荣枯分水线，企业经济转型对人力资源结构性调整的诉求日趋紧迫。

总指数下属七项二级指数 2017 年均有提升。其中，"法制环境""行政管

---

*精编于重庆市企业联合会、重庆市企业家协会、重庆市生产力发展中心联合课题组完成的"2017·重庆市企业发展环境指数调查报告"课题报告。

理"指数分别为87.2和84.5,分值持续领跑其他二级指数;"基础设施"和"社会环境"指数分别为74.1和72.9,相比上年分别提升4.2、3.5,在上年基础上改善效果尤其突出。

"企业负担"指数2014年为36.8,2017年为57.4,相比上升20.6。"金融服务"指数2014年为31.5,2017年为51.7,相比上升20.2,"人力资源供应"指数2014年为37.0,2017年为49.7,相比上升12.7。这种变化态势反映出企业对"企业负担""金融服务"与"人力资源供应"相关问题的满意度提升较大,但仍处于中性偏负面的评价区间,是七项二级指数当中的几块短板(详见图1)。

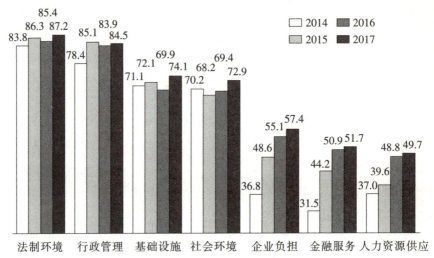

图1　2014—2017年重庆企业发展环境二级指数情况

二、各项二级指数解读

1.法制环境

2014年以来,"法制环境"指数持续保持高位水准,2017年评价结果为87.2,相比上年提升1.8,企业评价积极、肯定。表明重庆市企业发展法制环境有序、公正,企业权益能得到有效保障,企业对法制环境正面感受明显。

2017年,"法制环境"指数之下的三项影响因素评价均高于85,且与上年对比实现较大提升。其中,"生命财产安全保障"指数89.9,"执法司法"指数86.5,"知识产权保护"指数85.8,三项指标相比上年分别提升1.1、2.1和2.0(详见图2)。

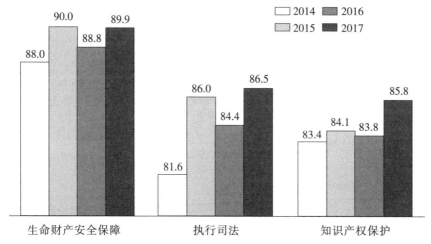

图2 2014—2017年法制环境指数影响因素分析

2. 行政管理

2017年,重庆市"行政管理"指数评价结果为84.5,相比上年提升0.6,总体上获得了企业的积极评价。表明重庆市商事环境便捷、高效,企业对简政放权、放管结合等行政改善举措感受明显、满意度较高。

2017年,"行政管理"指数下属七项因素中,"廉洁守法"指数87.1、"赞助摊派"指数83.4、"承诺履行"指数81.1,均高于80,但连续三年回落,处于下行压力之下;"服务态度"指数85.3、"公开透明"指数83.9、"行政执法"指数86.9,相比上年小幅提升;"审批效率"指数83.9,比上年提升2.5,改善明显(详见图3)。

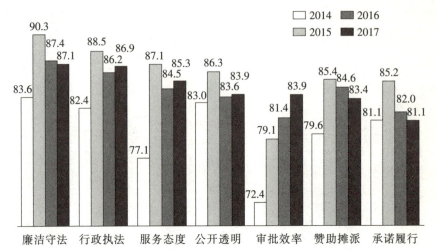

图3　2014—2017年行政管理指数影响因素分析

3. 基础设施

2017年，"基础设施"指数为74.1，相比上年提升4.2，企业评价处于正面。表明重庆基础设施环境对企业发展较好，当期交通运输、其他公用配套设施投运项目对企业发展带来积极影响。

2017年，"基础设施"指数下属三项因素中，"能源供应"指数76.7、"交通运输"指数73.7、"其他设施"指数72.0，相比上年均有所提升。其中"其他设施""交通运输"指数有大幅度提升，和上年相比分别提高了6.1和4.1。重庆市基础设施投资占固定资产投资比重多年保持在25%以上，交通方面加快"五通八联三保障"项目建设，为企业生产经营发展提供了有力保障，对企业发展环境总指数具有正面影响（详见图4）。

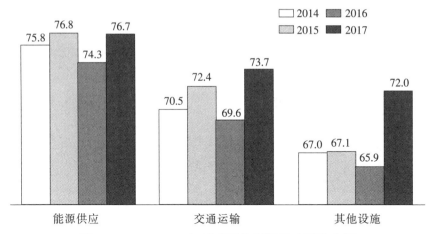

图4 2014—2017年基础设施指数影响因素分析

4. 社会环境

2017年,"社会环境"指数为72.9,相比上年提升3.5,企业评价处于正面。表明重庆社会环境基础较好,且持续改善,整体水平能满足企业经营发展所需。

2017年,"社会环境"下属八项因素的评价均高于70,且都有大幅上升。其中与创新相关的两项指标,即"扶持创新"和"创新政策兑现"分别比上年提升3.7和2.7;与建设内陆开放高地相关的"对外开放""外资支持力度"和"退税通关效率"三项指标分别比上年提升4.6、3.2和4.4;表明重庆实施创新驱动战略和促进投资贸易便利化的措施已经开始收到成效。另一项改善较大的指标,即"中介服务"比上年提升4.9,也从一个侧面反映出重庆生产性服务业的发展进一步优化了营商环境(详见图5)。

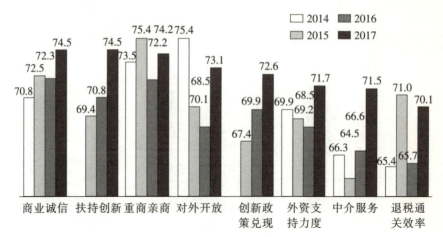

图5　2014—2017年社会环境指数影响因素分析

5. 企业负担

2017年，"企业负担"指数为57.4，比上年提升2.3，仍旧处于中性评价区间。但从四年变化中可以发现，相较于2014年，2017年该指数提升了约20个点，反映了企业对"企业负担"满意度大幅提升。表明重庆减税降负举措给企业带来实惠，企业的各项负担有所缓解。但在经济增速换挡期，实体经济营利空间小，对成本上升和税赋较重的反映仍然强烈，减负举措还需持续发力，以推进实体经济更好地转型发展。

2017年，"企业负担"包括的六项因素之中，除"行政性收费"（指数为70.5）进入了正面评价区间之外，"税赋负担"（指数为54.7）、"土地场租成本"（指数51.3），均处于中性评价区间；而"能源成本"（指数49.8）、"物流成本"（指数47.0）、"人力成本"（指数39.9）仍然处于负面评价区间。说明重庆开展降低实体经济成本行动"组合拳"虽然取得明显成效，但与企业的预期还有较大差距，降本减负工作需要常抓不懈（详见图6）。

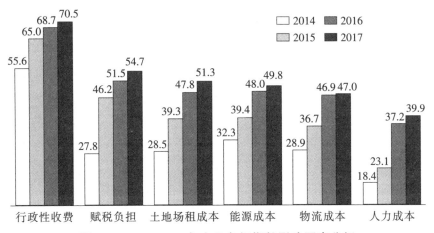

图6 2014—2017年企业负担指数影响因素分析

6. 金融服务

2017年,"金融服务"指数为51.7,相比上年提升0.8,指数表现平稳、评价中性。从2014年到2017年,该指数提升了约20个点,表明这四年重庆市金融环境持续改善,企业的满意度提升很快。

2017年,"金融服务"指数之下的三项因素和上年相比基本持平,总体评价表现中性。其中"资金状况"和"融资成本"两项指数分别为55.1和49.5,相比上年提升了0.7和1.8;"融资难易"指数为50.5,与上年持平,且该项评价是近几年中变化不大的一项指标。企业资金压力、融资压力依然较大,融资难、融资贵的问题依然是供给侧的短板之一(详见图7)。

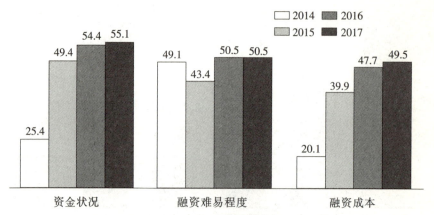

图7　2014—2017年金融服务指数影响因素分析

7. 人力资源供应

2017年，"人力资源供应"指数为49.7，比上年提升0.9，指数改善趋缓，但尚未突破50荣枯分水线，是所有二级指数中唯一评价偏负面的指标。2014—2017年，该指数持续改善，2017年比2014年提升了约12个点，说明企业人力资源供给状况处于不断改善的过程之中。

2017年，"人力资源供应"下属两项因素的评价均为中性偏负面。"专业人才获取"指数48.5，仅15.9%的企业认为专业人才获取有保障；"熟练工人获取"指数50.9，仅18.8%的企业认为熟练工人获取有保障。说明在经济结构调整过程中，企业对人才的需求与人力资源供给不匹配的矛盾比较突出，熟练工人和专业人才短缺也是供给侧的短板之一（详见图8）。

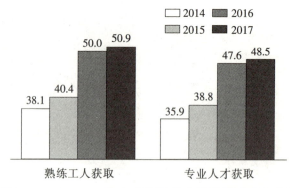

图8　2014—2017年人力资源供应指数影响因素分析

三、企业面临的困难及投资意向

1. 成本上升、负担过重和市场低迷仍是企业面临的主要困难

成本上升、负担过重和市场低迷这三个方面是重庆企业较为关注的企业发展环境因素,被调查企业的困难因素排序结果印证了这个结论(详见图9)。

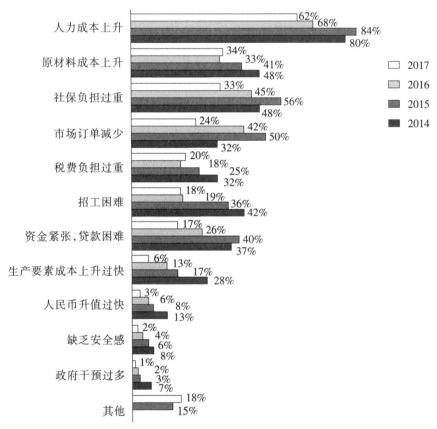

图9　2014—2017年重庆企业经营发展中面临的主要困难情况分析结果

把各种成本上升视为主要困难的企业比重最高,主要体现在人力成本、

原材料成本和社保负担等几个方面。相较2016年,2017年时认为人力成本上升是主要发展困难的企业比例有所下降,人力成本上升压力有一定的缓解,但仍有62%的企业认为人力成本上升造成企业运营困难;34%的企业认为原材料成本上升是企业的主要困难;有33%的企业认为社保负担过重是企业发展的主要困难。把税费负担过重视为主要困难的企业比2016年上升了2%,达到20%。有24%的企业选择市场订单减少是面临的主要困难,这一比例高于选择招工困难、资金紧张等其他因素的企业,说明市场低迷影响的范围较大。

从2014—2017年的情况看,企业经营面临的主要困难总体上处于逐渐减缓的状态,但主要困难因素的排序没有大的变化。它们依次是:人力成本上升、原材料成本上升、社保负担过重、市场订单减少、税费负担过重、招工困难、资金紧张等。

2. 企业投资意愿持续低迷

2014—2017年,企业的投资意愿呈持续走低的态势。不打算进行投资的企业从2014年的8%逐步上升到2016年的27%,2017年进一步上升至29%。

2017年,企业在当地投资的意愿高于在异地投资。投资者对当地扩大再生产意愿提升,选择当地扩大再生产的企业相比上年提升了2个百分点,选择异地扩大再生产的企业相比上年降低了1个百分点。选择当地扩大再生产与异地扩大再生产的企业比例从2016年6.8∶1提高至2017年9∶1,说明企业扩张趋于保守。

企业对金融和房地产领域的投资意愿降低幅度较大。选择在金融领域进行投资的企业比例从2014年的18%下降到2016年4%,2017年进一步降低至2%,选择房地产领域投资的从2014年的23%下降至2017年的2%。选择向制造业、劳动密集型行业投资的企业比例分别由2014年的22%、3%,下降至2017年的17%、1%。只有选择其他行业投资的意愿相对稳定,这与其他行业中包括了互联网经济、创意经济等市场预期较好的行业有关(详见图10)。

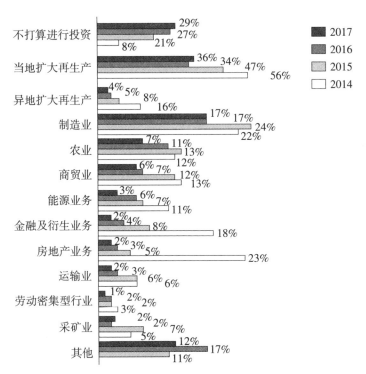

图10　2014—2017年重庆企业的投资意向问卷调查分析结果